湛庐 CHEERS

与最聪明的人共同进化

HERE COMES EVERYBODY

阿加莎·克里斯蒂失踪了

Mystery

[美]乔纳·莱勒 Jonah Lehrer 著
薛玮 译

浙江科学技术出版社·杭州

测一测

你了解神秘感背后的科学原理吗？

扫码加入书架
领取阅读激励

扫码获取全部测试题及答案，
一起了解神秘感的源头是什么

- 一个故事之所以会引人入胜，正是因为它有所隐藏。这是对的吗？（　）

  A. 对

  B. 错

- 看不熟悉的字体有助于人们保持开放的心态，进行有意识的思考吗？（　）

  A. 有助于

  B. 没有帮助

- 在游戏中，“差一点就赢了”的错觉会让玩家难以抗拒，这是因为（　）

  A. 玩家大多意志力缺乏

  B. 大脑有神经奖励回路机制

  C. 玩家理性分析了胜算

  D. 玩家逃避现实的一种体现

扫描左侧二维码查看本书更多测试题

创造力源于想象力

段永朝
苇草智酷创始合伙人
信息社会 50 人论坛执行主席

乔纳·莱勒是一位 80 后美国作家和著名网络博主。他曾在哥伦比亚大学学习神经科学，并获得被誉为“全球青年诺贝尔奖”的罗德奖学金。湛庐引进的莱勒创造力三部曲，是莱勒从 2007 到 2021 年这 14 年间，专注科学与艺术之关联，探索与思考神经科学、心理学对创造力之孕育、培植而涌现的思想结晶。读完这三本书，的确让人由衷感慨：“80 后，真的成熟了。”

三本书的核心要旨在于从意识、心灵和身体的角度，洞察科学与艺术割裂所带来的认知遮蔽，这是过去 100 多年来，西方文化思想的内在冲突。

这三本书的顺序也值得一说。《普鲁斯特找到了记忆的秘密》，以100多年的历史跨度，刻画了8位包括诗人、作家、画家、音乐家、美食家和语言学家在内的艺术家，如沃尔特·惠特曼（Walt Whitman）、乔治·艾略特（George Eliot）、马塞尔·普鲁斯特（Marcel Proust）、保罗·塞尚（Paul Cézanne）等，通过他们特立独行的艺术作品和先锋气质，重新建构了根植于神经科学的关于大脑和身体的现代观念。《鲍勃·迪伦写不出歌儿了》专注于“想象力”这一神奇的心理特质，用最新的脑科学、神经科学研究成果，佐证了“创造力源于想象力”这一重要论断，通过鲜活的事例让大脑天生具有的创造力一览无余。《阿加莎·克里斯蒂失踪了》将那种刺激人们拥有兴奋和愉悦体验的神秘感，置于人类所编织的巨大的“意义之网”中，这是想象力、创造力水乳交融的完美呈现。

两个世纪之交

21世纪已经步入第三个10年，世纪之交的巨大转换虽跌宕起伏，但曙光乍现。

1998年3月6日，在美国华盛顿白宫东厅举行的千年晚会上，著名的剑桥大学物理学家史蒂芬·霍金发表了题为“信息与变革：下一个千年的科学”的演讲。他认为下一个千年（从21世纪开始）是“复杂性的千年”，或者说是由复杂性主导的千年。这种复杂性首先从生物学、智能技术中体现出来。

21 世纪究竟会展现何种令人心动的面貌，不同的人们在临近千年钟声敲响之际，都有着不同的遐想和期盼。80 后的这一代人，在世纪之交恰是朝气蓬勃的青少年，他们目睹了一场波澜壮阔的世纪之门的开启。但这一切注定并不平静。

千禧年之前，一系列“终结论”的著作非常流行。比如美国政治学家弗朗西斯·福山（Francis Fukuyama）的《历史的终结与最后的人》（*The End of History and the Last Man*）、美国著名科普作家约翰·霍根（John Horgan）的《科学的终结》（*The End of Science*）。然而，美国硅谷掀起的互联网旋风，将世纪之交的兴奋之情急速拉升。

随即，2001 年美股纳斯达克的暴跌和“9·11”纽约双子座陨落，又使得这一世纪转折更具悲剧色彩，高歌猛进的势头似乎戛然而止，新世纪的壮丽风景似乎灰飞烟灭。当 21 世纪的第三个 10 年徐徐展开的时候，“世纪之交”的巨大动荡和转换，似乎才渐渐显露出其深远的轮廓。

遥望 19 至 20 世纪的世纪之交，它与 20 至 21 世纪的世纪之交有着出奇的相似之处。马克·吐温说：“历史不会重复自己，但总是押着同样的韵脚。”

19 世纪末的世界，特别是欧洲，沉浸在凯歌高奏、繁荣进步的氛围中。1893 年举办的芝加哥世界博览会，力图超越半个世纪之前的巴黎世界博览会和伦敦世界博览会，使用数十万只灯泡，点亮整个世界博览会，展现人类征服自然、创造美好社会的前景。

学术界也不甘寂寞。1900 年，英国物理学家开尔文勋爵在英国皇家学会的演讲中宣布，整个物理学大厦即将竣工，后世物理学家的任务，只是将物理学常数测量得更精确一些。德国数学家戴维·希尔伯特（David Hilbert）在 1900 年巴黎国际数学家大会上，提出了 23 个雄心勃勃的问题。20 世纪前 30 年间，数学家们试图创建宏大而完备的数学体系，将全部数学知识纳入包罗万象的形式系统中。

世纪之交似乎总是掺杂着某种难以掩饰的躁动和激情。

上一个世纪之交的自满与两次世界大战的残酷，似乎在冥冥之中提示着人们什么。这一个世纪之交的自满与这 20 多年此起彼伏的局部战争和灾难，似乎也在提示着什么。

理解这两个世纪之交，需要颇费一番气力。令人欣慰的是，世纪之交的年轻一代迅速成长起来，他们有自己独特的视角，有自己独到的见解。

世纪之交，或许总是一个“兴奋”与“落寞”并存的时代。对进步凯歌的信仰与对传统理念的不屑交织在一起。互联网从业者认为自己已经挣脱了传统的束缚，摧毁了金字塔组织模式，碾平了生产的边际成本，极大地释放了知识的分享能量，认为新世界的曙光就在眼前，只要你把它放在网上。

这是一个充满后现代色彩的大事件，正如美国后现代建筑理论家查尔斯·詹克斯（Charles Jencks）指出的那样：“资讯时代是一个后现代的典型样本。”马克思和恩格斯在《共产党宣言》中的一句话成为刻画这种变化绝佳的脚注，这句话是：“一切等级的和固定的东西都烟消云散了。”

人类毫无疑问进入了完全意义上的“人造世界”。问题的焦点只是，如何为这个人造世界重新赋予价值和意义？当然，“赋予”这个词还嫌太“工业化”了，不如退一步说，这个世界的价值、意义和创造力是如何“涌现”出来的？

所以说，我们需要面对的是，这一个世纪之交到底开启了何种伟大的历史进程？这不只是简单意义上知识的堆叠、生产力的进步，也不是对工业伦理、财富观、进步主义的修修补补，而是自文艺复兴以来，科学与人文分离之后的一次重逢、一次交叠。这是“人的重启”，是“创造力的绽放”。

这注定是一次影响深远的重启，是创造力的奔涌。

重新发现身体

20到21世纪的思想转向，可以用不同的线条予以概括，这里或许可以包括这样一个角度，即从“对身体的敌意”状态，转向“对身体的唤醒”。我在2011年给北京大学新闻与传播学院的研究生讲述“互联网前沿思想”的时候，特别用一节课的时间，细致地分析了这一重要的思想转向。

1900年去世的尼采是一个伟大的哲学家，如果说要给20世纪的后现代思想家画一个谱系的话，尼采一定居于核心的位置。尼采，包括法国哲学家、思想家莫里斯·梅洛–庞蒂（Maurice Merleau-Ponty）、吉尔·德勒兹（Gilles Deleuze）、乔治·巴塔耶（Georges Bataille）等，这些人的文体惊人地相似。

这种文体不是四平八稳、娓娓道来的。它完全是跳跃式的，整个看起来就是一种梦呓的语言、游走的语言。它不着力去刻画、固化或解释一个什么概念，更不醉心于构造什么样的叙事体系。这些思想家的思想转向，恰恰在于重新发现了身体。

从柏拉图开始，西方思想史、宗教史和哲学史中的身体，要么被驱逐，要么被压抑，要么被漠视。古希腊之前，人类处于泛灵论阶段，身体是神圣的，万事万物都是神圣的，都有神性。古希腊之后，情况有了很大的变化。

古希腊哲学家开始提出“本源”的问题，即“世界是什么”“人是什么”一类所谓追根溯源的问题。他们希望找到这样一个“基本的质料”“构造”“原初推动”，来说明整个世界的起源和人的本质。这是逻各斯中心主义[①] 的思想。

在古希腊哲学家寻求世界本源的过程中，关于人的问题就是灵魂与人的关系问题，这其实是身体与灵魂的关系问题。身体作为灵魂的巢穴、承载物，一旦死亡之后，灵魂会怎么样？这个问题本身，就显露出人们对永恒、纯粹问题的偏好。死亡是人最为直接的痛苦体验，也是人最大的生存恐惧。古希腊哲学家看待这个问题的方式简单、直接，就是驱逐身体、保留灵魂之不朽，以此来追寻永恒的世界本源。

从高级宗教诞生，一直到中世纪这一段大约 1 500 年的历程中，身体被裹挟、藏匿起来了。身体被认为是不洁的、肮脏的，是藏污纳垢的所在。人的一切罪孽，皆因身体而起。身体就是淫荡、贪婪、欲望的容器。救赎的过程就是惩罚身体的过程。只要看看但丁的《神曲》，你就可以了解为什么但丁花那么多的笔墨，不厌其烦地讲述拯救灵魂的故事。这些故事是以对身体的折磨为符号的。罪孽深重的人，要承受刀山火海、荆棘、毒蛇的考验，下油锅、受刀剐，历经十八层地狱、炼狱的考验，才能完成对灵魂的救赎。但丁的《神曲》充满了对身体符号的摧残，甚至是夸大其词般的摧残，让你有恐惧感，这种恐惧感的目的只有一个，就是贬损你的身体，将它忽视为零。

---

① 法国德里达对其以前的形而上学体系的称呼，从古希腊哲学的逻各斯概念引申而来。——编者注

中世纪以前，身体本身是个问题，而且是个“坏”问题，即身体本身是“带来问题的”问题，是万恶之源。文艺复兴之后，身体就不是个问题了，因为它被完全忽视掉了。

文艺复兴之后，从表面上看身体回到了正常的状态，比如文艺复兴后三杰①的写实主义绘画，让普通人的身体成为视觉中心。但是，这些“完满的身体视觉”“栩栩如生的身体视觉”，其实预示着身体理性主义时代的命运——身体，其实是被忽视的——忽视身体的一股强大的力量来自理性，来自“沉思”。

尼采对“沉思”深恶痛绝。他说，人为什么要沉思？为什么要如此做作，为什么要“装”？在启蒙运动、工业革命之后，身体这个话题很不幸被埋葬了。身体是什么？身体只是劳动力，是吃饭的工具。包括互联网初期，让很多知识分子兴奋的那个词“智本家”，或者说“知识就是生产力”，也不过是把“靠肌肉吃饭”转换成“靠脑子吃饭”，都是吃饭而已。

对身体的唤醒是从尼采开始的。尼采重新发现了身体。重新发现身体意味着必须对“存在”重新思考。

工业革命让沉思变得不那么重要了。工业革命首先是速度革命。速度革命的寓意就是，煮八宝粥应该需要2小时，高压锅可以将它简化为20分钟。这就叫“速度革命”。速度革命意

① 指达芬奇、米开朗琪罗和拉斐尔。——编者注

味着养猪、养鸡、养羊、母鸡下蛋，都脱离了它的天然状态。速度革命改变了世界的结构、力量的对比、生命的周期，在这种情况下人们还有时间思考吗？在机器的轰鸣下，人们听到的既是号角，催人奋进，又是追债的钟声。人们要在有限的此生证明自己，用财富、成就的获取，来证明自己存在的价值。

工业革命的确埋葬了沉思——因为来不及，没时间。但它并非对沉思的反思，大家都变成了行动主义者和实用主义者。所有人都像卓别林扮演的《摩登时代》里的工人一样，在流水线旁，拿个扳手不停地塑造自己，把自己装到机器里。实用主义哲学的基本态度就是只要结果，不问根由。实用主义支配下的科学一定是跟阿基米德时的科学大不相同的。今天的互联网思想家、创意工场、投资者和创业者等，他们践行的脚步已经汇聚成洪流——“预测未来最好的办法，就是把它造出来！”践行，已经强大到足以让人对新物种的创生，产生浓厚的兴趣和信念，对新人机共同体的喜悦和展望，已经达到了全新的高度，世界已经不再需要沉思这个东西了。

然而，人们在工业革命时代对沉思的反叛，与其说是反叛，不如说是对沉思状态的遗忘。

20 世纪中期兴盛起来的后现代主义者们，在批判现代性、批判工业社会的时候试图重新回到活生生的身体。不过，作为一种哲学思潮，后现代一直没有成为主流，也不可能成为主流。但它一定会唤醒人，到那时人们突然发现“践行”一词有了新的含义。后现代主义给 20 世纪后半程的赛博朋克，给 21 世纪的后人类主义提供了大量养分，它在施肥、浇灌，但它本身不是种子。真正的种子是互联网，是人工智能、大数据，是基因剪刀、脑机接口，是神经网络和人工合成生命等最近 20 年再次喧嚣的聚合科技。

21 世纪异军突起的聚合科技，转而为艺术家重新理解身体、重新塑造身体提供了无限可能。这正是通过人工智能、元宇宙、大模型展现出来的。这是一个巨变前夜的狂欢，是想象力的一次绽放，也是生命激情的绽放。

创造力源于想象力

创造力三部曲的作者乔纳·莱勒，在学校里学习的恰好就是神经科学，对创造力有自己独到的理解。特别值得称道的是，这三本书的焦点，始终专注于从大脑、身体的角度，探究意识的奥秘和奔涌不息的创造力之魂。而《普鲁斯特找到了记忆的秘密》则是整个系列的奠基之作。

在《普鲁斯特找到了记忆的秘密》中，作者精心讲述了 8 位包括诗人、作家、画家、音乐家、美食家和语言学家在内的艺术家如何用自己的方式阐释他们对身体的精深感悟，以及这些感悟与 21 世纪呼啸而来的智能大爆炸之间千丝万缕的因缘。

“在汗水中萃取美感”，诗人沃尔特·惠特曼用这样一句诗来呈现身体的真实。作家乔治·艾略特，最开始信仰实证主义，认为小说“只是生活史的实验”；在理想破灭之后，她终于发现“我们是一个过程，是一次绽放”。

笛卡尔二元论学说遮蔽下的身体，渐渐被诗人的咏赞解放出来。身体就象征着自然，不再隐藏在冰冷的躯壳之下。实用主义心理学的开山鼻祖威廉·詹姆斯（William James）于1875年在哈佛大学创办第一个心理学实验室，他对实用主义给出了一种新的解释：科学理论只是真理的临摹版本，没有身体就没有恐惧，没有情感。当代著名神经学家安东尼奥·达马西奥（Antonio Damasio）认为，精神暗中跟踪着身体，我们从自己的身体中窃取自身情绪的情报。这正是惠特曼相信万物有灵的理论依据：灵魂是由肉体组成的。

对于18至19世纪的理性主义者来说，法国启蒙思想家拉美特利（La Mettrie）于1747年出版的《人是机器》（*L'Homme Machine*）极好地阐释了机械论的宇宙观、生命观；法国哲学家奥古斯特·孔德（Auguste Comte）试图将人与社会组织的内在机理，安嵌在牛顿力学的框架下予以解释。在20世纪科学家发现DNA和大脑神经元之后，这些观念曾再次唤醒了强劲的欲望，即将生物学也纳入物理学的范畴。然而事与愿违，生命最终从僵硬的紧身衣中逃脱出来。

法国哲学家亨利·柏格森（Henri Bergson）认为，现实生活

“归根结底是属于精神领域的，而不是物理学范畴的”。过去 100 多年来的研究表明，味觉与嗅觉直接与海马相连，海马是大脑记忆的核心；丘脑是语言的中枢，是通往意识的第一道大门，所有其他感官（视觉、触觉、听觉等）的运行都要首先经过丘脑。神经科学家勾画着身体内部绚烂的过程，聆听着脑海深处神经元的传导和“点亮”的瞬间，在他们眼里，身体的感觉、直觉与意识之间是奔涌的河流，是曼妙的乐曲。

美食家奥古斯特·埃斯科菲耶（Auguste Escoffier）于 1903 年出版了一本《烹饪指南》（*Guide Culinaire*），推出经过创新的蔬菜牛肉浓汤，将鲜味列于酸甜苦咸 4 种基本味道之后。神经学家认为，90% 以上的味觉感受其实是嗅觉感受，世界上存在 1 万～10 万种气味，人类 3% 的基因是用来感受气味的。我们祖先在进化的过程中，曾以放弃原本灵敏的嗅觉能力为代价，换来色彩视觉感受能力的更好发展，所以大脑常常被迫依赖于非嗅觉信息来破解气味密码。这是身体退化的一个明证。今天人们的感官已经被异化得面目全非了。这里自然就出现一个问题：人的感官界面是否可以被精妙的数据洪流和虚拟幻境所解放？

法国诗人夏尔·波德莱尔（Charles Baudelaire）是第一个对现代化大都市巴黎的崛起感到忧心忡忡的人。他希望文学家能够描绘照相技术无法呈现的事物，那些过去能够被人的感官敏锐捕捉的短暂、稍纵即逝、偶然的精彩世界，恍如过眼烟云，这是工业化带来的巨大遮蔽。

然而，敏锐的艺术家在面对锋利的技术之刃时，所能做的恐怕只是“逃离”。以往喜欢居斯塔夫·库尔贝（Gustave Courbet）的法国画家塞尚，听从卡米耶·毕沙罗（Camille Pissarro）的忠告，停止对光的崇拜，并批评“莫奈只是一只眼睛”，他决心放弃与照相机争辩，而是在大脑前举起一面理性的镜子。塞尚的视觉革命，只不过将外在真实转化为内在真实，努力将主观感受倾泻在画布上。

莱勒笔下的艺术家们，用自己的方式抵抗机器技术对身体的种种挤压。

俄罗斯音乐家伊戈尔·斯特拉温斯基（Igor Stravinsky）的《春之祭》（*The Rite of Spring*）在巴黎首演的时候，曾引发骇人的骚乱。在被工业化驯服的人们听来，斯特拉温斯基的音乐冒犯了传统的和弦，是“最难听的音乐”。然而，极少数前卫音乐家认为，大自然其实是噪声的组合。斯特拉温斯基认为，音乐只不过是我们自己用声音锻造出来的一件漂亮“银饰”。他认为，音乐的动力是冲突，而不是和谐。他粉碎了传统的音乐美学对秩序的期待，嘲弄了我们所有的期待。

阅读乔纳·莱勒创造力三部曲，内心总是不免生出这样一个疑问：作者为何要挖掘这些过去 100 多年来怪异、另类的艺术家和他们的艺术作品？在我看来，作者试图传递这样一种思想：人类的创造力被安置在某种和谐的秩序中已逾千年，似乎一切背离确定性、和谐秩序的世界都是令人讨厌的噪声，人类的一切努力似乎都致力于驱逐这种噪声的扰动，恢复那种优美、和谐的秩序。

听上去不错，但这或许是西方文明迄今所陷入的最大的迷思。严整的比例、和谐的声音、成型的样式，很快便会成为难以忍受的套路和死寂。这背后是一种对不协和音的深深厌恶和恐惧，甚至不惜将这种不协和音作为憎恨的对象，斥之为恶魔。

斯特拉温斯基打破了关于音乐的神话，他的交响乐是“进步无意义论”的丰碑。作家格特鲁德·斯泰因（Gertrude Stein）认为，真实的写作其实是无意识写作，写作的目的是“锤炼语法，清除声音和意义的限制”，只是阅读，而不回想。斯泰因的作品是威廉·詹姆斯的心理学观点和亨利·詹姆斯（Henry James）的文学观点的混合物。威廉认为，世界是一个混乱的大谜团，我们强加给感觉的整齐划一的观念和分类方法都是某种幻觉。亨利认为，重要的不是现实主义描写，而是作品本身的真实性。

斯泰因的洞察是，人类的语言具有无穷的可能性。爱默生说：“言语是无限思想的有限器官。”

与斯泰因相仿，弗吉尼亚·伍尔夫（Virginia Woolf）的小说是内心奔涌不息的思绪，是飘忽不定的意识，她的思想是一股股激流，她笔下的思想既不牢固也不确定。她试图寻找最本质的东西，但这种最本质的东西稍纵即逝。“我们就是文字，我们就是音乐，我们就是那些事情本身。”

过去 100 多年来，这些不安生的艺术家、文学家、诗人们，在做着一件共同指向的事，那就是努力探究真实的身体、真实的身体感受，进而触摸那个被理性光环遮蔽已久的真实的世界。他们超乎寻常的想象力是莱勒试图捕捉的生命灵光。

乔纳·莱勒创造力三部曲，以 21 世纪的敏锐和视角，解释了一个重要的法则：创造力源于想象力。在开放的未来，充满无限可能。但对于这些可能的想象，绝不能囿于干净、清爽之世界秩序的理性抽象。世界是丰富多彩、复杂多变的，这绝不是说世界一片混乱，毫无章法可言；但也绝不是指，一切都可以严丝合缝地装进一个个漂亮的公式中。

著名美国认知科学家史蒂芬·平克（Steven Pinker）一生致力于摧毁三个误解：第一个是，认为人的心灵是白纸一张，相信大脑主要由环境塑造而成；第二个是，认为人类只不过是高尚的野蛮人，相信人性本善，却为社会所玷污；第三个是，相信机器幽灵，相信意识中潜伏着某种非生物性的存在。

莱勒的洞见在于，面对科学简化主义的泛滥，冲破想象力藩篱的艺术，将是身体解放、感官重塑的重要力量。在智能科技飞速发展的今天，这一点尤为重要。

为什么神秘感会让人产生不挠不快的精神之痒

人类能体验到的最美妙的感受就是神秘。
真正的艺术和科学都起源于神秘。
那些情感淡漠的人无异于行尸走肉，
他们既不会驻足惊叹，
也不会如痴如醉。
他们的眼睛根本没有睁开。

—— 爱因斯坦

失踪的阿加莎

1926年12月3日晚，阿加莎·克里斯蒂（Agatha Christie）把女儿哄睡着之后，拿起她的皮毛大衣和手提箱，开着灰色的莫里斯·考利车离开了家。她跟女仆说她要出去兜兜风。

第二天早上，有人在一个白垩矿坑附近发现了阿加莎的车。车先是开到了一条布满车辙印的土路上，然后冲进了路边的草坡。车灯是开着的，刹车没用过。[1] 据《纽约时报》报道，这辆车被发现时，“前轮实际上是悬空的状态。显然，车失控了，幸好路边长着茂密的灌木丛，车才没掉进坑里”。[2]

但阿加莎不见了。

当时，阿加莎还是一位鲜为人知的侦探小说作家。那年春天，她出版了《罗杰疑案》，这是她创作的第三部以大侦探赫尔克里·波洛（Hercule Poirot）为主角的小说。这本书的构思很巧妙，它将凶手作为故事的讲述者，但只卖出了几千本。① 阿加莎大失所望，因为她生活考究，她需要钱。[3] 她雇了三个仆人照顾一家人的衣食起居。雪上加霜的是，她的丈夫阿奇·克里斯蒂（Archie Christie）爱上了一个年轻女人，为此一直在跟阿加莎闹离婚。

警方最初怀疑阿加莎是自杀。因为就在几天前，阿加莎去了药剂师那里。她那天问药剂师的问题相当蹊跷，她问什么药能让人死得毫无痛苦。[4] 在那辆撞坏的汽车附近，警察发现了一瓶已经开了口的“毒铅和鸦片”。事情似乎很简单，这明摆着是一场悲剧：妻子被丈夫抛弃，无奈之下选择自杀。

但假如是自杀，尸体在哪里？警方不仅雇用了潜水员，还把

① 报纸首次报道阿加莎失踪案时，只将她描述为“一位女小说家”，还将她最新出版的书误写为《谁杀了阿克罗伊德？》。

附近的池塘抽干，又牵着大警犬在萨里唐斯进行搜索。当局还呼吁民众协助搜查，于是有几千名业余侦探来到这个片区，一起寻找那个失踪的女人。但这些人什么也没发现，甚至连脚印也没看到。阿加莎好像凭空消失了。

负责这个案子的警官是副警长肯沃德（Kenward），他怀疑阿加莎是被谋杀的。肯沃德正是阿加莎在小说中所塑造的那种侦探，他擅长推理，还因破获了几起棘手的谋杀案而荣膺国王警察勋章。肯沃德蓄着整齐的胡髭，大腹便便，喜欢戴一顶浅底软呢帽。

阿加莎是怎么失踪的呢？肯沃德凝视着留在车子后座上的皮毛大衣。[5]他注意到，阿加莎失踪那天半夜的气温只有两三摄氏度，从东北方向刮来的风湿气又很重。那为什么阿加莎没拿外套呢？按理说，即便是寻死的人也不想受冻啊！

肯沃德认为，这起车祸疑点颇多。车明明在下坡，可泥土里没有一丝轮胎打滑的痕迹。为什么司机没刹车呢？车的帆布顶棚还在，油漆看着也没有刮擦痕迹。这让肯沃德觉得，好像是什么人很小心地把车开到了悬崖边上。[6]

还有阿奇。肯沃德知道阿奇想离婚。仆人说，他前一天跟阿加莎大吵了一架。肯沃德问阿奇，阿加莎失踪那晚他去了哪儿，他承认他跟情人在朋友家里。最糟糕的是，他把阿加莎走之前留给他的信烧了，他还跟警方说，这是他们夫妻俩的私事。肯沃德觉得这个丈夫“说话含糊其词，戒备心很重”。[7]

但是，阿奇有强有力的不在场证明，他的朋友发誓，阿奇整个晚上都跟他在一起。[8]而且阿奇朋友的车一直停在车库里，如果阿奇离开，他肯定能听到狗叫。肯沃德认为，如果阿奇确实是凶手，他应该来不及在天亮之前赶回家。因为步行到车祸现场路程遥远，而现场也没有发现其他车来过的证据。还有，凶手为什么不把毒药带走呢？

几天过去了。虽然 100 英镑的悬赏公告张贴了出去，但收集到的都是错误的线索。实际上，女扮男装的阿加莎先乘坐公交车，到达伦敦巴特西一带，然后搭火车前往了朴次茅斯。而肯沃德调查得越深入，这个案子就越发神秘，所有的线索都断了。

当媒体蜂拥而至时，阿奇惊慌失措。在阿加莎失踪后的第六天，他在接受《每日邮报》的采访时，推测这是阿加莎亲自策划的失踪案。这是一次文学创作，而不是一次犯罪。“前段时间，她告诉她姐姐：‘只要我愿意，我就能让自己消失，而且不留一点破绽’，”他回忆道，[9]“我猜她们当时正在讨论报纸上的内容。这表明她也许一直想策划一次失踪，可能是为了她的工作。”[10]

但是公众并不买账，虽然阿奇的推测是对的，阿加莎根本没有被绑架或谋杀。她让自己消失了。正如传记作家劳拉·汤普森（Laura Thompson）所言，从许多方面来看，在阿加莎创作的侦探故事中，最精彩的就是她自己的失踪。她把自己的生活变成了一部叫人无法抗拒的悬疑小说，极为巧妙地安排线索，且成功地吸引了公众的视线。《泰晤士报》称，这是“有史以来最轰动的失踪案之一，它让英国报纸专栏变得生气勃勃”。[11]

在她失踪之前，根本没人知道她是谁，而人们之所以关注她，正是因为她的失踪。

12 月 14 日，距离阿加莎·克里斯蒂被报告失踪 11 天后，哈罗盖特市天鹅水疗酒店的一名班卓琴演奏家注意到，舞池中有一位女子与那个失踪的作家很像。于是他告诉了警方，警方又将这一线索通知了阿奇。

阿奇到达了天鹅水疗酒店，警察让他在大厅等候。酒店经理说，阿加莎马上就要下楼吃饭，她已经订好了房间。几分钟后，阿奇在楼梯上看到她，她穿着粉红色乔其纱晚礼服，正打算再跳上一整夜的舞。阿加莎平静地回头望着阿奇，接着在休息室的壁炉旁坐下来。这对夫妇相顾无言，难堪地沉默了几分钟，随后前往酒店餐厅吃晚饭。[12]

虽然阿奇并不想透露关于此事的任何信息，但蜂拥而至的记者迫切地想知道答案。阿加莎的失踪仍然占据了各大报纸的头版头条，为了平息这件事，阿奇在《约克郡邮报》上发表了一篇声明：“她的身份毋庸置疑。她是我的妻子，但已经完全丧失了记忆和身份，现在她根本不知道自己是谁。她也不认得我……希望她能得到足够的休息和安宁，慢慢好起来。”

阿奇本以为这番澄清能给这桩“失踪案”画上句号，并且能使他很快回到情人的怀抱里，继续他自在的生活。但正如劳拉·汤普森所言，这只能说明“阿奇对阿加莎的失踪根本就是一头雾水，也不知道自己卷入了什么”。[13] 也许只有读了阿加莎的小说，他才能体会到一部精彩的侦探小说的魅力。

而阿加莎则很清楚自己在做什么。作为一名犯罪小说家，阿加莎深知神秘和未知对大众的诱惑力，最精彩的小说往往会给出最容易叫人上钩的线索，却又迟迟不肯告诉读者凶手是谁。“侦探小说的本质就是追踪，”阿加莎后来说，“而不是抓捕。”[14] 然而，她设计的追踪过程完美无缺。①

尽管阿奇认为，阿加莎的失踪是由于失忆，但没过几天，阿加莎重新开始了写作。事故发生之前，她一直在为下一部侦探小说该如何结尾而烦恼。有那么一段时间，她甚至觉得自己永远也想不出什么好主意。她的婆婆告诉《每日邮报》的记者，阿加莎在屋子里一边踱着步，一边喃喃自语：“这样的情节真是糟透了！唉！糟透了。”[16] 既要让情节环环相扣、严丝合缝，又不能让读者看出明显的线索，确实太难了。

但阿加莎从哈罗盖特回家后，事情就有了转机。阿加莎在她

---

① 犯罪小说作家多萝西·L. 赛耶斯（Dorothy L. Sayers）在回顾了该案件的线索后指出，这很可能是一起“自发自愿的失踪案”……因为它安排设计得非常巧妙，以至于破案的人压根找不到头绪，而且我们得特别注意，失踪者是个非常老到的侦探小说作家。[15] 赛耶斯能看出这是个事先设计好的骗局，非常巧妙的骗局，也许过于巧妙了。

的回忆录中写道："从那时开始，我从一名业余侦探小说作家变成了一名专业作家。"[17] 现在，她全身心地投入写作，决意要将自己从失踪的经历中学到的经验运用到小说里。侦探小说总有一种神奇的力量：那些让人百思不得其解的故事令人欲罢不能，那些叫人猜不透的迷案和情节让读者深深为之着迷。

但侦探故事并非古来有之，得有人先发明它。

侦探故事的谜团

1841 年春天，32 岁的埃德加·爱伦·坡（Edgar Allan Poe）决心要创作一种新的短篇小说。当时的爱伦·坡是某杂志的密码学专栏作家，他向读者发出挑战，声称没有他破译不了的密码。结果他收到了来自全国各地的近百条密文，最后只有一条密文他没能破译。而那条没破译的密文被爱伦·坡证明是"硬生生造出来的"，是一堆"随机的、没有任何意义的字符"。[18]

遗憾的是，爱伦·坡每写一页专栏只能挣到几美元。他的编辑这么评价他："爱伦·坡的头脑是如此聪明缜密，所以他并不是十分受欢迎。"爱伦·坡急需用钱，便决定尝试写小说，他想找到一种能让自己付得起房租和酒吧账单的小说题材。他给自己的第一部小说起了一个很惊悚的名字——《莫格街凶杀案》①，并塑造了一个非常有魅力的主人公——C. 奥古斯特·迪潘

① 英语单词"morgue"的意思是"停尸房"。——译者注

（C. Auguste Dupin），一个住在巴黎的聪明过人的年轻单身汉，就连最难以破译的密码也难不倒他。

故事发生在一个夏天，晚报上刊载了一条很震撼的新闻，说本地发生了一桩双重谋杀案。案件中，母亲的尸体是在花园里被人发现的。“她的喉咙被彻底割开了，凶手想把她抬起来，结果头落到地上，滚了出去。”而她的女儿先是被人掐死，接着被野蛮地塞进了烟囱。虽然警方最初认为凶手的犯罪动机是偷窃，可屋子里的贵重物品并没有丢失。警方调查了很久也一无所获，最后得出结论：“如此匪夷所思、疑团重重的案件，巴黎还从未发生过。”

迪潘对这个悬案很着迷。他告诉新闻报道者，他们应该亲自去犯罪现场看一看，也许警方忽视了某些线索，说不定他们会有意外的收获。撇开其他的不谈，迪潘说：“调查会给我们带来极大的乐趣。”

于是，新闻报道者去了血迹斑斑的公寓，好好调查了一番，还向邻居打听线索，可到头来却更加困惑。他们认定这桩谋杀案会是一桩无头公案。听闻此言，迪潘恼怒地叹了口气，接着条理清晰地说出了他的解决方案。

迪潘首先简明扼要地指出这桩谋杀案中最令人费解的部分，即凶手根本没必要割断母亲的喉咙，也没必要把她的女儿塞进壁炉烟囱，同时缺乏明显的犯罪动机。虽然警方要找的凶手是一个杀人不眨眼的疯子，但迪潘的看法是，凶手压根就不是人，而是一只猩猩。而且迪潘已经在报纸上刊登了一则广告，寻找一只逃跑的猩猩。小说再往后翻几页，就有一个水手出现了，证明正是他的猩猩逃跑并杀死了那对母女。

爱伦·坡所创作的故事随即大获成功。骇人听闻的谋杀案、头脑清晰的侦探，这些元素令读者非常着迷。爱伦·坡也因此得到了一笔收入，杂志社老板付给他 56 美元。但爱伦·坡对自己的成功很不以为然，他写信给朋友说："人们把我所创作的侦探故事想得过于巧妙。比如《莫格街凶杀案》，这个故事明明是解开了你自己……事先编织好的一张网，哪有什么巧妙可言。"[19] 如果说爱伦·坡真的为自己所创作的这些通俗故事而感到自豪，那也是因为，用他的原话来说，他终于想出了"新的思路"。[20]

爱伦·坡想出的新思路就是侦探故事。① 他的故事基本上都是一个套路：一桩看似不可能的凶杀案加上毫无头绪的警察。这个案子似乎根本破不了，但随后超级睿智的侦探出场了，他注意到警方忽视的线索，经过一番深思熟虑后，把这些看似无关的线索联系起来，并提出大胆的假设。在故事的最后一幕中，真凶得到了应有的惩罚，道德秩序也得以恢复。

---

① 奥托·彭茨勒（Otto Penzler）是《悬疑与侦探百科全书》（*Encyclopedia of Mystery and Detection*）的作者之一，他说爱伦·坡是"第一个发明了纯粹意义上的侦探故事的作家……尽管其他作家的一些故事明显包含侦探故事的元素，比如威廉·莱格特（William Leggett）的《步枪》（*The Rifle*），但爱伦·坡是第一个提炼出侦探故事的元素，并把它们糅合到一部小说里的人"。[21]

这个套路后来发展成了现代文化中常见的一种文学体裁。从阿加莎·克里斯蒂到雷蒙德·钱德勒（Raymond Chandler），从迈克·康纳利（Michael Connelly）到电视剧《法律与秩序》（*Law & Order*），他们的叙事遵从的仍然是爱伦·坡年轻时所发明的套路和传统。阿瑟·柯南·道尔（Arthur Conan Doyle）坦言，迪潘先生就是第一个夏洛克。爱伦·坡被称为“侦探小说的开山鼻祖”，他当之无愧。

爱伦·坡英年早逝，1948 年，在他逝世将近 100 年后，诗人 W. H. 奥登（W. H. Auden）在《哈珀斯》杂志上发表了一篇文章，阐述了为什么侦探小说的魅力能如此经久不衰。[22] 奥登对此有他自己的理由：“我读侦探小说就跟抽烟、喝酒一样，会上瘾，很多人都是如此。具体表现首先是非常强烈的渴望，如果有正经事要做，那我必须格外小心，不能让自己看侦探小说，因为一旦看了，我就夜不能寐，没心思工作，除非把小说读完。”虽然奥登将大部分犯罪小说归类为通俗小说，但他确实也认为，细致地研究侦探小说能“启发人们……对于艺术功能的理解”。

奥登在这篇文章中首先概述了悲剧的历史：“在古希腊悲剧中，观众知道真相。”一开始的情节中就已经透露了真相。比如，《俄狄浦斯王》（*Oedipus Rex*）讲述的是一个人要找出谋杀国王的真凶的故事。本来故事设定的是一桩难解的疑案，但用不着看到最后，所有人就已经知道了结局，那就是，俄狄浦斯要找的凶手正是他自己。

爱伦·坡的天才之处就在于他颠覆了古希腊悲剧的套路，创造了一种新的叙事，一种把读者蒙在鼓里的叙事。英语单词“mystery”的词源来自古希腊语中的“muo”，意思是“闭上眼睛”“隐藏”。虽然在传统意义上，小说依赖的是在读者意料之中的情节，但爱伦·坡小说的核心元素却是出其不意。他虽然很乐意采用自《俄狄浦斯王》以来就已确定的叙事方式，但给自己的故事都加上了一个出人意料的结局。正如奥登所言，侦探故事的全部意义就在于“读者对真相一无所知”。于是，读者化身为一名侦探，像书中的人物一样，也得寻找线索。

爱伦·坡出色地洞察到，读者关心的并不是谋杀案。那只是一个设定，一个诱发事件。他们真正关心的是其中的谜团。

神秘感带来的快乐

爱伦·坡在发明侦探小说的同时，还发现了一种能抓住人心的新办法。爱伦·坡小说套路的经久不衰引发了更多的问题，即为什么它能如此引人入胜？为什么我们会对失踪的作家和骇人听闻的罪行如此着迷？为什么神秘感会让人产生一种不挠不快的精神之痒？

要想找到这些问题的答案，我们首先得了解动物大脑中非常古老的部分，即多巴胺系统的一个奇怪的特点。虽然一说到多巴胺，人们往往会联想到享乐主义，例如听摇滚、性行为都会让大脑分泌多巴胺，但它还有一个重要的功能就是控制我们的注意力。从本质上讲，多巴胺相当于一种大脑“货币”，在它的帮助下，我们能够评估周围的世界并发现其中有趣的部分。多巴胺能让我们感觉到愉悦，有了它的作用，大脑就会告诉我们，要留心这个、关注那个。

那么，究竟什么会让大脑分泌大量的多巴胺？**刺激多巴胺分泌的并不是可以预测到的快乐，而是那种由神秘感带来的快乐，也就是神经科学家所说的“预测误差”（prediction error）。**[23] 科学家在实验室里模拟了一种奖励模式，即被试只要触碰到杠杆就能得到一些糖，接着引入让被试感到意外之喜的元素，比如会毫无征兆地得到一些甜点，这样被试就会出现预测误差。另外，响亮的声音和闪烁的灯光虽然不像甜点那么令人愉悦，但也能让多巴胺水平大幅飙升。脑细胞对惊喜非常敏感，因为这是一种极其高效的学习方式，也是果蝇、小鼠和灵长类动物都有同样利用多巴胺进行学习的特殊“程序”的原因。[24]

神秘的新发现

预测误差，即一种不可预测的神秘感，可以刺激多巴胺的分泌，给人带来快乐。

这样的机制已经存在了数百万年。不过，人类的大脑发现了一种新的方法，赋予了这一古老机制新的用途。关键的转折点在于，人类不仅能从热量和性爱中获得乐趣，还能从思想和叙事中获得。不管是报纸上作家的神秘失踪案，还是爱伦·坡的侦探小说，这些故事都能够刺激多巴胺系统，所以就算它们不能给我们带来原始的回报①，我们也会关注它们。正如人类学家克利福德·格尔茨（Clifford Geertz）的那句名言所描述的："人是一种动物，悬挂在他所编制的意义之网中。"[25]

但请记住，这个多巴胺系统有一个奇特之处。虽然人类的大脑就是一台制造思维模式的机器，总是试图去解决谜题并预测下一步会发生什么，但能够吸引我们注意力的并不是准确的预测，而是预测误差，也就是那些我们无法预料的奖励和真相。好的艺术作品会把这种冲动转化为参与的过程：先确立一个前提，然后巧妙地让作品发展与我们的期望相悖，并尽可能到最后再揭示真相。这是因为那些疑问会一直抓住我们的心，不是意料之中的转折，而是意料之外的转折。正如美国音乐剧泰斗斯蒂芬·桑德海姆（Stephen Sondheim）在总结他的审美方法时所说："艺术需要惊喜，否则它就无法吸引观众的注意力。"[26]

预测误差只是这个神经过程的开始。如果一个故事讲得好，最初的惊讶会让读者产生一种人类独有的感觉。我们不再试图去解决那个难题，而是会关注其中的疑团，沉浸在我们永远无法理解的事物中。这种感觉可能是惊奇、敬畏或讶异，但不管怎样，它们都来源于我们从神秘中获得的乐趣。大多数动物都怕黑，但在黑暗中，我们能找到自己最重要的意义。

---

① 自然选择的讽刺之处就是，无论我们的想法多么崇高，用不了太久，我们的关注点都会回到糖和性高潮上。

本书将解构那些最引人入胜的神秘。我们会了解到，**艺术家、魔术师、音乐家、教师和作家如何利用未知和不确定来吸引我们的注意力**。我们都有过对神秘事物深深着迷的经历，无论是看《法律与秩序》电视剧，还是被一首无法解释的诗歌打动。为什么这样的经历很重要呢？本书会通过理论来做出回答。

我们将从最简单的神秘的形式，即盲盒开始。从本质上来说，盲盒就是通过刻意隐藏关键信息来激发人们的兴趣，这个关键信息可能是真凶是谁，也可能是老虎机的最终结果。这也是棒球比赛会采用现行的规则，以及 L. O. L. 惊喜娃娃火遍全球的原因。史蒂夫·乔布斯（Steve Jobs）和乔治·卢卡斯（George Lucas）也曾用过隐藏关键信息这一方法，而且产生了极佳的效果。盲盒之所以会吸引我们，是因为我们好奇里面到底有什么。

但盲盒并不是吸引观众的唯一方法。另一个方法就是变魔术，这个方法会让我们对创作的过程产生疑问。我们看到物体消失了，女人被锯成了两半，而神秘之处就在于它们是如何发生的。不仅魔术师会变魔术，画家、导演与建筑师也会变魔术，他们还喜欢创造出难以解释的艺术作品。

接下来，本书会关注那些人为设置的，却又让大家翘首以盼的障碍，也就是通过颠覆期望来营造神秘。我们的文化中充斥着各种各样旨在取悦大众的内容，但能够持续取悦我们的内容并不简单，它会向我们发起挑战，会要我们试着去理解自己之前从未见过的形式。无论是艾米莉·狄金森（Emily Dickinson）的诗、儿童绘本《晚安，月亮》，还是符号性的汽车广告，这些作品之所以能持续吸引我们，都是因为它们晦涩难懂。

再就是复杂人物带来的神秘感。从《哈姆雷特》到电视剧《黑道家族》[①]中的托尼·索普拉诺（Tony Soprano），从蒙娜丽莎到电视剧《绝命毒师》中的沃尔特·怀特（Walter White），我们被那些性格复杂、微妙又充满矛盾的人物吸引。他们之所以有趣，是因为我们参不透他们。更重要的是，有令人信服的证据表明，虚构的人物能够教会我们如何处理真实人物的神秘感。

我们要探讨的最后一个策略是刻意制造模糊感。我们会剖析披头士乐队的歌词、中世纪手稿、浪漫的十四行诗和 J. D. 塞林格（J. D. Salinger）的短篇小说。这些作品的共同点就是，它们都有多种解读方式，并具有微妙的不确定性，让我们如痴如醉。

上述策略就像不同种类的诱饵。尽管它们有无数种形式，但目标都是相同的，那就是用未知和不可知来吸引受众，把预测误差变成沉浸式的享受。

不过，那些利用神秘元素的优秀文学艺术作品能通过多种诱饵来激发观者持久的惊奇感觉。最开始它们也许会使用“盲盒策略”，但同时也会塑造模糊的、难以理解的任务，或者使用变

---

①《黑道家族》是以黑手党为题材的美剧，它开创性地以写实镜头呈现黑手党生活、意大利裔美国人、暴力支配的世界与道德的灰色地带，情节紧张，引人入胜。——译者注

魔术的方法，或者人为设置困难和障碍。一旦使用了这些策略，神秘就不再是我们要解决的问题，而变成了一个永无止境的游戏，使我们可以一次又一次地回顾那些作品。神秘也会一直持续下去。

这种解锁神秘的能力是人类的一项基本技能，那些思维能力出色的人往往在这方面极有天赋。在本书中，我们会了解到，怎样才能让孩子拥有强烈的好奇心。我们会走访芝加哥内城区的一所学校，该校通过培养学生对神秘的好奇心，从而大幅提高了学生成绩。我们还会认识一位汽车修理工，他之所以能解决所有的机械故障，正是因为他从未停止过提问。我们还会知道，那些晦涩难懂的文学作品为什么会让我们更富有同理心，与神秘“斗智斗勇”为什么会让我们更具有创造力。在 21 世纪，关键不在于你知道什么，而在于探求未知。

浪漫主义诗人约翰·济慈（John Keats）在评价莎士比亚最出色的天赋时用过一个很出名的表达，那就是“消极能力”，他将其定义为一个人能“安于不确定、神秘和怀疑，而不是急躁地追求事实与原因”的能力。[27] 在济慈看来，莎士比亚对简单的事实并无兴趣，他并不在意他创作的故事情节变得混乱，他塑造的人物反复无常。他想用最难的问题来吸引观众，创造出永远找不到真凶的悬案。正如济慈所言，莎士比亚最乐意在作品中给读者负以“神秘的重担”，这也是他的戏剧能历久弥新的原因之一。

这种艺术的成功就像一面镜子，既给了我们想要的东西，又向我们展示了我们是谁。**在整个地球上，人类可能是唯一喜欢创造出自己无法理解的东西的物种。**

目 录

第二部分 解锁未知，让神秘感为我所用

MYSTERY

第一部分

神秘感带来吸引力的五大策略

A Seduction
A Strategy
A Solution

第 1 章

盲盒策略
隐藏关键信息，让故事引人入胜

MYSTERY

A Seduction
A Strategy, A Solution

强烈的怀疑，
最能激发智慧；
幽深的小径，
最能全面开发幼稚的头脑。

——

斯蒂芬·茨威格（Stefan Zweig）[1]

瑞安 3 岁那年，他的父母开始拍摄他玩玩具的视频。最开始拍的那些视频倒也没什么特别的，在第一个视频里，瑞安在玩具店挑中了一个乐高得宝火车，他打开盒子，把塑料积木拼到一起，然后把火车放在地毯上，来来回回地推着，还把它碰翻在地。大约 4 分钟过后，视频结束了，这时瑞安已经开始不耐烦了。

“瑞安玩具测评”频道最开始上传的那些视频顶多只能说明，学步期儿童对于玩具的偏好是多么地变化无常。他们有托马斯轨道火车玩具，有捏得乱糟糟的培乐多彩泥，浴缸里还躺着各式各样的皮克斯人偶玩具。而且，这些视频的画面一直在晃动，也没怎么剪辑，观众们看到的只是这些新玩具的悲惨命运，孩子们则最喜欢看玩具在打开之前的那部分视频。

如果瑞安的父母不继续拍摄的话，那他也不过就是为陌生网友“表演”拆玩具的众多孩子中的一个，没人在意他是谁。要知道，YouTube 上有成千上万个玩具测评频道。但瑞安的第 33 个视频彻底改变了一切，从他父母第一次拍摄他玩耍到这时，大概经历了 4 个月。这一回，瑞安的妈妈打算尝试点不一样的东西。点开视频，你能看到瑞安正躺在床上睡觉，妈妈叫醒瑞安，把一个巨大的、贴满了迪士尼贴纸的纸蛋递到他面前。瑞安撕开纸蛋，把里面的玩具一样一样地往外拿，有费雪车库，有几十辆压铸汽车模型，还有一个黄色的大翻斗车。7 分钟的视频里，瑞安一大半的时间都是在拿玩具，拿完之后，他在地板上玩了一小会儿汽车。这真可谓最疯狂的过度消费。

但这个短视频却出人意料地火了。自 2015 年 7 月 1 日发布以来，这段视频已经有超过 10 亿人观看。我和儿子也一起看了无数遍，最后他甚至能把玩具拿出来的先后顺序记下来（“下一辆车是卡车麦克！”）。瑞安的父母认为，这个视频之所以会意外走红，是因为他们开设了“瑞安玩具测评”频道。该频道是美国观看次数最多的 YouTube 频道，拥有近 2 700 万订阅用户和超过 422 亿次的观看量。2017 年，瑞安玩具测评的收入达 2 600 万美元。[2]塔吉特和沃尔玛超市也推出了“瑞安世界”牌惊喜玩具蛋。①

既然有了成功的模板，就一定有人效仿。惊喜玩具蛋现在

① 近年来，盲盒类玩具已成为玩具货架上的主打产品。从 L. O. L. 惊喜娃娃到迪士尼的“神秘礼包”，这些玩具利用的正是我们天生的好奇心，拆开惊喜娃娃的七层塑料包装后，购买者能在里面找到一个隐藏的小玩偶，而迪士尼的“神秘礼包”则是一个不透明的、用塑料薄膜包装好的盒子，里面藏着一些宝贝玩意儿，而我们购买这些玩具只是为了弄清楚里面有什么。从理性的角度来看，这种盲盒类玩具其实很荒唐，因为消费者购买的不仅可能不是他们最喜欢的玩具，而且甚至是重样的，但他们却愿意牺牲实用性来换取惊喜所带来的快乐。

已经成为 YouTube 儿童版块里最受关注的类别，孩子们可以在 YouTube 上选择自己喜欢的视频，这样开发者就能知道孩子们的喜好。比如“迪士尼公主惊喜玩具蛋”频道（观看量超过 2.97 亿）、“卡车惊喜玩具蛋测评”频道（观看量超过 9 000 万）和“小马宝莉培乐多彩泥系列惊喜玩具蛋”频道（观看量超过 1.21 亿），每个视频都会展示不同种类的最新玩具，但它们都有一个相同的基本卖点，就是礼物藏在蛋里面，没人知道下一个拿出来的玩具会是什么。

为什么惊喜玩具蛋的视频会让人如此难以抗拒，至少对孩子们来说是这样？原因就在于神秘与未知的吸引力。说白了，孩子们之所以喜欢惊喜玩具蛋，就是因为他们想知道自己预测的到底对不对。瑞安下一个拿出来的会是闪电麦昆吗？一堆风火轮牌汽车模型里怎么会突然冒出一架飞机的模型？

其实在好莱坞，这个策略被称为“盲盒”策略。以创作美剧《迷失》，执导《星际迷航 3》和《星球大战：原力觉醒》而闻名的编剧兼导演 J. J. 艾布拉姆斯（J. J. Abrams）是这么定义它的：如果一部电影、电视剧中包含任何能够推动剧情发展的秘密，那它就是个“盲盒”。比如：玫瑰花蕾[①] 在电影《公民凯恩》中到底象征着什么？电影《宿醉》中的几个男人是在哪里举行结婚前的单身派对的？电影《大白鲨》中大白鲨的模样到底有多恐怖？

① 玫瑰花蕾在经典电影《公民凯恩》中有着深刻的寓意。——译者注

要知道，直到第80分钟，观众才看清楚它的模样①。《非常嫌疑犯》里的神秘头目凯撒·索泽的身份究竟是什么？还有电影《星球大战：原力觉醒》，艾布拉姆斯最喜欢拿它举例子，他说："机器人遇到了一个神秘的女人。她是谁？我们不知道。这就是盲盒！然后天行者卢克找到了掌握重要情报的机器人，看到了全息影像地图。你也知道，对吧！这是个线索。神秘女人想要找到欧比旺·克诺比，他是她最后的希望。可欧比旺是谁？这就是盲盒！"[3]艾布拉姆斯的意思是，像多数悬疑片一样，《星球大战》中接连不断的未知因素会让观众应接不暇，这其实是通过隐藏信息的方式来推动叙事。也就是说，**一个故事之所以会引人入胜，正是因为它有所隐藏。**

艾布拉姆斯第一次发现盲盒的力量时还是个孩子，当时他的祖父从魔术商店给他买了一个盲盒。在TED演讲中，他是这么回忆的："那个盲盒的精妙之处在于，虽然我只花了15美元，但里面的东西也许值50美元，多划算啊！"但艾布拉姆斯到现在也没打开那个盒子，它原封不动地放在他圣塔莫妮卡办公室的架子上。

为什么他不打开盒子呢？因为他深知盲盒为什么会有吸引力，它就相当于成人版的惊喜玩具蛋。艾布拉姆斯说："它（那

① 有时，最好的盲盒是意外产生的。例如，《大白鲨》中的鲨鱼之所以"真人不露相"，是因为机器做的鲨鱼一直有故障（由于在拍摄过程中经常出现延误，剧组人员干脆给这部电影起了个名字叫"故障"）。但导演斯皮尔伯格意识到，我们最害怕的正是我们看不到的东西，于是那台出了故障的鲨鱼就成了电影史上最可怕的盲盒。

个没打开的盒子）代表着无限可能，代表着希望，代表着未知的潜能。我之所以喜欢这个盒子，我之所以会做我现在做的事情，就是因为我被无限的可能深深地吸引。”

神秘的新发现

盲盒具有深层次的魅力，通过刻意隐藏关键信息来激发人们的兴趣，它代表着未知的潜能。

乔布斯也明白这个道理，他把这种不确定性当作一种销售策略。2007 年，当苹果公司推出 iPhone 手机时，他本可以以这款新产品的清晰特写来开始他的主题演讲，但他没有这么做，而是以典型的“乔氏谜题”开场。他宣布，苹果公司将推出 3 种新的电子工具，即宽屏的 iPod、突破性的互联网接口和一款新手机。最吊人胃口的是，这 3 种工具是捆绑在同一台设备上的。乔布斯说：“今天，苹果将重新定义手机，它就在这里。”[4]

但新手机并没有现出真身，乔布斯仍然没打算打开那个盲盒。乔布斯一边说“它就在这里”，一边半遮半掩地快速向观众展示了一台亮闪闪的手机，随即又藏到了自己的口袋里，说“但我们现在得先把它放好”。然后，乔布斯详细地阐述了手机行业的竞争。这是一个典型的拖延战术，他知道大家都想一睹 iPhone 的真容，但他却刻意把手机藏起来，以让大家建立预期。几分钟后，当乔布斯终于给大家展示 iPhone 的图片时，人群一阵骚动，他们一脸兴奋和期待，就像一个蹒跚学步的孩子扯开了一个装满玩具的惊喜蛋。

盲盒具有深层次的魅力，这已经写入了我们的大脑“程序”。比方说，如果你拿一些东西给 2 个月大的婴儿看，他们会对不熟悉的物品更感兴趣，会盯着自己从未见过的东西看个不停。婴儿对新奇事物的好奇心很快就会发展成对一切看似神秘的事物的普遍兴趣。在一项研究中，心理学家弗兰克·洛里默（Frank Lorimer）花了几天的时间跟踪研究了一名 4 岁的男孩。[5] 在几天的时间里，这个孩子问了很多“为什么”，洛里默把每一个“为什么”问题都记了下来，足足记了几页纸，而且，几乎所有的问题都是孩子随口问的，不过这些问题都很有趣。例如：为什么小鸡是从蛋壳里出来的？为什么浇水壶有两个把手？为什么妈妈没有胡子？①

孩子们总是很好奇，这会让大人不胜其烦。看着那长长的几页纸的问题，你似乎可以听到父母疲惫的叹息声。但这是给我们的重要提醒，因为这种好奇心是人类智力的开端，是能将人类和其他动物区别开的早期本能。当孩子面对外部世界时，他们并不关注自己已经知道的东西，而是会盯着自己不知道的东西，所以他们才会不断地问我们为什么、为什么。他们正在发育的大脑的关注点不断地从一个盲盒跳到另一个盲盒。

研究证明，这是一项极为重要的能力，**那些最容易被神秘吸引的孩子的学业表现大大优于其他孩子。**这是密歇根大学的研究人员在进行了一项纵向研究后得出的结论，他们分析了 62 名年

---

① 近期，发展心理学家米歇尔·乔伊纳德（Michelle Chouinard）与同事研究发现，幼儿平均每小时向他们的看护者提出 76.8 个获取信息的问题。[6]

幼学生的数据。[7]从被试 9 个月大开始，他们就对被试进行评估，并对被试的父母进行了多次访谈。结果他们发现，被试对未知事物的兴趣水平能够较为准确地预测其将来的学业表现，例如在课堂上能否集中注意力，即使研究人员控制了其他心理变量之后也是如此。而且，对于那些来自较贫穷家庭的孩子，这种相关性尤为明显。虽然来自贫穷家庭的孩子在学业上的表现通常不如来自富裕家庭的同龄人，但如果孩子好奇心很强的话，那么也并不比富裕家庭的孩子表现差。

怎么解释这项研究的结果呢？有一种理论认为，能从神秘中获得愉悦是较高的社会经济地位带来的一个关键优势。如果你的父母有钱，他们就有能力去激发你的好奇心，比如花钱给你报钢琴课，给你办博物馆的会员卡。无论你想要什么样的盲盒，他们都有能力提供给你。久而久之，好奇心的培养换来的是学业红利，你因此学会了如何学习，这也是家庭的经济水平能够预测一个孩子学业表现的一个原因。然而，如果贫困家庭儿童的好奇心与富裕家庭儿童的好奇心水平基本相当的话，那么固有的成绩差距也就消失了。这就意味着，教孩子如何从神秘中找到乐趣，应该是教育的一个基本组成部分，而不是少数人才能享受的“奢侈品”。

你还可以看到在大脑中这个过程是怎么发生的。在最近的一项研究中，加州大学戴维斯分校的科学家研究了好奇心水平对学习方式的影响。[8]研究人员请被试躺到功能磁共振成像机器中，并问了几十个问题。这些问题涉及的科目很广，从历史

（如“山姆大叔这个形象出现时，美国总统是谁？”）到语言（如“dinosaur 这个单词的本意是什么？”）。研究人员在对被试的好奇心水平进行评级之后，被试的眼前会闪过一张陌生面孔的图片。接下来，研究人员告诉被试这些问题的答案（如“富兰克林·皮尔斯”和“可怕的蜥蜴”）。等扫描结束后，研究人员要求被试完成一个测试，以了解他们对于这些问题和面孔的记忆。他们能否记得答案？能否认出那些面孔？

整体的趋势很明显，被试更容易记住那些能引发他们好奇心的问题。这倒也没什么特别的，而让人出乎意料的是，当被试处于好奇心高涨的状态时，也更容易记住他们看到的面孔。功能磁共振成像数据可以解释其中的原因，当被试对问题感到更好奇时，大脑“中脑”的多巴胺回路活动水平会随之增加。而这也是处理奖励和应对预测误差的区域，各种各样的盲盒会将这一区域激活。不过最有趣的是，好奇心刺激大脑分泌多巴胺，多巴胺的激增会让海马更加活跃，而对于学习和记忆，海马是至关重要的部分。[9]威廉·詹姆斯①认为，当一个人发现“……和大脑本来的认识有不一致或差异时，就像音乐大脑听到不和谐的和弦会做出反应一样”，好奇心就产生了。[10]我们不仅仅会关注新的信息，还会把它保存在我们的“硬盘”中。我们记住的玩具是那些藏在蛋里面的玩具。这项研究告诉我们，正是这种不一致与差异启动了我们的学习机制。

---

① 美国心理学之父，美国本土第一位哲学家和心理学家，也是教育学家、实用主义的倡导者，美国机能主义心理学派创始人之一，也是美国最早的实验心理学家之一。——译者注

从许多方面来看，盲盒是创造神秘的最简单的方法。盲盒能把一些关键信息隐藏起来，这些信息有时藏在一个巨大的玩具蛋里，有时则是公主和机器人故事的情节大逆转。但无论是什么方法，它们都有一个共同的目标，那就是通过认识上的不一致来创造紧张情绪，并刻意隐藏我们想弄清楚的秘密。

不过，每个盲盒的吸引力并不相同。如果你能洞悉人类大脑的工作机制，并且不达目的不罢休的话，那你完全可以设计出一个让人沉迷、让人上瘾的盲盒。人们会把所有的钱都乖乖交给你，好让自己蒙在鼓里。

“差一点就赢了”让人难以抗拒

1982 年，一位名不见经传的挪威数学家英厄·特内斯（Inge Telnaes）申请了一项专利，可以说这项专利革新了整个博彩业。[11] 特内斯可谓“无心插柳柳成荫”，他本打算解决的是赌场的营销问题，因为当时的老虎机只能提供相对较少的奖金。这个问题的根源在于老虎机的机械设计，老虎机通常有 3 个卷轴、12 个不同的图案（数字 7、樱桃等）。特内斯在其专利申请中指出，一台老虎机能让玩家赢多少钱，直接由图案的数量决定。如果一台老虎机有 3 个卷轴、20 个不同的图案，每玩一次只要 1 美元的话，那么玩家一次能赢得的钱不应该超过 8 000 美元，否则赌场就会亏钱。[12] ① 很遗憾的是，这样小数额的奖金对玩家来说并不

① 这很容易计算，20 × 20 × 20 = 8 000。考虑到税收和运营成本，赌场一般只能将赔付额设定为比最高赔付额低 2%～15%。

是特别有吸引力。毕竟，既然有奖金要丰厚得多的轮盘赌，谁还愿意玩老虎机呢?

为了摆脱这一限制，赌场引进了大型老虎机，这种老虎机的图案更多，除常见的水果和数字 7 图案外，还增加了马蹄铁、钻石和美元等图案。但是，玩家们意识到，这些新增加的图案只不过会让他们中奖的概率更低。图案是多了，可是赢钱的机会却少了。

特内斯的解决方案非常巧妙，他把整个过程变成了一个虚拟的过程。传统老虎机的操作是玩家拉动老虎机外部的拉手，而这个拉手连着老虎机里面齿轮的键槽，玩家每次拉动拉手都能清楚地听到咔嗒声。特内斯构思了一个“盲盒”，这个“盲盒”靠随机数生成器工作，也就是说，老虎机里仍然有卷轴，玩家也仍然能看到图案，但那些图案只是微芯片产生的结果，玩家听到的咔嗒声也只不过是音效而已。正如游戏专家约翰·罗比森（John Robison）的评价，这一创新在玩家拉动拉手这个动作与游戏的结果之间引入了一个“中间步骤”，因为赔率不再由旋转的齿轮决定了。他写道：“在这个中间步骤中，你能做各种绝妙的事。”[13]

第一件绝妙的事，至少从贪得无厌的赌场老板的角度来看，就是四处宣扬自己赌场老虎机的奖池金额巨大。你可以对随机数生成器进行编程，随机组合一组数字，而一组有多少个数字也由你决定，相比之下，之前的机械卷轴所能产生的组合非常有限。改良后的老虎机可以产生数百万种可能的数字组合结果，与结果对应的是一组特定的图案。例如，有一台老虎机的一项奖金是 100 万美元，这笔巨额奖金对应的图案组合是 3 个并排的“7”，但只有在随机数生成器生成的数字组合是中奖号码的情况下，卷轴才会移动到相应的位置。当生成的数字组合不是中奖号码时，组合有数百万种，那么玩家所看到的图案都不会是 3 个并排的“7”。这样，赌场不仅能用巨额奖金来吸引玩家，还能保持合理的利润率。①

依靠随机数生成器工作的老虎机让这个娱乐项目的魅力大增。改良后的老虎机有数百个卷轴，玩家赢得大奖的概率可能只有 1/137 000 000，但玩家却觉得中奖更容易了。因此，玩家会不断地将硬币和积分投到“盲盒”里，追逐他们永远也中不了的大奖。

没过多久，博彩公司就意识到，他们可以通过虚拟卷轴赚到大笔财富。根据人类学家娜塔莎·道·舒尔（Natasha Dow Schüll）在《设计如何让人成瘾》（*Addiction by Design*）一书中对老虎机的历史的记载，到了 20 世纪 90 年代中期，超过 80% 的卷轴式老虎机使用了虚拟卷轴。[15]

---

① 这种技术有明显的欺骗性。Bally 公司是最大的老虎机制造商之一，该公司最开始担心虚拟卷轴误导性太强。1983 年，Bally 公司的总裁在内华达州博彩管理委员会上的声明是这样的：“从发明到现在，卷轴式老虎机如此成功的原因之一是，玩家拉动拉手，卷轴就会转动，在这个过程中，玩家可以直观地看到卷轴上的所有符号……我们觉得，如果一台老虎机的机械卷轴上有 4 个‘7’，而电子屏上显示的是 1 个，那么玩家在视觉上就会被误导。”[14]

然而，赌场老板们很快就发现，虚拟卷轴有更大的用武之地，关键是要操控玩家对于输钱的看法，而不仅仅是对赢钱概率的看法。老虎机能让玩家经常有“差一点就赢了”的想法，但实际上这不过是一种幻觉，因为虚拟卷轴所生成的图案与那个能赢大奖的图案只有一点点差别。我们就以“鬼才”老虎机生产商Universal为例，该公司生产了一种老虎机，每次在玩家拉动拉手之后，老虎机内部都会进行两个步骤。首先，决定玩家是否赢了。如果输了（绝大多数时候），那么第二个步骤就是制造假象，让玩家误以为自己差一点就能赢了。比如，赔付线上出现的是并排的两个“7”，另一个“7”刚好就在下一条线上。这么做不会给赌场带来任何损失，却能让玩家欲罢不能，更加急于赢钱，虽然他们在这个游戏中并无多少胜算。

现在我们知道，为什么“差一点就赢了”的错觉会让人如此难以抗拒。最近，剑桥大学的科学家在学术期刊《神经元》（*Neuron*）上发表了一篇论文，该论文表明，这种错觉激活的神经奖励回路就是真正赢钱时激活的神经奖励回路，会让血液流向大脑中富含多巴胺的区域。[16]

人类的大脑为什么会天生如此？有一种假设是，在学习一项比较困难的新技能时，“差一点就赢了”的想法会给我们带来快乐，以帮助我们坚持下去。比如说，我们正在练习投三分球。一开始，我们会把球投得到处都是，跟乱扔砖头没什么两样。但慢慢地，我们会越练越好，投篮会越来越接近篮筐，偶尔也能投中几个球，这会让我们欣喜若狂。换言之，“差一点就进了”的想法能够给我们动力，能慢慢振奋我们的精神。如果只有成功能让我们兴奋，那我们多半会放弃。大脑需要一种机制，能让我们从循序渐进的进步中获得快乐。

遗憾的是，老虎机却毫不留情地让人类大脑中如此实用的“软件”误入歧途。这些“盲盒”并没有什么特殊的技能，拉动那个拉手也不需要多聪明。但是，那些被“差一点就赢了”这个念头所激活的多巴胺，不仅会让大脑欢呼雀跃，还会敦促我们继续投钱，执意让我们赌下去，因为每次都“差一点就赢了”。唉，结果却只让我们“学会了”怎么输钱。

老虎机还让我们明白了一个更重要的道理，那就是文化从来都不是静止的，它在不断地发展，以更好地适应人类的思维习惯。久而久之，老虎机就成了具有惊人力量的“盲盒”。

通过精心操控的随机性，老虎机能够创造出极具诱惑力的神秘。如果输赢单纯是随机产生的结果，那么玩家很快就会觉得乏味，但虚拟卷轴能掩盖“随机”这一事实，并诱使大脑注意到微妙的模式，即只要继续投钱，就能得到 3 个“7”；每一次“差一点就赢了”都意味着奖金更加唾手可得。这让我们觉得自己在不断地靠近，但它只是虚幻的错觉，而正是这种有一天我们一定会打开那个“盲盒”的希望，让我们无力抗拒老虎机的诱惑。

我之所以要说清楚老虎机的工作机制，并不是为赌博正名。实际上，赌场带来的快乐不过是大脑中化学物质作用的结果，既脱离了情境，也缺乏意义。但你现在应该明白，赌博机对我们产生吸引力所依赖的基本心理机制，与玩具蛋和《星球大战》并无不同。正如评论家戴夫·希基（Dave Hickey）在对拉斯维加斯的观察文章中所写："那些在其他地方被隐藏起来的东西，在这里（拉斯维加斯）却肉眼可见、司空见惯。"[17] 这个评价可以说是十分犀利到位。**我们渴望惊喜与悬念，但也渴望秩序与终止。盲盒的艺术性在于平衡，给得太多，我们会觉得乏味；给得太少，我们又会迷失。**

这就是好奇心倒 U 形曲线理论，它最早是由英国心理学家丹尼尔·伯林（Daniel Berlyne）在 20 世纪 60 年代末进行一系列经典研究时发现的。[18] 在实验中，伯林首先向被试展示了一系列简单的视觉图形，比如 4 个相同的方块或太阳的轮廓。

神秘的新发现

倒 U 形曲线是美国著名经济学家库兹涅茨于 1955 年提出的收入分配状况随经济发展过程而变化的曲线，是发展经济学中重要的概念，又称作“库兹涅茨曲线”。

然后，伯林又给被试看了一些较为复杂的图形，比如不对称图形、不规则图形。他还在图形中随机加入了一些无关的细节。当被试看到这些图形时，伯林请他们给每个图形的“愉悦性”“趣味性”“美丑程度”打分，他把这些参数称为“享乐价值”。他还记录了被试看这些图形的时间。

这些数值绘制出的曲线看起来像一个倒置的 U，因此被命名为倒 U 形曲线（见图 1-1）。

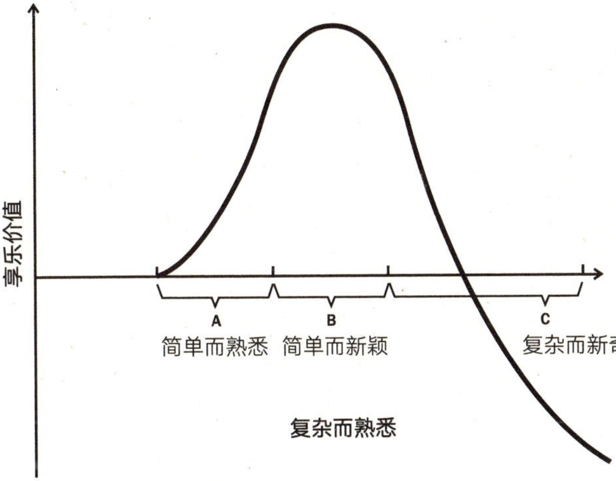

图 1-1　倒 U 形曲线

伯林发现，简单而熟悉的图形会让被试觉得乏味，当然没有人愿意一直盯着几条直线看。但被试对那些过于随机和不协调的图形也缺乏兴趣。我们的注意力有一个享乐“甜点”，我们显然更喜欢那些未知但并非不可知的图形。用伯林的描述，这样的图形要么简单而新颖，要么复杂而熟悉。[19] 我们渴望的是神秘，即一种新的可以被破译的视觉图形。① 在下文中我们很快就会了解

① 工业设计师雷蒙德·罗维（Raymond Loewy）将这一发现称为美学的 MAYA 理论，MAYA 指的是极度先进却为人所接受（Most Advanced Yet Acceptable）的设计。20 世纪中期，罗维设计了无数个经典标志，从灰狗巴士到 Studebaker Avanti 汽车，再到好彩香烟的标志，他一直在引领设计创新的风尚。他需要发明全新的东西，但这些新东西又不能太令人生畏。“当消费者对陌生事物的抵触达到冲击区的阈值，并对购买产生抵触时，这个设计就到达了 MAYA 阶段。”罗维写道。[20]

到，如果把握好神秘的度，并把神秘藏匿在合适的盒子中，就有可能创造出风靡世界的娱乐方式。

最受欢迎的运动往往最不可预测

如果有来自火星的“人类学家”研究地球人的文化，那他一定会对此百思不得其解：为什么人类会痴迷于体育运动呢？最近的一项调查显示，一年中收视率最高的100个美国电视节目中，有93个是与体育有关的。[21]每年看“超级碗”①的人数比看奥斯卡、艾美奖、格莱美、金球奖和托尼奖颁奖礼的人数加起来还多。

然而，就连火星人类学家也一定会注意到，像“超级碗”这样的比赛并不存在赌球，至少在现实世界中的确如此，所以其实哪支球队获胜并不重要。但是，我们不仅会特别关注那些身穿护具、打扮奇特、争抢着弹力球的运动员，还会斥巨资建造巨大的球场，购买比赛门票。不仅如此，在观看比赛时，我们还会欢呼雀跃、尖叫哭泣。

为了解释人类这种奇特的行为，火星人类学家要做的第一件事可能就是查阅文献。他会在文献中找到各种各样可能的解释。比如部落理论，即每支球队都像一个部落，能激发我们新时代的社会本能。还有的理论试图从镜像神经元的角度进行推测，认为喜欢看运动员比赛是因为我们的大脑会模仿他们完美的身

① 美国职业橄榄球大联盟的年度冠军赛，胜者被称为“世界冠军”。——编者注

体动作[22]，我们借由他们来实现自己的梦想。

这些理论都挺好，也都有一定的道理，但它们不能解释为什么有些运动更受欢迎。我们并不会关注每一场比赛，只有少数比赛能把我们变成狂热的粉丝，能在全国性电视台的黄金时段直播。那么，那些最受欢迎的运动究竟是怎么获得大家的青睐的呢?

如果火星人类学家想要找到这个问题的答案，那么他也许最后会找到一篇差不多已经被人类遗忘的论文。这篇论文是由一位名叫尼古拉斯·克里斯滕菲尔德（Nicholas Christenfeld）的心理学家写的，他任职于加州大学圣地亚哥分校。[23] 克里斯滕菲尔德非常纤瘦，脸部轮廓分明，手总是动个不停，说话有种带着讽刺的幽默感，像他这样的当代科学家非常少见，因为他的研究兴趣非常之广泛。他研究过停顿词“嗯”“啊”背后的心理学[24]，结果发现艺术史学家比化学家用的停顿词更多。① 他还研究过我们在选择洗手间隔间时会有哪些偏见。[25] 人们更愿意选择中间那个隔间，因为人类对于靠近边缘的东西有着根深蒂固的厌恶。克里斯滕菲尔德还观察了宠物狗会不会模仿主人的选择，答案是肯定的。[26] 他还试图弄清楚，机器人会不会让人类发痒[27]，以及名字对寿命的影响，那些名字以“负面”字母，比如“PIG”“DIE”开头的男性比对照组平均要少活 2.8 年。[28] “如果你一定要给我

① 与科学家相比，人文学科领域的学者在说话时用的“有声停顿”更多，主要是因为他们的专业词汇不如科学家的专业词汇那样精确。“嗯”“啊”等有声停顿说明他们对应该用哪个词犹豫不决，他们的大脑正在搜寻最合适的词。“化学家就不会经常遇到这样的问题，”克里斯滕菲尔德说，“‘分子’这个词有非常具体的含义。”

的研究分个类的话，那它应该算是日常生活中的社会心理学，”他说，“但在大多数情况下，我只是对大家都感兴趣的那些古怪问题感兴趣。我说，谁都好奇狗看起来像不像它们的主人吧？”

克里斯滕菲尔德之所以会对体育有兴趣，其中的原因你也许想不到。当时，他对小说家约瑟夫·海勒（Joseph Heller），也就是《第 22 条军规》（*Catch-22*）的作者产生了一个疑问。简单来说，克里斯滕菲尔德想知道，为什么海勒只写了这么一部伟大的小说。“海勒的作品不只这一部，但没人会觉得其他作品比《第 22 条军规》更优秀，”克里斯滕菲尔德说，“也许事实是，海勒脑袋里只有这一本伟大的书。”但这怎么可能呢？既然海勒有能力写出一部杰作，那他就有能力写出第二部啊。

这些问题促使克里斯滕菲尔德更广泛地去思考，人类的成就从多大程度上来看是可靠的。也许海勒之所以未能写出第二部杰作，是创造力、运气与偶然性共同作用的结果。毕竟，就连莎士比亚也写过平庸的戏剧。“也许这不是海勒的问题，”克里斯滕菲尔德说，“也许他具备这样的天赋，只是没能得到命运之神的二次眷顾。”

为了探究在创作过程中随机因素的影响，克里斯滕菲尔德先是研究了在其他领域昙花一现的情况。当然，音乐领域不乏这样的艺术家，比如英国组合 Right Said Fred、美国说唱歌手维尼拉·艾斯（Vanilla Ice）、摇滚乐队 QED，但克里斯滕菲尔德发现，许多科学家的职业生涯所依赖的也只是某一项重大突破，这些研究可以称得上是实证研究领域的 *Ice Ice Baby*。① 但这并不意味着这些科学家不聪明，相反，他们只是没有足够的运气再获得这样斐然的成就。

这种研究方法的问题在于，艺术和科学领域的成功会受到多种变量的影响。毕加索画了很多二流水平的素描画，但因为它们是毕加索画的，所以就能陈列在博物馆这样的大雅之堂里，毕加索的名声影响了我们的客观判断。就如克里斯滕菲尔德所说："如果你成功过一次，那往往更容易成功第二次，这两者并不是独立无关的。"

为了绕开复杂的变量难题，克里斯滕菲尔德决定以体育赛事作为研究对象，毕竟衡量比赛输赢的标准要客观得多。他先研究了短跑运动员。"以尤塞恩·博尔特（Usain Bolt）这样的人为例，"克里斯滕菲尔德说，博尔特是男子 100 米和 200 米世界纪录的保持者，"他是当今世界上活着的人里跑得最快的，但他在比赛中表现的标准偏差是多少？也就是说，如果博尔特参加比赛，你能肯定他会赢吗？"

答案是肯定的。跑步的速度远比音乐、科学、文学方面的成功更容易预测。作为一名短跑运动员，博尔特的巅峰时期长达 10 年之久，在这期间，他在重大田径赛事中的获胜率为 84%。这个成功率恐怕 Right Said Fred 乐队连做梦都不敢想。

① 维尼拉·艾斯在 1990 年发行的 *Ice Ice Baby* 是历史上第一首成为排行榜冠军的 Hip-hop 歌曲，但他所在的乐队在那之后就反响平平。——译者注

克里斯滕菲尔德的好奇心并没有因此得到满足，每找到一个问题的答案都只会让他产生更多的问题。“短跑比赛的可预测性会让我想到，”克里斯滕菲尔德在加州大学圣迭戈分校的简餐厅里一边吃着帕尼尼，一边说道，“跑得最快的人几乎总是第一个到达终点，但这能说是最好的比赛吗？假如你只消看一眼参加比赛的是哪些人，就能断定谁会赢，这样的比赛难道不无聊吗？”人们固然希望竞技体育能够奖励那些有体育才能的人，但克里斯滕菲尔德知道，人们也渴望惊喜，渴望那种惊天大逆转带来的刺激感。“我突然想到，这种矛盾心理其实很有意思。我开始思考，体育比赛是否存在一个比较理想的可预测性水平，以及我能否找到这个水平。”

为了探究哪种运动项目最完美，克里斯滕菲尔德对最受欢迎的几项运动的统计信度进行评估，包括棒球、曲棍球、足球、篮球和橄榄球，他认为这些运动如此受欢迎并不是偶然的。克里斯滕菲尔德将这些项目的每个赛季随机分成两段，然后提出了一个简单的问题，那就是一支球队上半段的成功在多大程度上能用来预测它在下半段的成功？如果一项运动具有统计学信度，那么它应该能产生可预测的结果，更好的球队差不多总能获胜，就像博尔特一样。如果一项运动不具有统计学信度，那它的比赛会充斥着像约瑟夫·海勒和维尼拉·艾斯那样昙花一现的奇迹，参赛队伍的表现会变化无常、极不稳定。

克里斯滕菲尔德发现的第一件事是，在不同的运动中，每场比赛的信度差别很大。例如，美国职业棒球大联盟单场比赛结果的信度大约只有美国职业橄榄球大联盟单场比赛信度的 1/14。换句话说，就是好的橄榄球队几乎总是赢，而好的棒球队也许很容易输。但棒球比赛的输赢靠的并不全是运气和机遇。相反，克里斯滕菲尔德指出，单场棒球比赛输赢的随机性会被 162 场常规赛抵消。而且，克里斯滕菲尔德在他研究的每项运动中都发现了同样的机制，因此，赛季的长度总是与单场比赛的信度成反比。“如果某项运动的单场比赛能够可信地评估队员的技能，那么它的赛季就短，而那些单场比赛的输赢基本上是偶然因素在起作用的运动，赛季就长，”克里斯滕菲尔德写道，“因此，这些运动单场比赛的信度会有很大差异，但如果放到一整个赛季来看，信度就会趋于一致。”根据克里斯滕菲尔德的说法，这意味着赛季长度不是“历史因素、气候因素或其他限制因素随机产生的结果”；相反，它是根植于球迷内心的渴望，那种想要见证“竞技技能与机会运气”组合作用的渴望。

我们知道这个诀窍。克里斯滕菲尔德的研究凸显了机会运气的重要性。**克里斯滕菲尔德通过研究证明，最受欢迎的运动的比赛结果都具有不可预测性，至少从整个赛季来看是这样的，从而揭示了它们内在的神秘属性，而这正是它们吸引球迷的一个基本要素。**“戏剧效果离不开不确定性，”他告诉我，“它要求，基本上来说，就是你不知道接下来会发生什么。”所以，那些最受欢迎的运动发展到今天，已经能够保持一定的神秘感，游戏规则会有意地限制球员的体育天赋在比赛中起到的作用。[①]“如果体育

① 比如，田径比赛的受欢迎程度难以匹敌足球、橄榄球的受欢迎程度，原因之一是它们的结果太容易预测。田径比赛的单一性使得具有体育技能的运动员几乎总能拔得头筹。

运动是纯粹的技能比赛，那么它们很快就会变成基因竞赛，”克里斯滕菲尔德说，“那样就没意思了，不是吗？结果都在大家的意料之中。”

球迷们所渴望的是克里斯滕菲尔德所说的“最佳水平的不一致”。**虽然好的球队通常应该获胜，但最好的比赛也应该充满惊喜**，两支球队互动的结果在本质上是不可知的，这是根本。[29] 根据克里斯滕菲尔德的讲述，人们不断地修改体育比赛的规则，以达到这种理想的平衡，以实现倒 U 形曲线的峰值。体育比赛也是一种“盲盒”，跟《星球大战》和老虎机一样，它们的设计可以提供适度的不确定性。“你不能让任何单一的技能过于主导，因为那样你又回到了‘博尔特场场比赛都赢’的问题上，”克里斯滕菲尔德说，“问题在于，意料之中的事会让人觉得无趣，即使是实至名归。”

看看棒球比赛你就明白了。正如克里斯滕菲尔德所言，这项运动的神秘来源于它的基本玩法，击球手向一个快速移动的小球挥动一头是圆角的球棒。“棒球比赛的残酷之处在于，二垒安打和双杀之间的区别只有几毫米，”克里斯滕菲尔德说，“也就是说，即使是最好的球员，他能控制的因素也非常有限。”

神秘性极其重要，棒球运动的历史在很大程度上而言，就是一个努力让这项运动保持神秘的故事。1893 年，人们修改了棒球比赛的规则，其目的就是要不遗余力地去拯救这项年轻的运动。当时的棒球运动似乎有个明显的问题，那就是击球手不再击球了。自 1887 年以来，美国职业棒球大联盟球员的平均打击率从 0.629 骤降至 0.245，而记录中每支球队三振出局次数的增加超过 41%。当时最好的球队波士顿 Beaneaters，在整个赛季中总共只击出了 34 支全垒打。[30]

击球手的衰落是投手崛起的结果。19 世纪 90 年代初期，快速球的速度越来越快，据说纽约巨人队的阿莫斯·鲁西（Amos Rusie）的球速几乎能达每小时 160 千米①，而新发明的曲球（又称斜线球），则让击球手难以招架。于是棒球变成了一项可预测的运动，一支球队中真正重要的球员只有投球手，只要有好的投手，这支球队就几乎肯定会赢。无聊乏味的棒球比赛很快在商业领域引发了严重后果。球场的上座率一落千丈，小市场球队亏损巨大。为了生存下去，在 1893 年赛季开始前，球员的工资削减了近 40%。[32] 没人知道这项运动还能撑多久。

为了提高上座率，球队老板们决定对比赛规则做出重大修改。原先投手是从一个方形盒子后面投球，距离本垒约 17 米，他们决定把这段距离延长到约 18.3 米。道理很简单，如果能给击球手多一秒的时间，那么他们在面对发出能直接得分的曲球时，也许运气会更好。[33]

几乎所有人都批评新的比赛规则。一方面，击球手认为，这

---

① 正如美国职业棒球大联盟的官方历史学家约翰·索恩（John Thorn）所指出的，考虑到离本垒的距离，1892 年的阿莫斯·鲁西可能是“从击球者的角度”来看，有史以来最快的投手。[31]

并不会有什么不同。当快速球的速度接近三位数时，多出来这 1 米又能有多大意义呢？而且，曲球的威力并不在于速度。另一方面，投手则称新的规则很不公平，击球手无法击中他们投出的球并不是他们的错。保守派担心新规则会毁掉这项年轻的运动，而小市场球队则希望能回到以前没有曲球，只有低手投球的年代，那时可谓击球手的天堂。

但新规则确实有用。人类的手臂力量和中枢神经系统的反应时间都有生理上的局限性，将投手丘与本垒板之间的距离设为约 18.3 米，这能近乎完美地让球员的技能和机会共同发挥作用。这样一来，击球手能击打到球，却很难控制球的方向。虽然 1893 年的球队老板们几乎不会考虑新旧规则在统计学上的差异，他们只是想看到更多的进攻，但他们却意外地发现了“最佳水平的不一致”，硬是从挥舞的球棒和投掷出去的球中间挤出了更多惊喜。

统计数据也说明了这一点，新的投球距离将三振出局率降低了 37%，同时极大地增加了击球手表现的波动性。有一个方法可以衡量这种波动性，那就是参考击球手的攻击指数。[①] 击球的波动性越高，那么攻击指数就越高，因为击出去的球的方向是分散的。1893 年修改规则后，击球手的攻击指数在不到两年的时间里提高了近 26%，这是由于击球手击出了更多的长打和本垒打。这种趋势一直持续到现代棒球比赛，而与 1893 年之前击球手的攻击指数相比，现在美国职业棒球大联盟击球手的攻击指数要高得多。

---

① 攻击指数由上垒率和长打率综合所得。长打率的计算方法是，用总垒打数（一垒安打、二垒安打、三垒安打和全垒打）除以总打数。——译者注

还有一种衡量波动性的方法就是看最佳投手的表现。在1892 年，有 10 名投手的防御率为 2.76，甚至更低，这些投手在职业棒球大联盟中都是优势力量。但在 1894 年，所有投手的防御率都比这个数字要高。新规则增加的大概 1 米的距离也许没把棒球联盟变成击球者联盟，但它确实限制了那些技术最出色的投手的发挥①。而如果比赛能对队员的技能有一定的限制，神秘元素就会随之增加。

从许多方面来看，现代棒球运动的产生要归功于 1893 年修改的比赛规则，它把一项羽翼未丰的运动变成了当今美国的全民爱好。从 1893 年到现在，棒球的规则基本没有大的改动。②既然已经找到了理想的“盲盒”，那就没有再改变场地的尺寸了。③

你也许以为，人们喜欢观看体育比赛是因为能看到运动员的精彩表现。能见证体育天才确实是件有意思的事，但这一理论却不能解释，为什么只有少数几种运动能主导我们的文化。[34] 这并不是因为这几项运动能吸引到最多的人才，而是因为它们找到

① 防御率的高低能较明确地反映一个投手的表现。一般而言，防御率在 3 至 4 的投手算是称职的投手，2 至 3 算是优秀的投手，2 以下则是顶尖的投手。——译者注

② 自 1893 年以来，棒球比赛规则最大的变化是 1921 年废除了口水球，1969 年降低了投手丘，以及 1973 年美国职业棒球大联盟所采用的制定打击规则。与 1893 年一样，这些规则的修改也是为了削弱投手的主导地位。

③ 值得一提的是，人们现在越来越担心投手会像以前那样，能左右比赛的结果，这主要是由于快球速度的增加。（许多替补投手的速度一般都能达到每小时 160 千米。）2018 年，美国职业棒球大联盟投手投出的三振总数首次超过了安打总数。这种趋势导致一些人认为，棒球比赛应该再次延长投手丘和本垒之间的距离。2019 年，大西洋联盟宣布，将在比赛中进行试验，将本垒与土墩之间的距离延长为约 19 米。

了限制体育才能在比赛中发挥作用的方法。他们让世界上最优秀的运动员相互竞争，同时又能让竞争保持有足够的神秘和悬念。换言之，**就是好的运动员并不会一直赢**。因此，这些运动给球迷们带来的是他们潜意识中渴望的东西——不是某支球队稳操胜券，而是令人激动的不确定性。①

职业体育项目的优势是可以不受时间的制约，慢慢地发展出“盲盒”，慢慢地调整游戏规则，直到把运动员的体育才能和机会运气完美结合。但并不是每一种文化形式都具备这样的优势，在生活的其他领域，人们必须在非常短的时间内发明盲盒。

故事怎么分解，才能让观众猜不透结局

迈克尔·切尔努钦（Michael Chernuchin）是美剧《法律与秩序：特殊受害者》②的制作人。某天，他在中央公园东面车道上散步时，想到了一个绝妙的剧本创意。他沿着这条路慢跑过数百次，迈克尔以前跑过马拉松，原来他会绕着公园跑上一整圈，但如今他年纪大了，体重也增加了将近 22 千克，所以他现在的

---

① 你可以看到这种不确定性对收视率的影响。一组经济学家研究了温布尔登网球比赛中惊喜和悬念对观众的兴趣产生的影响。不出意料，他们发现，波动性较高的比赛，如果比赛的结果让人意想不到的话，至少从投注赔率来看让人意想不到的话，收视率也更高。人们想看的并不是精彩的比赛，也不是费德勒如何直落几盘获得胜利。他们想看的是那种难分难解的决胜局和反杀，那种难以预料结局的比赛。

② 该剧是一部较为真实地反映美国法律制度的罪案剧集，共 20 季 456 集。该剧有一系列衍生剧，《法律与秩序》与这些衍生剧被合称为“《法律与秩序》系列剧”。——译者注

运动方式是散步。[35]

“走路的时候，人会注意到一些东西，”迈克尔说，“我一边走一边往左边看，我看到那边有一些巨石。巨石的上方是一座美洲狮的青铜雕塑。这只美洲狮正准备一跃而起。但路过的行人，无论是推婴儿车的还是打电话的，都完全没有意识到一只虎视眈眈的美洲狮就在他们上方……看到这一幕我的想法是‘我们都是猎物’，正是这个想法给了我灵感。”

有一集的开头，如同《法律与秩序：特殊受害者》每一集的开头一样，首先出现的是一名受害者。这一集的受害者是一位名叫劳蕾尔·林伍德（Laurel Linwood）的中年女性，她躺在美国自然历史博物馆的地板上，不能动弹。最先发现她的人是某学校六年级到博物馆考察学习的学生。初步医疗检查发现了该女性被强奸的证据，接着劳蕾尔被送到了纽约市警察局的特别受害者小组。警探问了她几个问题，但劳蕾尔均未回答。“你们永远也抓不到他，”她最后告诉警察，“该死的，我什么也不记得。”这是一桩不可能的犯罪案件——一个完美的“盲盒”。

但警察非常有耐心，慢慢帮助受害者复原记忆碎片，比如某品牌止汗露的气味、高档手表，还有他们去的是哪一家酒吧。特别受害小组的警探们在全纽约展开行动，以收集更多线索，“盲盒”在慢慢地打开。接下来，在这一集的第 18 分钟，警方锁定嫌疑人，并驱车赶往嫌疑人的公寓。整个破案过程堪称教科书。

但故事到这里并没有结束。“这一集叫作《事出有因》，而这正是这部剧集的精髓，”迈克尔说，“事出有因，那到底是哪里有蹊跷？如果拍得好的话，那就算到了第41分钟，观众也猜不出答案。”这里我要补充说明一下，《法律与秩序：特殊受害者》单集片长是42分钟。

人们很容易对《法律与秩序：特殊受害者》这类罪案剧嗤之以鼻，因为它们总是千篇一律，而且不疼不痒，也不够尖锐，特别是跟有线电视台和奈飞前卫的人物剧相比。罪案剧的套路无非是好人赢了，正义得到了伸张，在关电视睡觉前，天下一定能太平。但《法律与秩序：特殊受害者》已经播出了20多年，它是历史上播出时间最久的剧集，甚至超过了最初的《法律与秩序》。而且，目前该剧风头正劲，有700万观众观看了《事出有因》，这还不包括该剧集版权被卖出后的观看人数。迪克·沃尔夫（Dick Wolf）是《法律与秩序：特殊受害者》的创作者之一。他经常说，这些电视剧中的情节无时无刻不在世界的某个地方上演。

为什么《法律与秩序》系列剧会大获成功？它们是如何成为大受欢迎的主流剧的？要想找到这些问题的答案，我们还是得回到盲盒，因为拍电视剧在本质上依赖的也是心理技巧，与惊喜玩具蛋、棒球比赛和爱伦·坡的侦探小说一样的心理技巧。唯一的不同是，《法律与秩序：特殊受害者》之所以能吸引观众，靠的不是蛋里藏的玩具和出人意料的本垒打，而是让人大吃一惊的剧情反转。在盒子打开之前，观众绝不会离开。

《事出有因》在美国全国广播公司（NBC）播出几周后，我在洛杉矶斯蒂迪奥城的一家熟食店与迈克尔碰面。该剧正处于冬歇期[①]，迈克尔看着很悠闲，能在电视剧紧张的制作日程中喘息片刻，显然他很享受这个过程。媒体对《事出有因》的评价很好，收视率也很高，它后来还获得了埃德加奖的提名，该奖项只颁发给那些写得最好的悬疑故事。但迈克尔已经开始在为下一集、下下一集的故事犯愁了。“我做过有线电视剧集，我告诉你，做网络电视剧集要难得多，”迈克尔说，“你得写出二十四五个犯罪故事，而且它们必须是各自独立的。你还得想好设定和结局。”

迈克尔谈到他的创作过程，谈到从中央公园散步时获得的灵感到最终创作出故事的漫长旅程，他反复提到观众注意力时长这个问题。[②] 列夫·托尔斯泰和威廉·福克纳是迈克尔最喜欢的作家，他每年都会重读他们的作品，可他知道，好电视剧的节奏比《战争与和平》要快得多。“我跟编剧强调的第一件事，就是你不能把故事写得无聊，”他说，“一个故事在纸上看着不错不是最重

---

① 由于圣诞及公历新年假期，西方国家普遍会在每年 12 月底至次年 1 月中旬暂停各电视剧、体育赛事等活动，该时段被称为冬歇期。——译者注

② 迈克尔非常关注注意力时长这个问题，而且他很实际，这也许是在娱乐行业摸爬滚打了 20 多年的副作用吧。但他也受到父亲——应用心理学家保罗·切尔努钦（Paul Chernuchin）的影响，对人类大脑的模式一直非常着迷。保罗的主要学术贡献就是切尔努钦图，这个测试本来是为囚犯设计的，以预测他们逃跑的可能性。“这个测试就是一张印有五个长方形的纸，测试者需要在这张纸上画画。测试者处理这些长方形的方式各不相同，有的人在长方形里面画画，有的人在整张纸上乱涂乱画。而我的父亲发现，不同的处理方式说明了测试者的一些有趣之处。”迈克尔告诉我，他父亲后来把这个测试变成了企业高管的测试，以激发他们跳出固有的框框，摆脱思维的束缚。

要的，它得能把观众留在这个频道，不然就没用。”①

观众的注意力时长非常有限，而《法律与秩序：特殊受害者》通过搭建多个“盲盒”解决了这个问题。第一个盒子是悬念式的预告，也就是片头字幕出现前所播放的那一段。鉴于该剧的结构特点，编剧有 90 秒的时间通过一个设定来吸引观众。他们需要的是这样的犯罪行为，既在某个场景中能解释得通，又能让故事一波三折。他们从各个方面寻找灵感，如《纽约邮报》上的新闻、跟罪犯打交道的法医精神病专家、当地警察经手的案件、与人漫无边际的聊天，甚至是公园里的雕塑。

一旦确定了具体的犯罪行为，编剧们就开始策划某一集的内容。通常，他们会先想好结局，即真凶是谁，然后反方向往前推，想办法尽可能久地隐瞒真实信息。“基本上，在每一次插播广告之前都得设置点悬念，”迈克尔说，“问题还是那个问题，故事要怎么分解，才能让观众猜不到结局？”

编剧会把大部分情节写在彩色索引卡片上，每张卡片上都有简要的场景描述。比如，“验血报告出来了——不是他”；再比如，“喀拉西跟吉姆说话，吉姆叫她滚开”。工作人员把这些卡片钉在软木板上，以方便理清楚故事的整体思路。拉里·卡普罗（Larry Kaplow）是该剧的联合执行制片人，他的办公地点是在

① 插播广告给迈克尔的工作增加了难度。故事精彩还不够——你得把电视剧拍得扣人心弦，让观众宁愿忍受 18 分钟的广告，比如湿疹药、家庭保险和家庭轿车广告等。而奈飞等流媒体播放平台则没有这种烦恼。

曼哈顿切尔西码头巨大的《法律与秩序：特殊受害者》综合办公楼里，他跟我一起浏览了即将播出的一集的剧情，那些剧情卡片还钉在他办公室的木板上。“我们已经把这一集的剧情彻底重组了两次，”拉里说，“你是不是以为我们已经轻车熟路了，可写剧本从来都不是件容易的事。”

拉里满头白发，敏捷机智，不愧是以写人物对话为生的人。（嚼尼古丁口香糖时，拉里的脑子比以往转得还要快，他似乎大部分时间都在咀嚼那玩意儿。）他一边指着木板，一边跟我解释剧情是怎么发展的。剧情变化有两种方式，一是删除泄露过多信息的场景，二是增加误导观众的线索。“吸引观众的是调查的过程，”拉里说，“从始至终你都得清楚，观众想知道什么，并确保他们不会知道得太早。如果他们知道接下来会发生什么，”也就是说如果他们能猜出来盒子里有什么，“那他们何必继续看下去呢？但你不能用非常肤浅的技巧，你得让角色站得住脚……没人喜欢被操控的感觉，也不喜欢故弄玄虚。”编剧也许确实会按套路出牌，但最精彩的电视剧往往会把套路藏得很深。

这也是迈克尔在《事出有因》中想要实现的。他把这个故事设定成一个审讯的案例研究，大部分故事在一个房间里展开，房间里只有两个女人在讨论可怕的犯罪。也就是说，他们不能用电视剧《犯罪现场调查》[①] 里的那一套。“你知道，到了最后一幕，调查员出来宣布他们在现场找到了一根头发，而且这根头发跟凶

①《犯罪现场调查》是一部犯罪题材电视剧，改编自真人真事，剧中的犯罪调查员主要靠现场取证破案。——译者注

手完全匹配，”他说，“这样的结局很难叫人满意。”

如果说第一个“盲盒”是一个经典的悬案设定，即我们正在寻找强奸犯，那么第二个“盲盒”就是在警察到达嫌犯公寓后出现的。警方并没有逮捕嫌犯，而是发现他死在床上，一把剪刀戳穿了他的脑袋。就在观众刚目睹血腥场景的那一刻，广告切了进来。

警探最初认为，劳蕾尔之所以刺死强奸犯，一定是出于自卫，在这种情境中，杀人是合理的，就像无辜的猎物向掠食者愤而发起反击。可是，本森警探在继续审问劳蕾尔时发现，她总是谈到她的父亲。她说他闻起来就像某品牌止汗露，就像那个强奸犯一样，他戴的也是块高档手表。随着更多细节浮出水面，劳蕾尔变得怒不可遏。她为什么如此愤怒？她的父亲与强奸案有什么关系？这些问题构成了这一集的第三个“盲盒”。

插播完最后一条广告后，这桩强奸案才真相大白：劳蕾尔的父亲强奸了她的妹妹。本森警探在审讯中巧用计谋，终于套出了供词。劳蕾尔用剪刀杀死了酒吧里的那个男人，因为他和她禽兽不如的父亲非常相像。“这一集之所以能大获成功，是因为情节的发展很出人意料，”迈克尔说，“一开始，这个角色只是个猎物，是入了虎口的羊。但到了最后，观众才意识到原来她才是老虎，她是潜伏在公园里的掠食者。这是彻头彻尾的反转。”

跟迈克尔聊完，我回去后又把《事出有因》看了一遍。这一次，我注意到了迈克尔误导观众的艺术性，他很狡猾，一步一步地做好铺垫，让观众永远看不透结局。这一集是一连串可怕的谜团，广告时间卡得刚刚好，虽然观众不得不看插播进来的广告，但迈克尔的结局很能触动人心，让观众们觉得很值得。[①]“我喜欢欺骗观众，”迈克尔说，“如果编剧编得好，你就能明白，就算没猜对结局也挺有意思的。大家看电视为的不就是这个嘛：心甘情愿地猜错。我的意思是，你也想知道真相，但只有在不知情，或者说至少当时不知情的情况下，你才会关心剧情的发展。”

① 有证据表明，观看犯罪片、恐怖片和生存电影有益于心理健康。芝加哥大学科尔坦·斯克里夫纳（Coltan Scrivner）领导的一个研究小组发现，新型冠状病毒感染疫情期间，暗黑系影片的粉丝的心理压力较小。一个可能的解释是，接触让人胆战心惊的神秘事件能帮助人“练习有效的应对策略，而在现实世界的情境中，这是有益的”。“病态的好奇心”教会他们如何应对未知的风险，如何锻炼自己的抗逆力。虚构的创伤可以帮助我们免受真实创伤的打击。[36]

第 2 章

魔术策略

隐藏关键秘技，让创作过程带来冲击

MYSTERY

A Seduction
A Strategy, A Solution

艺术就是，
以假乱真的魔术。

——

西奥多·阿多诺（Theodor Adorno）

惊奇是，
我唯一的渴望。

——

拉比·亚伯拉罕·约书亚·赫舍尔
（Rabbi Abraham Joshua Heschel）

我第一次见到莫汉·斯里瓦斯塔瓦（Mohan Srivastava）是在 2010 年，之前我朋友的朋友告诉我，莫汉找到了刮刮乐彩票的中奖窍门。对此我半信半疑，因为彩票软件是由专业人员操作的随机系统，按理说一个门外汉压根儿不可能摸清楚彩票中奖的玄机，而且本来也不存在什么玄机。

我们的第一次碰面是在多伦多郊区的一家中餐馆，莫汉指出我的想法是错的。他是这么解释的："彩票只不过看起来是随机的，实际上，彩票公司必须非常严格地控制中奖彩票的数量，根本没什么随机性可言。"莫汉是个知识分子，穿衣不太讲究，头发灰白，胡须倒是修剪得整整齐齐。他是一名地质统计学家，世界各地的公司都会请他评估地下宝藏的价值。这其实是一门复杂的技艺，因为莫汉能仅凭借散乱的钻探数据和古地质学的理论，推断出一些未知的东西，比如蒙古的沙漠里藏着多少黄金。莫汉谈到他感兴趣的话题，如统计学、爱丽丝·门罗（Alice Munro）、贵金属的历史时，语速会不由自主地加快，以至于前一个单词和后一个单词打起架来，看来才思敏捷的人说话也会磕巴。

莫汉对彩票产生兴趣可以追溯到2003年6月。当时同他一起打壁球的朋友给了他几张彩票，刮掉彩票上的涂层后，莫汉就被彩票号码的算法机制吸引了。数百万张号码各不相同的彩票是如何产生的呢？又如何保证合理的赔付率呢？（在美国，彩票业受到高度监管，通常彩票的中奖额度必须达到彩票销售额的50%。）这是一个统计学问题，莫汉在思考了几分钟之后，想出了一个差不多的答案，他自信满满，认为自己已经知道了彩票软件的工作机制。

接下来莫汉就回去工作了，他把彩票的事情忘得一干二净。但那天晚上，当他走在回家的路上时，发生了一件怪事儿。“我发誓，我可不是那种会幻听的人，”莫汉说，“但那天晚上，我听到脑袋后面传来一个微弱的声音。我一辈子也不会忘记那个声音说了些什么，‘如果你那样做，用那个算法，那你就能发现彩票软件的漏洞，只要破译了这个漏洞，你就要发大财了。’”

北美洲的彩票业是一个年销售额高达830亿美元的产业。[1] 彩票业的规模是如此庞大，以至于莫汉相信，他听到的那个声音一定是错的。“和其他人一样，我认为中奖窍门根本没法破译。它不可能存在漏洞，更不可能是我在回家的路上碰巧发现的这个漏洞。”

然而，这个声音依然在他脑海中盘旋。那天晚上莫汉无法入睡，最终他还是向不眠之夜投降了。几个钟头过后，他意识到自己内心的声音是正确的，tic-tac-toe 彩票（见图 2-1）[①] 是可以破译的，因为那些可见的数字揭示了隐藏在涂层下面的数字的基本信息。只要知道秘密代码，就可以通过观察这些代码来确定什么样的彩票能中奖，根本就不用刮掉那层涂层。

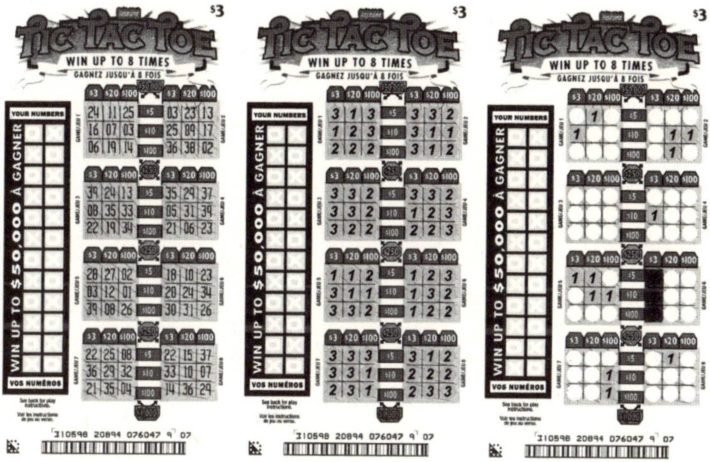

图 2-1　tic-tac-toe 彩票

注：从图中的彩票我们可以看出，这个技巧是如何运作的。[2] 最左边的是一张真的、未刮涂层的彩票。中间那张彩票九宫格中的数字代表的是原始彩票中数字出现的频率。从最右边那张彩票我们可以看出，18、19、20 三个数字都只出现了一次并连成一竖行，所以这张彩票十有八九会中奖。

这个技巧简单到让人想笑。每张彩票上印有 8 个九宫格，每个九宫格里印有 9 个数字，加起来总共 72 个数字，数字的变化范围是 1 到 39。也就是说，有些数字会多次出现。比如说，数

① 加拿大一种即开型彩票，2003 年退市。在彩票的右侧有 8 个九宫格，格中印有可见的数字，左侧则是被涂层覆盖的刮奖区，需要刮开才能看见。——译者注

字 17 可能出现 3 次，数字 38 可能出现 2 次，但有些数字在整张彩票上只出现了 1 次。莫汉提出了一个令人吃惊的见解，他说他可以通过观察九宫格里每个数字出现的次数来辨别哪些彩票能中奖，哪些不能。“这些数字本身并没有任何意义，”他说，“但它们是否重复出现，却几乎透露出一切我需要知道的信息。”莫汉要找的是在九宫格中只出现了 1 次的数字，他发现，这样的数字在涂层下几乎总会重复出现。如果彩票九宫格的某一行或者某一列连着 3 个都是只出现了 1 次的数字，那么这张彩票十有八九会中奖。

第二天，莫汉上班路过加油站，他停下来又买了一些彩票。这些彩票上当然也印着明显的数字。第三天，他又去了好几家商店买了好些彩票。莫汉把这些彩票都刮开并分析了中奖结果，他发现，如果某张彩票九宫格的单排或单列的 3 个数字都只出现了 1 次，那么这张彩票中奖的概率是 90%。

这个窍门总归是不正当的，那么莫汉怎么这样做了呢？虽然他的第一个念头是买彩票中大奖，但他也知道，那意味着他不得不整天待在便利店盯着那些彩票，而且，他更喜欢自己的本职工作。此外，一心只想着自己能赢大奖，让别人当输家似乎也不怎么公平。莫汉最后以顾问的身份与安大略省的彩票系统合作，修复了这个漏洞。

莫汉后来还破译了其他几种彩票的漏洞，包括美国科罗拉多州的刮刮乐彩票和超级宾戈游戏。虽然还有很多种彩票他并没有发现窍门，但他仍然能利用统计分析来提高自己的中奖率。我最早是在《连线》杂志上发表文章，讲述了莫汉的故事的。[3] 虽然莫汉认为，近年来彩票业已经发展得更好了，但他仍然担心有组织的犯罪会利用彩票洗钱。“如果你能提高中奖概率，哪怕一点点，那彩票就可以成为被用来洗赃钱的最佳途径，”他说，“想想看，几乎任何地方都能买到彩票，都能兑奖。彩票就是一种无法追踪的货币，而且是政府管理的。”

刮刮乐彩票抓住了莫汉的好奇心理。他变身为一个像夏洛克那样的推理侦探，只不过吸引他的并不是谋杀，也不是混乱的局面，而是日常生活中的谜团。如果莫汉将来还会遇到这样引人入胜的谜题，他很可能还会为之痴迷，他不仅会把市面上的相关书籍全买回家，在网络上四处打听有关信息，还会彻夜思考可能的答案。“有时我真希望自己能停下来，别想了，去好好睡一觉，”莫汉说，“可只要着了迷，我一般都会先把这个问题解决掉。”

下面我要讲的故事，是关于另一个这样的人。2014 年 7 月 2 日，莫汉和他的小儿子拉维在拉斯维加斯的里维埃拉酒店观看了德国著名魔术师贾恩·鲁文（Jan Rouven）的表演。当天表演的节目多半是赌城大道魔术表演的标配，即巨大的道具、烟雾和震耳欲聋的背景音乐。那一年，鲁文获得了梅林奖的年度最佳魔术师奖，这是魔术界最负盛名的奖项。“表演确实挺精彩的，”莫汉回忆说，“但大多数魔术是怎么变的，我都能猜得出来。只要知道了其中的原理，你就会明白那是怎么回事。”

不过鲁文那天的返场节目非同一般。魔术师一个人走上场，他唯一的道具是一个巨大的木质拼图，拼图外圈有个木框。莫汉在座位上挺直身子，他可没想到，那天表演的压轴戏居然是他从未见过的模式。鲁文的开场白听起来比较宏大：“我想给大家讲一个关于我们自己，关于生命的故事，关于什么定义了生命。”然后，他向观众解释了拼图的隐喻：“正如这个木质框架包裹住了每一片拼图，我们也把能定义自己的元素完美地储存在内心，不留一点多余的空间。”

鲁文将木框抬起，递给一名热心观众，然后开始描述他一生中最珍贵的回忆，那是初吻、第一次骑自行车、第一次发明自己的魔术。鲁文一边回忆往事，一边拿起拼图，把它们握在手心里。他说，每一片拼图都代表一段记忆。

最精彩的魔术通常是渐入佳境，不疾不徐的节奏会让观众更加翘首以盼。在返场节目的头几分钟里，鲁文对人生大发感慨，这时观众根本不知道他葫芦里卖的是什么药。

鲁文把拼图拆开，然后重新拼好。接着他转身面向观众，脸上闪过一丝狡黠的微笑，这是在向观众示意，提醒他们应该密切关注下一步会发生什么。他从一个黑色的小袋子里掏出另外一片拼图，这片拼图并不是原先那整张拼图里的。他拼好拼图，拼出一个严丝合缝的长方形，然后把后拿出来的那片拼图放到边上，显然，那片拼图会凸出边界。接下来，鲁文开始快速移动拼图片，但观众看不太清楚他的动作。10 秒后，他再次把拼图拼好，但这一次，那片后拿出来的拼图也被拼了进去。鲁文停顿了片刻，留给观众足够的反应时间并欣赏他的杰作：本来严丝合缝的拼图加了一片后仍然严丝合缝。

鲁文看起来对自己的表演颇为满意。“但是，永远不要想当然。”他警告说。接着他又从黑袋子里掏出一片更大的拼图。他再次把这片拼图放到已经拼好的长方形旁边，这片拼图同样凸出了边界。鲁文又一次把所有拼图片拿起来，放到手掌里来回滑动着，就像玩二维魔方一样。最后，他把多出来的那片拼图也拼了进去。

观众们以为，既然后拿出来的两块拼图能拼进去，那整幅拼图肯定变大了，这个把戏设计得倒是巧妙，但算不上魔术。鲁文继续滔滔不绝地谈论着生命的旅程，这是为了给观众几秒的时间陶醉于他们自以为聪明的想法中。接下来，就在观众们以为自己早已看穿这个把戏时，鲁文又把拿着拼图边框的那位热心观众叫上台。这时的拼图绝对不可能套得上那个木框，因为观众刚刚明明看到鲁文加进去两大片拼图。

你大概猜得到接下来发生了什么，鲁文小心翼翼地把木框套到整幅拼图上，结果刚刚好。

“这个把戏之所以一下子就能吸引我，是因为它很简单，”莫汉说，“这个魔术的道具不过是几片拼图和一个木框，很难想象其中暗藏着什么玄机。”

第二天，莫汉带着儿子拉维驱车穿过莫哈韦沙漠，一路上他们基本上都在讨论昨天的魔术到底是怎么变的。很明显，拼图边框最有嫌疑。也许它是可伸缩的？但他俩也知道，自始至终，拼图边框都在那个热心观众手里。除非她是“同谋”，要么就是鲁文趁着套木框的机会，把它给拉大了。还有一种可能就是，本来拼图并不那么严丝合缝，也许边缘暗藏了一些多余的空间，所以鲁文才能再添进去两片拼图。但他们对这种解释多少有些怀疑，因为添进去的那两片拼图的尺寸相当大。“拉维和我一直在讨论这个问题，”莫汉回忆说，“我们翻来覆去地思考着，极力想弄明白，鲁文到底是怎么做到的。”

魔术就是这样让人着迷，魔术师创造出让人百思不得其解的节目，用神秘吸引着我们。一幅拼图明明变大了，却还能塞到原先的边框里；一个女人明明被锯成了两半，却还好好的；自由女神像凭空从观众的视野中消失了。这些其实都是极端预测误差，因为魔术的欺骗性是以我们对于世界运作方式的基本假设为出发点的。**正如魔术师迈克·克洛斯（Mike Close）所言，一个好的魔术“会给观众一样礼物，那就是让人如鲠在喉”。**

魔术就是本书要讨论的第二种神秘诱饵，也是本章的主题。如果说盲盒的关键是在隐藏信息，那么魔术就是通过隐藏秘技来创造神秘。换言之，**不确定的不是结果，而是过程，是创作的方法。**魔术师向我们展示了盒子里的东西，但我们不知道这个东西是怎么出现在那里的。

我们可以在大脑中找到人类痴迷于魔术的源头。德国的神经科学家最近做了一项研究，他们让被试躺在功能磁共振成像仪器里，然后给他们播放魔术表演的短视频。[4]在一个视频中，魔术师先是把水倒进杯子里，然后在杯子上方挥挥手，最后把杯子倒扣在桌上，杯子里的水就变成了冰块。在另一个视频中，抛到半空中的橙子突然变成了苹果。除此之外，还有消失的硬币、颠倒了次序的扑克牌、能弹跳的鸡蛋和悬浮在空中的球。

为了确定大脑中的神经变化是由魔术激发的，而不仅仅是由魔术师的动作激发的，科学家让一位训练有素的魔术师观看了这些视频。有两个重大发现，首先，大脑被激活的区域是与认知冲突和检错有关的区域，比如前脑岛和额上回；其次，大脑中有一部分神经通路能帮助我们处理突如其来的变化和意想不到的转折，比如凭空消失的硬币，神经科学家有时将其戏称为“啊！见鬼了！”神经通路，而在该研究中，大脑被激活的区域正是这个神经通路的核心部分。[5]

但最精彩的魔术展示的并不仅仅是与我们的预测不一致的进展。根据功能磁共振成像数据，魔术也会持续激活大脑尾状核，该区域在多巴胺系统中起到了关键作用，它似乎让魔术超越了智力活动的范畴，把诡计和欺骗转化成了一种惊奇感。该项研究发现，魔术师被试的大脑尾状核的活跃水平并没有突然增加。科学家由此推测，必须是不懂魔术的人在看到水变成冰，在看到兔子消失在帽子里而觉得莫名其妙、敬畏惊叹的时刻，其尾状核才会被激活。[6]对于职业魔术师来说，这没什么奇怪的，因为他知道一切是怎么发生的，在这之前，他表演过一样的节目。

在观看魔术视频时，“啊！见鬼了！”神经通路和尾状核同时被激活，这能帮助我们理解魔术表演为什么会如此引人入胜。我们看到了一个明显的误差，即世界不是这样运作的，但我们并不会抑制认识失调。相反，我们会专注于这种神秘，会不遗余力地想去把它弄明白。[7]**“魔术体验的核心就是认知冲突，而且冲突越强，对观众造成的冲击就越大，”神经科学家古斯塔夫·库恩（Gustav Kuhn）写道，“魔术就是一种惊奇的体验，因为目睹了一件显然不可能的事件而感到惊奇。”**[8]魔术的神秘不在于“谁杀了人”，而在于“他到底是怎么办到的”。

这就引出了一个更大的问题：为什么魔术如此难以破译？为什么我们无法发现暗藏的玄机？按理说，大多数魔术靠的不就是那几个窍门吗？这主要是因为功能固着认知偏差，也就是人们倾向于认为，固定的物体只能按照固定的方式工作和使用。[9]帽子就应该戴在头上，谁也想不到里面会有个供兔子藏身的暗格；同理，棺材不应该有暗门，鞋子里也不会有磁铁。我们很难想象，这些日常物品会有其他的用途，自然也想不到它们会被改造，从而具备一些稀奇古怪的功能。

神秘的新发现

功能固着：认为物体只有通常的那种功能，在问题解决过程中难以从其他的角度去看待物体，发现其新功能的现象。

魔术师正是利用这些盲点来谋生的。[①] 查尔斯·莫里特（Charles Morritt），19 世纪末最伟大的魔术师之一，以读心术开启了他的职业生涯。莫里特会走到观众席，让观众把他们口袋或钱包里的东西掏出来给他看，而他那被蒙住双眼的妹妹则会坐在舞台上，猜他究竟看到什么。在莫里特之前的魔术师都是通过暗语给另一方提示，比如他们会跟观众插科打诨，而正是那些无伤大雅的玩笑话会给另一方提示，从而得出正确答案，但莫里特和他的妹妹却省去了一切多余的对话。

那莫里特的妹妹是怎么知道他看到了什么呢？原来，莫里特从观众那里挑选出一样物件后，会发出一个清楚的声响，比如用靴子敲地板。然后莫里特和妹妹就开始同步计数，莫里特会用另一种声音提示她计数结束，比如咳嗽两声，或者对那个观众说“谢谢”。根据起止提示音的间隔时间，莫里特的妹妹就能准确地判断出他拿的是什么。比如，4 秒对应的是钱包，而 12 秒对应的是一块银表。这套把戏容不得任何差错，数错一个节拍就能让答案从一条项链变成一包香烟。而这个把戏之所以可行，正是利用了观众的功能固着认知偏差，他们无论如何都想不到，两个表演者之间的暗语居然是沉默不言。

莫里特最为人所熟知的魔术表演就是“玩消失”。表演一开

---

① 魔术中最常用的表演技巧就是所谓的“检查”。魔术师会邀请观众上台看表演道具，这种检查实际上强化了功能固着认知偏差，因为我们看到这个物体正在发挥它的一贯功能。比如，帽子就应该戴在头上，而且我们确信，这个物体跟日常用的物体并无区别。

始，身着小丑服的助手牵着一匹名叫所罗门的小灰驴上场了。小丑开始把所罗门往一个垫高的木箱里拉，但这头驴子拼命反抗，这是平日训练的结果，目的就是博观众一笑，最后小丑关上门，把驴子锁在了里面。（莫里特特意把木箱垫高，还在箱子背后绑了个布环，好让观众知道这个箱子没有活动板门。）几秒后，莫里特把门拉开，观众们看到箱子里空空如也，所罗门凭空消失了。

但实际上，所罗门还在箱子里，只不过暂时藏了起来。小丑刚把门锁好，舞台下面的人就拉动绳子，打开了藏在箱子后面的梯形箱子［著名魔术发明家吉姆·斯坦梅尔（Jim Steinmeyer）发现了莫里特让驴子凭空消失的秘密］。但这不是一个普通箱子，箱子外层覆盖的都是镜面，这些镜面的角度设置得非常精确，反射的结果刚好会让观众产生一种箱子是空的这种错觉，而那只受过训练的驴子走进梯形箱子里，正高兴地吃着事先散落在地上的食物。

这个魔术利用的同样是人的功能固着认知偏差——我们在镜子里应该会看到镜像。通过镜子，我们能看到东西，也能看到自己。莫里特的天才之处在于，他颠覆了镜子的一贯功能。一旦你知道了其中的玄机，你就会觉得这其实也挺稀松平常的。但在这之前，我们无论如何都想不到镜子原来那么有用，想不到亮闪闪的镜面居然可以让一只动物消失。思维定式在暗中作祟，让我们无法想象出答案，它不仅让观众们都上了当，同时也为哈里·胡迪尼（Harry Houdini）、大卫·科波菲尔（David

Copperfield）这样的特技表演型魔术师开了先河。①

有意思的是，小孩子基本上不会产生功能固着认知偏差。[11] 设想一下，你给五岁的孩子一样日常用品，他们是不是更可能注意到这样用品的非常规用途？所以，对于魔术师而言，孩子是很难“糊弄”的观众。因为他们不会预设帽子、镜子有哪些常规功能，自然也就不会被预设蒙蔽，所以很难被魔术师降服。

摆脱功能固着认知偏差的关键是回到小孩子那种幼稚的心态。我们必须记住，即使是最普通的东西，也可能包含未知的因素。镜子里能看到东西，但也可以让东西消失。箱子也不仅仅是箱子，它也可能是架子，可能里面还有秘密的隔间。**只有想象力不作为，魔术才会成功。人类对无处不在的可能性视而不见，魔术正是利用了这个特点才创造出神秘。**

莫汉很了解这一点，作为一名业余魔术师，他非常清楚人类的弱点，清楚魔术师是如何利用人类的心理倾向的。可他还是没想明白，鲁文的返场节目是怎么一回事。“简单的道具让这个魔术格外有趣，”莫汉说，“说到底，那不过就是几片拼图 ，还有

---

① 这个魔术是如此神秘，以至于它立刻引起了胡迪尼的注意。尽管胡迪尼凭借着他挑战死亡极限的逃生术而闻名遐迩，但他已经厌倦了在表演中像窃贼一样撬锁，他更想把自己塑造成一位真正的魔术师。胡迪尼开始四处打听有没有什么能在自己的演出中复制的把戏，他想找到一位“能保守秘密的魔术发明师”。很快他就听说了莫里特让驴子凭空消失的消息，便决定用现金买下他的发明。莫里特拿了这笔钱，还力劝胡迪尼要敢于大胆想象：“如果真想让你的魔术登上报纸的头版头条，那你就不必再为兔子、鸽子这样的小把戏劳心费力。不如想办法让一头大象消失！”[10]

比这更稀松平常的道具吗？”可莫汉也知道，在一个天才魔术师的手中，即使是普通的木制拼图也能具备很多功能。“从拉斯维加斯返回的路上，拉维和我并没有想出这个问题的答案。但那时我就知道，我绝不会善罢甘休。”莫汉回到多伦多后便向他的魔术师朋友请教有哪些可能的假设，还研究了其他拼图魔术的变法，看能不能发现一些相关的原理，可还是一筹莫展，莫汉被难住了，“一方面，你知道鲁文绝不可能违反几何学定律，但总有这样的时刻，就在你想破脑袋也想不明白的时候，你也许会跟自己说，‘好吧，也许……’”最好的魔术不仅仅会向我们展示不可能的事情，它甚至能说服我们去相信它。

眼看莫汉就要放弃时，他突然冒出一个念头：“我记得当时我是这么想的，‘如果他能那么做，那就太聪明了，绝顶聪明。’”

激发人们对艺术创作过程的疑问，唤起神秘感

每一个魔术表演都是一个在实时进行的心理实验。它是表演者和观众之间的心理较量，魔术师如走钢丝一般，绝不能让观众察觉到他表演的玄机。观众可以看到扑克牌，却看不到灵巧的手指的“小动作”；可以看到驴子消失了，却看不到镜子；可以看到物体悬浮在空中，却看不到金属线。魔术师也必须向观众兜售谎言，即使观众清楚地知道自己被骗了。

从这个角度来看，魔术就是其他艺术形式的一个极端版本，

因为创作者必须隐藏他们的创作技巧以吸引观众持续关注。正如哲学家西奥多·阿多诺所言："艺术就是以假乱真的魔术。"[12] 我们不妨以拍电影为例。观众需要的是能让他们觉得身临其境的电影，也就是说，在大约两个钟头的时间里，观众愿意暂时搁置心中的怀疑（那可不是穿着合成树脂服装的某著名演员，那是真的钢铁侠！）。但是，如果电影特效看起来很假，或者演员的演技不够精湛，那么电影的魔法就会消失，观众会蓦地反应过来，自己不过是在一间坐满了陌生人的暗房里盯着屏幕而已，这感觉就像是看到了电影《绿野仙踪》的幕后。所以说，艺术有魔力，但也相当脆弱。

再比如绘画。心理学家斯蒂芬·卡普兰（Stephen Kaplan）指出，能最准确地预测人们是否觉得一幅画有美感的因素之一，就是它能否唤起人们的神秘感。[13] 那么画家怎样才能唤起人们的神秘感呢？比较可靠的方法就是激发人们对艺术创作过程的疑问。从传统上说，这是通过逼真度来实现的，画作要尽量还原事物现实的样子。即便画作的主题一目了然，比如圣母像、水果静物画、贵族肖像画等，观赏者也依然弄不明白，为什么画家能如此精准地表现出人的手。从这个角度来看，画家跟从帽子里掏出兔子的魔术师一样，他们的画之所以能吸引人们的注意，靠的是一样的动机，那就是我们长久地关注是因为我们弄不明白，而画布并不会交代画家的秘密。

意大利建筑师菲利波·布鲁内莱斯基（Filippo Brunelleschi）是最早利用人类这种动机的艺术家之一。1412 年的某一天，布鲁内莱斯基站在佛罗伦萨的圣乔瓦尼洗礼堂外。[14]他要用他的画笔表演一个惊人的魔术，他首先在画布上标出场景的中心点，然后画了一些往远处延伸的线，每条线的终点都是中心点。这些线所构成的网格就是这幅画的空间网格。布鲁内莱斯基是怎么处理天空的呢？他切割了一块亮闪闪的银片，这样观赏者就能从银片中看到变幻莫测的云彩和光线。

为了制造幻觉，布鲁内莱斯基在画的中心点钻了一个小孔，他指示观众把画板倒过来，这样他就能通过这个小孔看到真实的洗礼堂。然后，布鲁内莱斯基让观赏者用另一只手执一面小镜子，并让镜子跟视线齐平，现在观赏者所看到的是布鲁内莱斯基画作的反射图。这个设计的神秘之处在于，布鲁内莱斯基的画作和真实的圣乔瓦尼洗礼堂一模一样。布鲁内莱斯基伪造了真实的世界，观赏者被深深地迷住了。

布鲁内莱斯基是如何做到的？为什么他的画会如此逼真？这依赖于透视法的发明，即从一个中心点延伸出许多线条，这些线条又构成了一个网格。我们几乎可以肯定，布鲁内莱斯基在古罗马的绘画中看到过不完美透视的例子。古罗马百科全书式作家老普林尼（Pliny the Elder）将这种技术称为“倾斜的图像”。但是，一个深刻的哲学上的转变不仅改变了文艺复兴时期的艺术，还影响了布鲁内莱斯基。自古罗马以来，这是艺术家们首次为人而不是神作画，并要博取观赏者的青睐和关注。从此，艺术的主要功能不再是服务于宗教。中心点正是以凡人的视角为前提，这个技法的初衷就是要欺骗那些盯着画布的人类，他们的大脑很容易犯错。恰如英国艺术史学家约翰·伯格（John Berger）在《观看之道》（*Ways of Seeing*）一书中所言，透视法的普遍做法就是“一切要以观看者的眼睛为中心……能看到的世界是为观看者所安排的，就像宇宙曾被认为是为上帝安排的”。[15] 布鲁内莱斯基的魔术，从这个层面来剖析，只是人文主义的延伸，是一个视觉幻觉，它说明，当凡人为凡人表演时，魔法也是有可能的。

但是，关于逼真度有一个问题，那就是艺术家总可以做到更加逼真。久而久之，人们渐渐觉得透视法不再惊艳。最开始的惊奇感消失了，绘画技法最后变得跟魔术中的把戏一样，就像后来观众看到一个女人被锯成两半，并不会大吃一惊，虽然他们也弄不清楚魔术师到底是怎么做到的。画家不得不研究新的技法，以创作出令观赏者百思不得其解的画作。

1999 年 1 月，艺术家戴维·霍克尼（David Hockney）参加了在美国国家美术馆举办的法国新古典主义画家让-奥古斯特-多米尼克·安格尔（Jean-Auguste-Dominique Ingres）的绘画展。当人群围拢在安格尔所绘的著名肖像画周围时，霍克尼径自走进侧室，那里摆满了安格尔的素描草图。猛地一看，那些素描只不过是炭笔在草稿纸上留下的线条，纤细且有些模糊，但它们让霍克尼感到惊叹。“这些年来我也画了不少肖像画，我知道要练出安格尔那样的功力要花多少时间。”霍克尼说。[16] 这些可不是印象派画家的素描草图，安格尔素描的特点是“不可思议地精准”，线条干净利落，阴影恰到好处。然而，安格尔又会让人觉得，这些素描画起来似乎很容易，因为大部分作品他只用了一个下午就完成了。参观完画展后，霍克尼有了一个心病，他想知道安格尔是怎么作画的，他决心弄清楚安格尔的绘画技法到底有什么秘诀。

霍克尼开始着手调查，他为了仔细研究安格尔的铅笔痕，用复印机放大了安格尔素描图的细节。“有天早上，我在研究放大的图纸时突然想到，‘等等，我好像在哪里见过这样的线条，’”霍克尼告诉劳伦斯·韦施勒（Lawence Weschler），“‘我到底在哪里见过呢？’然后我一下子反应过来，‘安迪·沃霍尔（Andy Warhol）也画过这样的线条。’”[17]

霍克尼恍然大悟。他知道，沃霍尔的许多画作都离不开幻灯机的帮助，他用幻灯机把图像投在纸上，然后用铅笔描绘出图像的轮廓。沃霍尔的这个“骗术”会让他的画有一些明显的特点，比如画作主体的线条与其阴影的线条能无缝对接，而一般情况下，画家是先画好主体再画阴影。霍克尼发现，安格尔的许多作品与沃霍尔的作品具有相同的特征。“我们通常可以推断出画家画线条时的速度，因为线条都有起点和终点。”霍克尼写道。在研究了安格尔的线条后，霍克尼确信，线条的速度表明，安格尔也是在描图像，就像沃霍尔一样。

但是安格尔借助的是什么工具呢？沃霍尔的幻灯机里有电灯泡，而安格尔的创作时期是 19 世纪初，那时候人们还是用蜡烛照明，不久之后才发明了电灯。霍克尼便对那个时期的技术做了一番研究，认为安格尔用的很可能是投影描绘器，也就是在金属棒的末端固定一个棱镜，把投影描绘器放到物体的前面，棱镜就能在下面的纸上投射出物体的镜像。霍克尼认为，投影描绘器使用起来相当有难度，如果物体移动或者纸张滑动，那么沿着镜像描出的线条就没用了。然而，一旦画家掌握了其中的技巧，他（她）就能快速画好草图，而且线条是如此准确果断，以至于令人费解。

而且，不仅安格尔如此。霍克尼最终得出的结论是，大多数古典主义大师都会借助光学仪器，以便在他们的艺术作品中创造神秘。比如米开朗琪罗，霍克尼之所以被他吸引，是因为他技法上的突破。在米开朗琪罗之前，从未有人能以如此惊人的准确度描绘出真实人物、真实场景，比如他画作中吃饭、说话、斩首的场景。正如艺术评论家罗伯特·休斯（Robert Hughes）所言："米开朗琪罗之前的艺术和米开朗琪罗之后的艺术是不同的。"[18]

霍克尼在米开朗琪罗画作中发现的一些细节也证明了他的推测。例如，米开朗琪罗在 1601 年所作的《在以马忤斯的晚餐》的清晰度能与摄影作品媲美：葡萄的光泽、基督和他的使徒们的前臂、桌布的纹理、投在桌布上的斑驳的阴影。"任何一位画家看到这样的画作，都会觉得那几乎是不可能的，"霍克尼写道，"但你得会画画，才能明白我的意思。可是现在的艺术史学家们已经不画画了。"[19]

然而，这幅画也充斥着构图方面的基本错误。例如，革流巴（Cleopas）的两只手大小不一；基督处在与其他人不同的平面中；水果看起来很美味可口，奇怪的是，却异常扁平。对霍克尼来说，这些错误就像魔术师给观众的误导，就是为了暗示观赏者去探求真正的原因，如果观赏者知道该从哪里入手的话。①

霍克尼认为，这些细节表明，米开朗琪罗是借助某种光学设备来创作的。很可能是一个比较简陋的暗箱，暗箱里装有凸透镜和镜子，在黑暗的房间中，它们能把图像投射到墙上。米开朗琪罗会让模特们分别摆好姿势，然后把每个模特投射出的图像拼到一起，来组合出场景。"对于那个时代的人来说，这样的画作就好似电影，"霍克尼说，"他们目不转睛地盯着画作，想知道发生了什么。"[20] 这就可以解释为什么米开朗琪罗喜欢在只有一个光源的地下室里工作，因为只有这样理想的场所才能发挥原始照相机的功用。

霍克尼坚持认为，虽然借助了工具，但这些画家仍然是天才画家。"工具并不会画画，只有画家的手才会画画。"他写道。[21] 然而，霍克尼的假设揭示出，艺术家们一直在寻求表现真实世界的新技法，他们创作出如此逼真的画作，并赋予了画作神秘感。因此，看到安格尔画作中线条完美的嘴唇、米开朗琪罗画作中琉特琴的神秘透视、维米尔画作中光线的清晰度与哈尔所画人物的亮闪闪的眼睛时，我们会叹为观止，我们会目不转睛地盯着这些挂在墙上并不会移动的图像，它们仿佛具有某种魔力，具有超乎

① 还有一些间接证据。同时代的其他画家会嘲笑米开朗琪罗过于依赖模特，说他离了模特就无法作画。弗朗切斯科·德尔·蒙特（Francesco del Monte）是米开朗琪罗的早期赞助人，也是伽利略的支持者，通晓当时最先进的光学技术。史料中也有关于米开朗琪罗随身携带"镜子"的大量记载。

寻常的美。即便知道了它们的创作过程，我们仍然无法相信，有人的作品能如此臻于完美。

解密密码的魔术

比尔·图特（Bill Tute）和妻子多萝西娅大半辈子住在格兰德河边的小镇西蒙特罗斯上一所不大的房子里。这个小镇位于安大略省，人们信仰的是门诺教。图特喜欢带上他们的宠物——拳师犬迪格比去树林里漫步，下午他会冲上一杯热可可，下一会儿国际象棋。① 每次眼看自己就要赢了的时候，图特都会跟对方道歉："不好意思，我看你被将死了。"夏天他喜欢在河边除草，好为他喜欢的野花腾出地方。

图特大多数时间在工作，他是滑铁卢大学的数学教授、图论专家，他职业生涯的大部分时间献给了四色图问题的研究。最简单的四色图问题是这样的：要想让地图上的每个国家都与其接壤的邻国的颜色不同，最少需要多少种颜色。图特花了几十年的时间证明，答案是四种颜色。20 世纪 70 年代中期，超级计算机证实他的答案是对的。多萝西娅经常抱怨丈夫对他自己过于严苛，可图特却很担心自己的数学才能会消退。他确信，到了 40 岁，他的数学才能就会消失殆尽。

---

① 我最早是从莫汉那里听说比尔·图特的故事的。莫汉十几岁时跟图特家住一条街，每到周末，莫汉就陪图特下国际象棋，如果多萝西娅不在家，他就得硬着头皮喝图特冲的热可可，那味道可真不敢恭维。

然而，图特不能告诉别人的是，他在 24 岁那年就取得了他一生中最卓越的成就。当时正值第二次世界大战时期，作为一名代码破译员，图特的职责就是破译最棘手的纳粹密码。从很多方面来看，密码就好比魔术，只不过是将让人捉摸不透的表演换成了高深莫测的信息，彩票上的一串串数字就像是另一种形式的密码。我们都知道，这些密码肯定大有乾坤，随机排列的符号一定暗含了某种意义，只是我们还不知道。从这个角度来看，密码破译员的工作就是要反向剖析，找出不为人知的加密方法。

图特很有破译密码的天赋。他在第二次世界大战期间的工作意义极为重大，以至于英国政府将其定级为 Ultra，也就是比标准最高机密级别更高的机密，而且在那之后的几十年，一直被列为超级机密。哪怕是跟亲朋好友私下里小声谈论这些机密，图特都会被指控犯下叛国罪。因此，在他的整个学术生涯中，没有一个同事知道，这位少言寡语的数学家居然改变了历史的进程。

图特出生在伦敦北面的小镇纽马克，这个小镇距离伦敦约 110 千米远。他的家在一条小路的尽头，一家人住在一所简陋的石头屋里。他的父母都在当地赛马场工作，父亲是园丁，母亲是管家。幼年时的图特就表现出了数字方面的天赋，后来他获得了剑桥大学三一学院的奖学金。[22] 虽然他主修的是化学，这似乎是比较现实的选择，但图特的乐趣则是解数学难题①。

---

① 图特与其他 3 名本科生一起解决了一个由来已久的问题，即“完美正方形”问题，就是研究一个整数边长的正方形能否被分割为若干个不等整数边长的小正方形。图特借用电路设计的一个原理，证明了确实可以做到这一点。

图特因为解决了不少难题而声名鹊起。1940 年，他获得了政府密码学校（Government Code and Cypher School）的面试资格，这是英国情报部门的一个机构，职责是破译其他国家的密码。图特通过了面试，并被派往布莱切利，布莱切利本来是一座大庄园，后来成了英国政府密码破译工作的中心。在布莱切利，有训练有素的数学家、纵横字谜游戏的高手、全国国际象棋冠军、埃及学家、古典学家、字典编撰者、公司经理，甚至还有小说家。丘吉尔在与这些来自各个领域的专家碰面后，对军情六处的负责人说："我是告诉过你，要想尽一切办法网罗人才，但我没想到，你居然把我的话当真了。"[23] 图特到了布莱切利后如鱼得水。

年轻的图特被分配到了"鱼"组，他们的工作是破译一组德国代码，该组代码借助转子密码机把输入的字母纯文本置换为密码文本，从而实现对信息的加密。型号不同的转子密码机生成的密码的复杂程度也有所差异。转子越多，逆向剖析越难，想要破译密码文本与字母文本之间的关系也就越难。图特接到的任务是破译洛伦兹密码机（Lorenz）的密码，当时只有希特勒和他的高级指挥官可以用这种密码机，密码破译员给它的代号是"金枪鱼"。

德国人认为这种密码是不可破译的，因为洛伦兹机 SZ40 有 12 个转子，能够产生的密钥序列一共有 1 600 万亿种组合。相比之下，艾伦 · 图灵（Alan Turing）破译的恩尼格码密码机只有 3 个转子。20 世纪 40 年代初期，人们想象不到能用什么方法来破译洛伦兹密码，因为只要信息发生变化，转子的初始设置就会随之变化。这就像反复观看同一个魔术，但魔术师每次表演用的都是不同的把戏。①

德军的信息经过洛伦兹密码机加密后到达英国情报人员手里，这些信息打印出来就是一页页的符号、一排排的点和“X”。每排有 5 个符号，对应的是一个特定的字母。比方说，2 个“X”后面加上 3 个“·”就是字母“A”，西里尔字母“Ж”对应的则是 1 个“·”后面加 4 个“X”。洛伦兹密码之所以难以破译，是因为它进行了两次加密，每个字母是两排符号叠加的结果，也就是说，破译员必须弄清楚这两排符号是由哪两个字母加密而来，才能知道德军想要传输的真正字母。

遗憾的是，对在布莱切利庄园的密码破译员而言，他们无法弄清楚加密密钥，也弄不清楚密码生成时转子是如何变化的，甚至都不知道这台机器到底有多少个转子。洛伦兹密码机的工作机制是一个谜，它似乎能制造出无限多的精心策划的障眼法，用以隐藏希特勒的机密。

1941 年 8 月 30 日，盟军获得了一个关键性的突破。雅典的德军报务员向奥地利萨尔茨堡的德军报务员发送了一条大约 4 000 个字符的加密信息。然而，信息传输的过程中出了些问题，萨尔

① 难上加难的是，盟军没见过洛伦兹密码机的操作实例，他们甚至都不知道它是什么样的。而在 1941 年，盟军在一艘严重毁坏的德国潜艇上发现了一台恩尼格码密码机，同时还找到了操作员的编码本。

茨堡要求重新发送。雅典的报务员当时犯了两个灾难性的错误。首先，他在重新发送的过程中，给12个字母“HQIBPEXEZMUG”用的是同样的密钥。虽然这个操作本身并不会给布莱切利的密码破译员提供任何线索，因为他们两次收到的都是同样无法破译的信息，但雅典的报务员在第二次发送密电时，小幅改动了原信息，个别单词使用了缩写形式，个别标点也有所变动。几乎可以肯定的是，他这样做只是为了图省事，为了能少按几次键盘。但这些改动却制造出一个“深度”，这是密码破译者的重要工具，因为通过深度，他们可以比较信息，并对不同的替换加密法进行测试。经过 10 天艰苦卓绝的破译工作，约翰·蒂尔特曼（John Tiltman）上校终于破译了雅典发送的信息，这是有史以来破译的第一条洛伦兹密码。

但胜利只是暂时的。虽然蒂尔特曼破译了这一信息，但布莱切利依然不清楚洛伦兹密码机是如何工作的。他们只有在德国发报员犯了粗心大意的错误，而意外泄露深度的情况下，才能破译密码。当时布莱切利年轻的分析员，后来成为英国著名政治家的罗伊·詹金斯（Roy Jenkins），是这样描述破译工作的：

> 我一大早跟十几条密电斗智斗勇，最后一无所获，只好闷闷不乐地去吃早饭。我从未有过这样沮丧的心理体验，尤其是一遍又一遍的试错，几乎对我的大脑造成了损伤。[24]

1941 年 11 月下旬，图特收到了一系列需要处理的洛伦兹密码。图特的上司对他并没有抱太大希望。图特后来说，他的上司把这些密码交给他时，表现出的是一种“绝望的姿态”。[25] 毕竟，一个人怎么可能破译一个有 1 600 万亿种可能性的密码？洛伦兹密码仍然是一个无懈可击的魔术戏法。

但年轻的图特却初生牛犊不怕虎，这是他的优势。他当时才 24 岁，学的专业又是化学，他对密码的破译难度了解不足，所以并没有意识到，他的处境几乎是无望的。所以，图特就把洛伦兹密码当作数学难题一样看待，他尝试各种策略，时刻留意有无进展的迹象。图特在 1998 年的一次演讲中说：“不能说我对这个做法有多大信心，但我觉得，自己最好看起来很忙碌会比较妥当。”[26]

图特与鱼团队的其他成员共用一间办公室。房间里没什么家具，很简单，光溜溜的墙边摆了几张木头桌子。布莱切利的生活很朴素，分析员想喝茶的话，只能动用自己的配给。[27] 密码破译员杰里·罗伯茨（Jerry Roberts）与图特在同一间办公室。他对图特孜孜不倦的工作方式大为赞叹：“我看他久久地盯着正前方，不停地拨弄着他的铅笔，在一摞摞纸上边写边算，就这样连续工作了 3 个月。那时我很好奇，他到底有没有算出什么来。”

图特实际上算出来很多成果。其中最重大的突破是在 1942 年年初，他对洛伦兹密码进行了无数次周期，也就是数字频率的测试。测试是这样进行的，图特先写出一段不同长度的洛伦兹密码，他用炭笔在整卷纸上写满“X”和“·”，然后在这些符号中搜索有无简短的重复，因为如果有哪部分频繁重复，那就说明在明文中有反复出现的词语。当图特测试 575 周期时，他的直觉非常之敏锐，是把洛伦兹密码可能的密钥数量相乘，虽然并没有多大收获，但他注意到对角线上的符号重复的频率更高，这说明测试 574 周期也许会更有收获。于是他重写了一遍密码，“发现了许多重复的点叉符号串，真叫人高兴”。这些符号串表明，重复的单词有五六个字母。这是他首次对洛伦兹密码有所发现。

但现在图特又遇到了一个问题。574 周期表明，洛伦兹密码机的转子有 574 个不同的起始位置。但这似乎不太可能，哪怕它是一台德国制造的、极为复杂的密码机。因此，图特决定研究 574 的质因数（同样出于一种无法解释的直觉），接下来他找到了数字 41。图特以此为基础分析洛伦兹密码，并取得了显著进展，这些重复的符号串是真的存在。

洛伦兹密码机把明文转换为密文靠的是转子，图特断定，其中的一个转子有 41 个起始位置。然后，他用同样的方法，寻找非随机性的重复字符串，好弄清楚第二个转子有多少个起始位置。图特又与研究科的其他成员一起，确定了其余 10 个转子的细节。从根本上讲，图特找到了一个方法，这样即使没看到洛伦兹密码机实物，也能弄清楚它的工作机制。这是第二次世界大战期间人类最伟大的智力成就之一。[28]

图特是如何做到的？布莱切利的同事们常说他有“诀窍”，也就是凭着直觉破译密码的神秘能力。虽然大多数布莱切利的密码破译者用的是传统策略，即利用深度和传输错误，这其实跟等着魔术师出糗差不多，但图特利用的却是头脑对模式的强烈敏感度。图特发现，洛伦兹密码机转子的设置有一个奇怪之处，如果能猜对前两个转子，那么猜对符号“·”的概率就能提高至55%。

图特后来指出，布莱切利的一些人认为，他能破译洛伦兹密码不过是“老天爷不公平，他运气好”而已。但图特否认了这一说法，他认为，察觉模式的能力本身就是一种“分析推理”能力。[29]也许他并不能解释那些模式，他花了几个月的时间才弄清楚洛伦兹密码机的工作原理，但他能感觉到它们，这些微妙的线索揭示了机器的原理。

纳粹以为，洛伦兹密码机SZ40就是终极密码机，它所生成的密码牢不可破。他们以为，盟军的密码破译员对此只能束手无策，即使是再擅长破译密码的人，在面对12个转子所生成的密文时也将一筹莫展。因此，他们绝不担心一个化学专业的研究生仅凭密码机的输出，就能揭示其内部工作机制。但他们没考虑到两个因素。一是，从雅典发出的两条大致相同的密电使用的是相同的密钥，这给蒂尔特曼破译长信息提供了近乎完备的立足点，同时，图特也正是利用这两条密电发现了密钥的模式。二是，图特是一个坚忍不拔的天才，虽然无数次的尝试几乎都一无所获，失败接踵而至，但他偶尔也会发现，某种方法能让那些密码不再如此神秘，能让他在铺天盖地般的“X”和“·”符号中找出一个大致的模式。魔术也是如此，魔术师哪怕只是给了观众一个微不足道的立足点，比方说，观众瞥见了一根电线，或者看到一张牌被偷偷塞进袖子里，魔咒就会被打破，奇迹就会戛然而止，探究也自此开始。

洛伦兹密码的破译是第二次世界大战的一个转折点，它为盟军了解德国的战略部署打开了一条极具价值的通道。它影响了诺曼底登陆计划，洛伦兹密电证实，纳粹预计盟军会在更往北的方向登陆，所以盟军才能避开防御最严密的海滩。“这绝对是百年一遇的重要情报，”杰里·罗伯茨写道，“这条情报不是来自间谍，”事实证明，间谍的情报问题重重，并不可信，“而是直接来自希特勒的洛伦兹密电，用德国人自己的话说。”[30]

也许东线最能体现出破译洛伦兹密码的价值。1943 年夏天，大约 77.5 万名纳粹士兵和 3 000 辆装甲坦克在距莫斯科西南约 480 千米的库尔斯克附近集结。德军的目标是切断苏军侧翼，切断库尔斯克巨大的突出部。但德军将领产生了分歧，因此洛伦兹密码机发送的密电数量激增，从而使图特和他的密码破译小组获得了德军军力部署的详细地图。

英国已经认识到库尔斯克的重要性。如果苏联输了这场战役，莫斯科就有可能沦陷。所以，他们把解密的情报传递给了苏联的军事领导者。来自英国的情报让苏军的指挥官朱可夫将军（General Zhukov）大为叹服，他还以为英国在德军的最高层中安插了特工。①这条情报让苏军提前了解到了德军的动向，并在德

① 实际上，通过约翰·凯恩克罗斯（John Cairncross），苏联从布莱切利获得了原始情报，凯恩克罗斯是一名双重间谍，曾负责研究 Ultra 情报的破译。

军计划好的攻击点建立了一道火力凶猛的防线。苏军派出30多万平民，事先布好地雷，挖好反坦克壕沟，筑好混凝土机枪掩体。环绕着库尔斯克的“防御带”有30多千米深。

1943年7月4日，德军开始进攻，将东线的所有装甲师都派往苏联前线。他们本以为会遭到苏军较为分散的抵抗，结果却直接掉入了死亡陷阱。7月13日，战斗开始9天后，希特勒下令德军停止进攻。这是纳粹在第二次世界大战中第一次失败的进攻，它为两年后的苏军反攻柏林埋下伏笔。俄罗斯人将库尔斯克战役称为“扭转乾坤”的一战。

正如密码破译员杰里·罗伯茨认为的那样，这是图特的功绩，图特提供的军事情报前所未有，无人可及。“这是第一场，也许是唯一的一场一方能如此详细地了解另一方的计划、思考和决定的战争，”罗伯茨写道，“如果洛伦兹密码没有被破译，那么欧洲的战争还会持续很多年，而这是一场每年都会吞噬数千万生命的战争。”[31]

战争结束后几个月，图特前往德国。他会见了一位德国情报部门的高级官员，该官员给他展示了洛伦兹密码机，并解释了它的复杂机制，即转子共同作用生成牢不可破的密码。图特听着，佯装惊讶。待这位德国人讲完后，图特耸了耸肩说：“没人能够破译它。”图特当时还不能告诉对方真相。[32]

没人知道，为什么50多年来，图特破译洛伦兹密码一直是个机密。图灵破译恩尼格码密码的细节在 20 世纪 70 年代就已经撤销了密级。[33] 一种说法是，英国不想让苏联知道他们已经破译了密码，因为苏联在冷战的最初几年里使用了从德军处缴获的洛伦兹密码机。但到 20 世纪 50 年代初期，苏联就开始采用他们自己研发的密码系统。[34] 另一种说法是，在英国情报部门有能力破译洛伦兹密码后，盟军的领导人，尤其是丘吉尔，在战争期间不得不做出痛苦的取舍。他们不得不一次又一次地考虑根据 Ultra 情报采取行动的风险，而这么做可能会泄露这个宝贵的情报源头。最后他们做出的决定很可能会让无辜的人殒命，导致很多士兵丧生，这一切都是为了保护英国已经能够破译洛伦兹密码这个秘密，也就是图特的重大突破。

图特于 20 世纪 80 年代初退休时，人们只知道他是一位杰出的学者，对图论，特别是对四色图定理做出了卓越的贡献。退休后他还恪守着国家机密，后来英国政府才把他在布莱切利取得的重大突破公之于世。图特被授予加拿大平民所能拥有的最高荣誉勋章，即加拿大勋章。在他的出生地纽马克，政府还建了一座公共纪念碑，以纪念他在第二次世界大战期间的卓越功勋。在他生命的最后 10 年里，他获得了同事的诸多赞誉，并出席了密码学会议，在会上，他用削得尖尖的铅笔和一沓沓纸张为与会者还原了破译洛伦兹密码的过程。

直到生命快走到尽头的时刻，图特仍然低调谦和，不贪恋功名。他的骨灰被安葬在西蒙特罗斯的墓地，墓前立着一块打磨光滑的小石头，上面只有他的名字和生卒年月。游客可能会注意到，这位威廉·图特[①]，无论他是谁，就躺在多萝西娅·图特身边。石头上没有彪炳他的功绩，很少有人知道这里躺着的那个人，用强烈的好奇心破译了终极密码，揭示了洛伦兹密码机的秘密，拯救了世界。

神秘的体验胜于答案

只要是关于魔术的文章，都得遵循一个规则，那就是永远也不能告诉读者魔术是怎么变的。很久以前，街头艺人会为了几枚铜板而为陌生人变戏法，从那时到现在，魔术师就一直在守护他们的秘密，只要有人胆敢把魔术的方法、原理或工具透露出去，就会遭到驱逐。

他们有充分的理由这么做。魔术能给观众带来兴奋，是因为我们无法解释它，正如脑成像技术所证实的那样，神秘会让人产生惊奇感。但魔术师还有另一个理由，那就是大多数魔术实际上并没什么玄妙之处。自由女神像之所以会消失，是因为观众在慢慢转身；驴子之所以会消失，是特殊角度的镜子的作用；纸牌魔术的秘密在于手指够灵活、动作够迅速。魔术师并不具备超自然的力量，魔术是数千小时枯燥练习的成果。

在多伦多漫长冬日的最后几天里，当我与那位揭开了彩票玄机的地质统计学家莫汉在一起时，他总是问我是否想知道鲁文的

---

① 英语中，人名威廉（William）的昵称是比尔（Bill）。——编者注

那个魔术到底是怎么变的。他还警告我说，如果知道了我会很失望，所以最好还是不知道为妙，但我那时已经一头扎了进去，无论如何都要知道。[35]

莫汉准备在他女朋友家的客厅里重新上演那个魔术。他在那里倒腾拼图，我们就在边上吃奶酪和饼干。他先把拼图拆开，然后一片一片拼好，接着又另外拿出两片拼图，最后把拼图框套了上去。吉姆·斯坦梅尔是当代著名的魔术发明家，也是那个弄清楚查尔斯·莫里特是如何让驴子消失的人。他说，最好的魔术都有个特点，那就是观众在鼓掌之前的片刻，会鸦雀无声，“在那一瞬间，所有的观众都会惊叹地倒抽一口冷气”。当莫汉把木框套回拼图时，我就倒抽了一口冷气。

接着莫汉给我看了看魔术的道具。我自以为聪明的猜测很快就被证明是错的。我拿着木框，仔细地查看每一片拼图，它们看着都是实心的，跟我们平时玩的拼图没有两样，也没任何特别之处。或许有点粗糙，但这只是因为它们出自一个地质统计学家之手，而不是由专业木匠制作的。

“你放弃啦？”莫汉问。我点点头，于是莫汉开始解释他的答案。“我回想了一下鲁文的表演，发现只有一个瞬间，观众没看到所有的拼图。”莫汉说。他指的是鲁文把所有的拼图片都摞在手掌心的那一刻。尽管鲁文让人浑然不觉地把这个环节穿插到他的故事中，每一块拼图都代表了他的一段记忆，但莫汉知道，所有的记忆不过是巧妙地虚晃一枪，目的是让观众分心。

鲁文到底想做什么？也许手掌里堆满了拼图他才有机会“抛掉”其中的一片，这样就能给后来添进来的拼图腾出空间。但莫汉意识到，鲁文的动作不会太简单，比如握住那片拼图，因为那些拼图太大了。“这就是这个把戏的巧妙之处。”莫汉说。如果鲁文用的是较小的拼图，那么观众很容易就以为他偷偷藏了一两片拼图在袖子里，而选择用那么大的拼图做道具，实际上是在诱导观众不往那个方向想。

莫汉当时被难住了，但他忍不住一直在琢磨，鲁文手里拿着拼图片的那几秒里究竟发生了什么。当中一定有蹊跷，他能感觉到，但他不知道到底是怎样的蹊跷。“魔术之所以让人觉得神奇，是因为魔术师了解观众的关注点，”莫汉说，“他们很清楚我们在看什么。”于是莫汉把侦查的重点转移到了观众没在注意的点上，因为那才是魔术可能发生的地方。首先要侦查的是拼图。“那才是这个魔术的高明之处。我们无论如何都想不到，拼图里面还会大有乾坤。然后我想到，当鲁文拿起所有的拼图片时，”他把它们摞在手心里，“他能快速地将一片拼图滑入另一片拼图里。”这就是巧妙地利用了人类的功能固着这个认知偏差，那就是拼图是用来拼的，它们很结实、很牢靠。我们从未想过，拼图也可能是隐蔽的藏匿点。

于是莫汉去了车库，车库里有个乱糟糟的角落，用来做木工正合适。他花了几周的时间做了一套拼图，其中有一片是中空的，能容纳另一片较小的拼图。为了操作起来更容易，他还在两片拼图里面都装了一小块强磁性的钕磁铁。有了磁铁，小片的拼图会消失得更快，只要小片拼图靠近大片拼图，就会有一股看不见的力量把它吸进去。莫汉笑着跟我解释道："你知道我为什么故意把拼图做得很粗糙吗？就是为了让观众以为它们不过是'几片粗笨的木片'，而不会把它们跟高科技的稀土磁铁联系起来。"其实很多人都明白魔术会从视觉上误导观众，比如用手杖让观众眼花缭乱，用斗篷和帽子分散观众注意力。但技艺最精湛的魔术师会从潜意识层面误导观众。

从多伦多回来后，我找到了鲁文 2014 年表演拼图魔术的老视频，当时他是在动物收容所的慈善活动上进行表演，这是该魔术唯一留存下来的影像记录。2016 年 3 月，当局以持有儿童色情制品的罪名逮捕了鲁文，至今他还被关在监狱里。虽然这件事结束了他作为魔术师的职业生涯，却提高了他在魔术界的"声望"，因为他表演过的一些魔术无人能复制。①

在视频将要播放到 2 分钟处时，鲁文开始变戏法。一旦清楚了搜寻的方向，我们很容易就能识破魔术师的把戏，从摄像机的

① 几年前，著名魔术师克里斯·安吉尔（Chris Angel）为某电视特别节目表演了一个魔术，多数人认为，这个魔术与鲁文多年前表演的一个魔术极其相似。这个名为"死亡之床"的魔术，本质上就是俄罗斯轮盘赌，只不过玩家缺了把上了膛的手枪，而且被绑在桌子上的是鲁文，桌子下面放置着 5 把极为锋利的剑，剑连着很多绳索，其中一把对准了魔术师的心脏。一名热心观众上台随机拉动绳索，以决定先移动哪把剑。（诀窍就是这位热心观众永远无法拉动与那把致命的利剑连着的绳索。）虽然鲁文的表演广受赞誉，但克里斯·安吉尔的电视版本却没那么顺利。当安吉尔准备移动最后一把剑，就是那把会杀死他的剑时，剑一动不动，从而暴露了这个魔术的玄机，即连接到这把剑的绳索有一个单独的机制，也就是说，那位热心观众其实根本就无法触动这把剑的"开关"。[36]

角度，我可以看到那片拼图消失了，重点也恰恰在此，即观众并不知道要往哪个方向搜寻。**这就是魔术教会我们的道理：作为一门艺术，它在不断地提醒我们，我们知之甚少，了解的则更少。人类的大脑并不能洞察一切，世界是如此之大，如此陌生，充满如此多的信息，所以人类总想走捷径。**

我们就以视觉幻觉谢泼德之桌（Shepard Tables）为例。请看图 2-2 中的两张桌子，你认为哪张更有可能通过狭窄的门道呢？

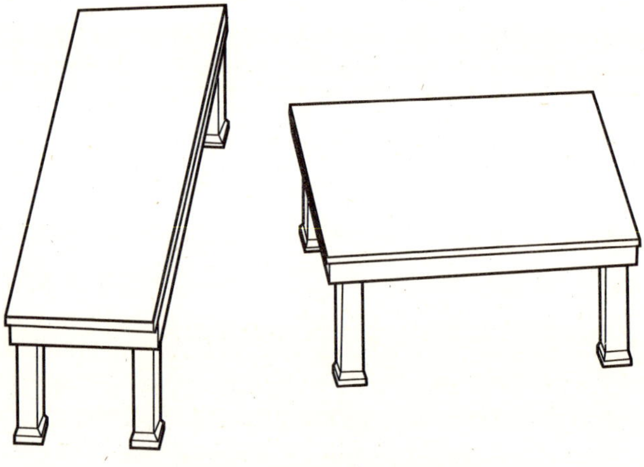

图 2-2　两张桌子的尺寸相同吗

几乎所有的人都选择了左边的桌子。但答案是，这两张桌子的尺寸其实是相同的。它骗过了我们对深度的感知，大脑是根据远近的比例来判断物体大小的。这幅图非常具有欺骗性，以至于我们即使知道这两张桌子的尺寸、形状一模一样，也仍然会觉得它们并不相同。正如神经科学家古斯塔夫·库恩观察到的那样，正是这种矛盾让图片变得分外有趣，一幅简单的线条画变成了一个认识论上的谜团。“即使你知道那不过是自己的错觉，你也依然会认为正确的答案与现实并不相符。”他写道。[37]

魔术也是如此。顶尖的魔术表演不存在“剧透”一说，因为即使观众知道魔术是怎么变的，也仍然无法理解魔术师是如何做到的。潘恩和特勒曾经表演过魔术“杯子与球”，据说这个经典魔术之所以会流行起来，要归功于古埃及的幻术师。在这个魔术中，观众会看到许多“消失”和“移位”，魔术师会把球放到几个不透明的杯子底下，然后让其消失。特勒的创意别具匠心，他使用的道具是透明的水杯。尽管观众有可能发现特勒的手掌将球从一个杯子挪到另一个杯子时做了哪些“小动作”，但他们仍然搞不清楚到底是怎么回事。特勒是这么形容的：“眼睛可以看到这些动作，但头脑却无法理解。”[38]

13 世纪到 17 世纪的绘画大师们也是如此，他们在镜子和透镜的帮助下创造出了视觉奇迹。伟大的艺术家首先是魔术师，他们需要倾毕生之力，才能把那些看起来匪夷所思的事情做到游刃有余。他们要花上数年甚至数十年的时间练习技巧，只有当别人察觉不出他们的技巧时才算大功告成，这就是大巧若拙。观众会默默地倒抽一口冷气，继而感受到持久的神秘。

我们渴望惊奇。魔术师约书亚·杰伊（Joshua Jay）与心理学家丽莎·格林姆（Lisa Grimm）、尼古拉斯·斯帕诺拉（Nicholas Spanola）最近做了一项研究，他们让被试观看了一些令人惊叹的魔术表演视频，比如让一个女孩悬浮在空中，让被试做出选择：他们可以学习这个魔术是怎么变的，也可以观看另一个魔术。大多数人的选择是观看更多的魔术。事实证明，**神秘的体验比知道答案更吸引人。**

第 3 章

障碍策略

颠覆大众期望，让不流畅变得迷人

MYSTERY

A Seduction
A Strategy, A Solution

重要的不是你从哪里借来这些东西，
而是借来后应该怎么用。

卡尼·韦斯特（Kanye West）

要相信困难的事。

莱内·马利亚·里尔克（Rainer Maria Rilke）
《给一个青年诗人的十封信》

树林里的恐怖片，用颠覆性的拍摄手法引人注意

20 世纪 90 年代初，中佛罗里达大学电影学院有个名叫丹·迈里克（Dan Myrick）的学生向他的朋友感慨，美国的恐怖电影怎么能沦落到今天这个地步。在丹看来，问题很简单，那就是恐怖电影根本不恐怖了。它们变得越来越血腥，在拍摄电影《猛鬼街 6》时不知道用了多少桶红色玉米糖浆，但那样呈现的暴力只会让观众觉得浮夸、浅薄。“观众一看到开头就能知道结尾，”丹说，“下一步会怎样，观众都能猜得出来，因为这样的情节他们已经看过无数次了。”[1] 恐怖片无非就是那些套路。

但丹并不满足于只评头论足。他与电影专业的同学爱德华多·桑切斯（Eduardo Sánchez）一起，着手策划了一种全新类型的恐怖片。“我们喝了点啤酒，抽了几根烟，谈论着我们想拍的电影。”丹告诉我。两人聊了一会儿发现，他们都喜欢电视系列节目《寻找……》。这个系列节目从 20 世纪 70 年代末开始播出，解密各种各样的超自然之谜，从大脚怪到古外星人。“这个节目

打动我们的是它对真相有根有据的探究，”丹说，“它是以严肃认真的态度对待那些未解之谜的，所以比大多数粗制滥造的恐怖片还恐怖。”丹和爱德华多产生了一个大胆的念头，就是以《寻找……》系列的某一集为蓝本拍一部恐怖片。片中的角色要揭开一个让人困惑已久的谜团。他们决定，这个故事应该发生在树林里。“有什么事儿能比在一片黑树林中迷路更可怕呢？”丹问道。他们把这个项目称为“树林里的恐怖片”。

接下来，他们需要构思情节并设计一个谜团，好让电影中的角色去可怕的密林中解开这个谜团。首先，他们编了一个篇幅较长的故事，故事围绕着马里兰州中北部柏莱克镇的诅咒展开。这个诅咒缘起于一个女巫之死。某一年的严冬，就在女巫被镇上的人放逐后，指控她的人全都失踪了。几十年过去了，镇上接二连三有人失踪。时间来到 1994 年，3 名当地大学生决定拍一部失踪者的纪录片，他们走进树林，却再也没走出来。一年后，一位人类学家在一间废弃的小屋里发现了他们的行李包，里面装着几卷录像带。

丹和爱德华多的构思非常巧妙，他们打算用这些录像带制作这部恐怖片。“我们发现，要是能让观众以为自己看的是纪录片，那他们会觉得突然失去了一层保护网，”丹说，“结局也不一定非得是观众喜闻乐见的。好人并不一定能活下来，任何事情都有可能，只有这样才能摆脱恐怖片的套路。”

有了新技术的助力，他们可以用新的风格讲故事。当时，手持摄像机已经较为普及。你可别以为手持摄像机只适合在家里随便用用，它也可以拍摄电视节目，这得归功于有线电视新闻和真人秀等类型的节目开了先河，比如《真实世界》和《警察》。“镜头摇晃的感觉会让观众觉得分外真实，”丹说，“正是因为它看起来非常粗糙，所以观众才会想，‘这一定是真的’。”

但是光有一台手持摄像机还不够。既然丹和爱德华多不想落入“看个开头就能猜到结尾”的恐怖片窠臼，如那些刻意营造恐怖气氛的背景音乐和镜头、一望而知的死亡，那他们就必须开创一种完全不同的电影拍摄方法。丹和爱德华多并没有用传统的剧本，因为那样会显得太工整、太蓄意，他们花了几个星期的时间写了一份长达 35 页的故事大纲，一份描述了电影中每个场景的剧本节拍表，演员需要即兴创作对白。“我们知道，哪怕只有 1 秒让观众觉得这些人是在演戏，觉得自己是在看电影，我们也会失去观众，”2016 年爱德华多在 *Vice* 杂志上说道，“所以，这些演员需要知道如何即兴表演，如何创造性地表演，却又不能用力过猛，这一点至关重要。”[2]

光是选角就花了将近 1 年的时间，他们又花了 1 个月的时间考察电影的最佳拍摄地点。接下来，他们从电路城公司租借了 Hi8 摄像机，约好拍摄结束后归还，还购买了露营装备，因为摄制组得在森林里待 8 天。丹和爱德华多并没有与演员一起工作，而是给了他们一个 GPS 装置，预先告诉他们怎么才能到达不同的藏身处，以及每天要做些什么。他们让演员冒雨跋涉，在湿漉漉的帐篷里扎营，而且在拍摄期间慢慢减少他们的食物供给。演员有一个安全暗号，如果生存状况过于恶劣，他们就可以给剧组发送“推土机”，但在正常情况下，他们必须沉浸在自己所扮演的角色中。丹和爱德华多想要的效果是，演员得化身为密林中惊慌失措的孩子。

刚开始拍摄时，按照丹和爱德华多的设想，旅行袋里发现的那些录像带只是这部伪纪录片的一小部分素材。“我们本来的打算是，电影里还应该有专家访谈、关于诅咒的内容，以及录像带被发现的过程等，”丹说，“演员演的部分大概只有 20 分钟，不能再多了。”

第一次看到在树林里拍的那些原始录像时，我们并不乐观。“非常粗糙，比我在电影院里看过的所有电影都粗糙，而且，毫无疑问，它与我们在电影学院学到的所有理论知识都背道而驰。”丹说。镜头是摇晃的，画面也很不连贯，演员在夜间拍摄的画面尤其不连贯；对话经常是喃喃自语，根本听不清楚，多数场景也谈不上有什么构图，真有些让人看不下去。“我的意思是，为什么拍电影要先写剧本？”丹说，“为什么一般也不会让演员拿摄像机？这不是没有原因的。”

不过，丹和爱德华多却提出了极具颠覆性的见解，他们认为，这些低保真风格的“缺陷”反而能成就一部让人毛骨悚然的恐怖片。没过多久，他们就决定整部电影都以在森林里拍摄的录像为素材。“我们发现，这么做比在一片明亮的森林里安排一个妖怪要恐怖得多，”丹说，“观众从未见过这种类型的恐怖片，他们不知道谁会中途死掉，谁最后能活下来，也不知道接下来会发生什么。”

在这部电影中，我们自始至终都能看到两位导演的野心，一直到最后一幕。在最初的剪辑中，两个学生跑进一间废弃的小屋，他们听到朋友的惨叫声，火急火燎地想去救人。他们跑下楼梯，这时摄像机是开着的。可等他们跑进房间后，观众却既看不到女巫的真容，也看不到那个受尽折磨的朋友的惨状，只能看到一个学生站在角落里。电影的最后一个镜头是从侧面拍的，因为摄像机掉到了地上。观众看到的不是杀戮，而是杀戮之前最令人不寒而栗的时刻。

然而，制片方固执己见，认为电影的结局不能这样模棱两可。于是，丹和爱德华多又回到森林，补拍了一些镜头。补拍的这些镜头更直白、更可怕：一个人脖颈上套着绞索，一个人浑身布满了血淋淋的伤口，还有一个学生被钉死在木棍上。“我们讨厌这样的结局，”丹说，“太落俗套了。”尽管制片方警告丹和爱德华多，如果结局这样开放的话，他们会损失数百万的票房，但这两位年轻的导演还是坚持保留了原先具有神秘色彩的结局。

这部“森林里的电影”就是《女巫布莱尔》。该片于 1999 年 7 月 14 日在影院上映后一举成名，收获了近 2.5 亿美元的全球票房。丹和爱德华多最初制作这部电影的费用约为 25 000 美元，所以《女巫布莱尔》是有史以来最赚钱的电影之一。这得益于：该片推广的主要目标是营造神秘感。发行商不想花钱投放传统电视广告，所以丹和爱德华多专门建了一个网站，给大家讲述这个故事，补充一些关于失踪者的信息。另外，该网站上还能找到一些档案照片、失踪者留下的标记和精心设计的事件发展时间线。这些信息会让一个虚构的故事变得尤为真实。电影上映后，演员的家人还收到了慰问卡。

《女巫布莱尔》大获成功后，他们又拍了两部续集，效仿者无数。从电影《鬼影实录》系列到《苜蓿地》，现在伪纪录片已经成了拍摄恐怖片的常用手法。“我们的拍摄手法居然会如此流行，这多少有些讽刺，”丹说，“我们之所以这么做，是因为我们不得不这么做，一来我们没钱；二来，当时我们觉得，恐怖电影已经不再恐怖了。我们必须抛弃恐怖片的传统。”这大概就是成功的艺术作品的宿命，不断地被人模仿，直到它也沦为俗套。

我们的文化中充斥着旨在取悦大众的内容，它们是大众的消遣和娱乐，是大众打发时间的方式。但是，改变世界的艺术作品是颠覆性的，会让大众感到不安和困惑。大众已经被驯化，养成了惯性模式，他们习惯了期待 X，而好的艺术作品呈现的是 Y 或者 Z。剑走偏锋的策略能够创造出让大众感到惊艳与困惑的艺术作品，就像《女巫布莱尔》。

本章的内容就是关于那些具有颠覆性的诱饵的。我要阐述的是，为什么那些不那么容易理解的艺术作品能让我们更专注，能锻炼我们的思维。也许我们并不喜欢这样的诱饵，至少一开始不喜欢。我们希望看到的是一部更传统的恐怖片，就像《猛鬼街》

那样能猜到结局的恐怖片。我们也许不习惯看到具有颠覆性的恐怖片，但这并不能说明导演的失败，相反，它恰恰说明神秘之诱饵正在发挥作用。

不顺眼的字体更有助于记忆

You will remember this sentence.（你会记住这句话的。）

你也许会问：我为什么会记住上面那句话呢？我们不妨先了解一下心理学家丹尼尔·奥本海默（Daniel Oppenheimer）的研究吧。10 年前，他领导了一项研究，该研究在俄亥俄州切斯特兰的一所公立高中进行。[3] 研究人员要求教师提交他们的书面课堂材料，比如 PowerPoint 演示文稿和工作表。然后，研究人员将这些材料原来的字体换成了所谓的不流畅字体，比如 Monotype Corsiva 和 Comic Sans 斜体。这些字体之所以被称为不流畅字体，是因为它们使用的频率较低。你上一次看书时碰到 Comic Sans 字体是什么时候？因为该研究中所有的教师都要给同一个班级至少上两节课，所以心理学家可以进行对照实验。教师给一组学生授课时的课堂材料使用的是不流畅字体，而给另一组学生使用的是更常见的字体，比如 Helvetica① 和 Arial。

经过几周的教学，学生对教学材料的掌握情况如何呢？研究人员对他们进行了测试。结果发现，几乎每一堂课，那些教学材

① Helvetica 是一种被广泛使用的西文字体，线条均匀流畅。——译者注

料使用不流畅字体的学生的测试成绩明显更好，不那么顺眼的字体似乎更能加深他们对内容的记忆。

字体不仅仅能改善课堂教学效果，在其他领域也同样大有裨益。最近，来自纽约大学的心理学家亚当·奥尔特（Adam Alter）与奥本海默合作，领导了一系列研究。奥尔特在研究中采用的是测试全世界用时最短的智商测试，即认知反应测试（Cognitive Reflection Test，CRT）。[4] 这个测试旨在评估一个人对心理捷径与快速直觉的依赖程度，测试的题目都比较刁钻，单凭直觉往往会答错。认知反应测试有一个经典的问题：如果 5 台机器生产 5 个小部件需要 5 分钟的时间，那么 100 台机器要用多长时间才能生产出 100 个小部件？直觉告诉我们，答案应该是 100 分钟。可惜这个答案并不对，机器需要的仍然只是 5 分钟。当被试回答的题目使用的是不流畅字体时，奥尔特用的是浅灰色的小字，被试答错的概率就低得多。当回答的题目使用的是易读字体时，90% 的被试至少答错 1 道题；而使用不流畅字体时，错误率降到了 35%。也就是说，从知觉层面来看，被试需要努力地去看清字体，这能让他们更好地、更深入地思考。

你不妨仔细想想，这项研究的奇怪结论到底意味着什么。字体排印的首要目标是创造出易读的文本，在数字时代，这一点尤为重要。举个例子，亚马逊曾自夸说，他们为 Kindle 定制的 Bookerly 字体能让眼睛少费力，让读者“阅读的速度更快，眼睛更不易疲劳”。再比如，在设计公司 logo 时，也要最大限度地提高字体的流畅性，这也是为什么美国航空、Jeep、百货巨头塔吉特、雀巢和丰田汽车的 logo 用的字体都是 Helvetica。讽刺的是，研究表明，**如果一种字体处理起来毫不费力的话，就不容易被人注意和被人记住。**果然是越容易看明白，忘得越快。

为什么不流畅的字体能帮助我们更好地学习和思考呢？原因在于人类的大脑天生就是懒惰的，为了节约能量，我们总想少费点脑子。你的大脑每天只需要消耗大约 300 卡路里（1 卡路里 =4.182 焦耳）的热量，相当于一条士力架的热量。[5] 我们需要的是高效的大脑，所以常常会依赖心理捷径，比如我们会粗略地估算某件事发生的概率，或者武断地去评判别人。但捷径并不是更快的思考方式，而是完全跳过了思考这一步。

现在回头说说那些看起来比较费力的字体。因为我们不熟悉它们的形状，觉得很难辨认，所以大脑就得多辛苦些，Comic Sans 字体带来的兴奋感能唤醒我们的大脑，或者至少能阻止我们像平时那样偷懒省事。“复杂的字体……就像一个警报器，”奥尔特写道，它向我们发出信号，“我们需要调动更多的脑力才能克服眼前的困难。” [6]

我们甚至可以观察到大脑的活动。巴黎法兰西公学院的神经科学家斯坦尼斯拉斯·迪昂（Stanislas Dehaene）① 通过神经解剖学手段，帮助我们更好地了解阅读时大脑的活动。[7] 研究表明，

① 全世界极具影响力的认知神经科学家之一，欧洲脑科学研究领域的领头人，世界脑科学领域大师级的人物。其著作《精准学习》《脑与意识》《脑与阅读》《脑与数学》中文简体字版已由湛庐引进、浙江教育出版社出版。——编者注

会认字的人一般会用两条截然不同的神经通路来理解文字。一条神经通路被称为腹侧通路，这条通路快速而高效。整个过程是这样的：我们看到一组字母，将这些字母转换成一个单词，然后理解这个词的语义。德阿纳指出，“熟悉的字体”能激活这条通路，它的运转还需要一小部分大脑皮质，即视觉词形区（Visual Word Form Area，VWFA）的帮助。当你在阅读一个很简单的句子时，几乎可以肯定的是，你依赖的正是这条快速的神经通路[8]，所以阅读起来才会毫不费力，易如反掌，因为我们用不着仔细琢磨书本里的那些符号的具体意义。

但是腹侧通路并不是阅读的唯一途径。还有一条通路叫背侧通路，当我们被迫有意识地去关注一个句子时，比如遇到生僻词或不熟悉的字体时，大脑就会启动背侧通路。[9]德阿纳在实验中通过各种方式激活这条神经通路，比如把字母倒过来，或者在不该用逗号和分号的地方点上这两个标点。尽管科学家过去以为，识字的人的背侧通路并不活跃，但德阿纳的研究表明，不流畅和不熟悉的字体可以改变我们的阅读方式。当我们看到不流畅的字体时会猛地打起十二分精神，要想看懂这些字，就得多费点力气。既然文字的难度增大了，我们就必须集中精力。

维克多·什克洛夫斯基（Viktor Shklovsky）是苏俄形式主义的发起人之一。1917年，什克洛夫斯基发表了一篇很有影响力的文章，阐述了不流畅美学的益处。首先，他注意到人类的大脑会自然而然地忽略一些内容，它并不擅长觉察事物。什克洛夫斯基认为，艺术的功能就是要防止这种倾向，就是要把现实变得陌生①，以重建大脑的注意力。什克洛夫斯基写道：

> 艺术的存在是为了唤醒人对生活的感知；它的存在是为了让人感受到事物；让石头变得坚硬…… 艺术的技法是使物体变得“不熟悉”，让形式变得困难，增加感知的难度和时间。[10]

以诗歌为例，它就是一种以不流畅和不熟悉为基础的艺术形式。诗歌创作经常会打破写作的常规，其创作的唯一要求是要让读者感受到语言的不同。正如诗人兼评论家简·赫什菲尔德（Jane Hirshfield）所写的，诗歌会提醒我们注意到“无用之有用”。[11] 一直以来确实如此。《奥德赛》是历史最为久远的文学作品之一，以六音步扬抑格写成，节奏匀称，与日常使用的语言截然不同。《奥德赛》所用的词汇也很不同寻常。“不同时期的词汇混合使用，古希腊方言掺杂了不同地区的语言，”译者艾米丽·威尔逊（Emily Wilson）写道，“句法虽然相对简单，但单词和短语的组合方式与平常人们说话的方式并不一样。”[12]

这种陌生、不熟悉的感觉会让人觉得《奥德赛》抽象晦涩——毕竟谁有闲工夫去欣赏这种不流畅的艺术？但这也意味着，最好的诗歌能改变我们对语言漠不关心的事实，能让我们以全新的方式看待本来就认识的词汇。1921 年，玛丽安娜·穆尔

---

① 什克洛夫斯基用的俄语词是 *ostranenie*，也被译成“疏远”或“使人陌生”。

（Marianne Moore）[①] 在《诗》中写道：

我也，不喜欢它：有些事情，
远比这玩意儿，
重要。
然而，要阅读它，十分不屑地去阅读，
你会发现，它里面，
毕竟，有真实之处。

穆尔是在提醒我们，发现真实与诗歌艺术是紧密联系的，正是诗歌的不连贯迫使我们集中注意力，迫使大脑启动费时费力的背侧通路。不落窠臼的语言会让我们的阅读速度慢下来，让我们有机会注意到常常被忽略的“真实”。

也许没有哪位诗人会比艾米莉·狄金森更通晓不流畅的作用。生活在一个非常注重诗歌格律的时代，狄金森反对一切结构和传统。[②] 她并不遵循语法规范，她把破折号当作逗号使用，用

① 20 世纪美国著名的女诗人，曾获得普利策诗歌奖、美国国家图书奖，1968 年荣膺“国家文学勋章”。——译者注

② 我们可以把狄金森的诗歌与 19 世纪美国最著名的诗人亨利·华兹华斯·朗费罗（Henry Wadsworth Longfellow）的诗歌《白昼已告终》的开篇做一番比较：

白昼已告终，黑暗，
从夜的翅膀上滑落。
就像羽毛，
从翱翔的苍鹰身上飘落。

朗费罗使用的诗歌结构就是大家最熟悉的诗歌结构，即简单抑扬格和儿歌的押韵方式（如 ABCB）。因此，读者即使是第一次读这首诗，理解起来也很容易。

加号表示不确定，单词和隐喻的使用也不落窠臼，让人意想不到。在她的诗歌中随便找一句几乎都能验证这一点，比如“痛苦有一种空白的性质”。

但狄金森诗歌的这种陌生感并没有让她受到读者的欢迎。狄金森一生只发表了 10 首诗，还都是匿名发表的。1886 年 2 月，狄金森的一首诗被刊载在《斯普林菲尔德每日共和报》（*Springfield Daily Republican*）上，她抱怨编辑们毁了她的诗句，因为他们不仅改变了那首诗原本的不流畅，还去掉了所有的破折号和数学符号。狄金森写道，出版的诗歌是“从我这里抢走的——很失败……因为那些标点符号”。[13] 在未经允许的情况下，报纸居然随意改动她的诗歌，这让她决心“不发表”自己的作品。因为一旦发表就得遵从规则，而她拒绝那么做。

要了解狄金森诗歌风格的与众不同之处，你不妨了解一下狄金森的信封诗。狄金森会随手在碎纸片和空白信封上写诗，这些诗就是一个文学的宝库。以下是 A316 号诗歌的内容：[14]

噢，奢华的时刻，
再慢一点去，
那样我会为你得意洋洋，
挨饿将再也不会一模一样，
既然我看见富足，
那时或现在，
哪个是去挨饿，

不同的一日，
让他引领走向绞刑架，
伴同天空的清晨。[15]①

这是一首感慨生命转瞬即逝的短诗。狄金森希望能留住自己的感受，能“得意洋洋地”享受眼前这一刻，但时间总是匆匆地溜走。

狄金森的天才之处在于，她的诗歌虽然不流畅，却为我们提供了应对不流畅的办法，以鼓励我们去仔细琢磨她的文字的“奢华 / 时刻”。我们对于狄金森的诗歌形式非常陌生，也只有这样，她才能教会我们如何“得意洋洋”，如何仔细阅读，如何留心纸上的标记，她创造了她自己的“富足”。而狄金森能做到这些，是因为她用的是我们从未见过的创作风格。

狄金森赞美这种陌生感。对狄金森来说，不流畅不仅仅是审美的选择，也呼应了诗歌的深刻主题。她希望自己的诗歌难以捉摸，因为这个世界本来就难以捉摸。如果说她的诗歌极富神秘，那是因为世间万物本就是神秘的，至少在你认真审视万物时是如此。我们只是习惯于忽视这些神秘，我们步履匆忙，心中毫无敬畏，但狄金森想让我们找回认真和敬畏。恰如狄金森在她最为世人推崇的一首诗中所写：

---

① 译文摘自：艾米莉·狄金森．栖居于可能性 [M]. 王柏华，等译．成都：四川文艺出版社，2018。——译者注

但大自然终归是个陌生人，
那些最爱赞美她的人，
从未经过她的魂灵之屋，
也从未看清她的魂灵。

有人说，作为一名作家，狄金森生错了时代。她像是一位生活在南北战争时期的女性诗人，写出的却是现代主义诗歌。她抛开了诗歌传统的羁绊，而在她死后 50 年，这样的传统仍然根深蒂固。从许多方面来看，现代人仍然在追赶她，誊写并努力去理解她写在信封、巧克力包装纸和散落的笔记本纸张上的诗句。狄金森认为自然是神秘的，她的诗歌同样如此：

那些知道她的人，靠得越近，
知道得越少。

始料未及的故事更让人意犹未尽

1934 年 10 月，格特鲁德·斯坦因踏上她对美国 37 个城市的访问之旅。在此前不久，她出版了《艾莉斯自传》（*The Autobiography of Alice B. Toklas*），这是她的第一本畅销书。热情的读者都想一睹这位已移居法国的知识分子的风采。时代广场上的新闻广告牌发出告示，称斯坦因将乘蒸汽轮船抵达纽约[16]，记者们争相采访她，《纽约时报》描述她“衣着朴素”，像个修女一样。[17]

斯坦因抵达纽约后，在布鲁克林音乐学院首次公开露面，现场座无虚席。当晚的听众中有一位名叫玛格丽特·布朗（Margaret Brown）的年轻姑娘，她正苦苦奋斗着，想成为一名作家。布朗是个很有反叛精神的漂亮姑娘，一头乱蓬蓬的卷发，只喜欢穿宽松肥大的衣服。斯坦因认为语法规则和标点符号妨碍了读者对于内容的真正理解，布朗对她的观点非常感兴趣。①布朗大学时上英语写作课非常吃力，正是因为语法不好。[18]斯坦因希望她的作品能够反映出所有写作的局限性，迫使她的读者注意到语言规约的束缚。这让她的作品理解起来非常困难，也很有争议，但同时也拓宽了艺术的可能性。斯坦因在《艾莉斯自传》中写道："如果你想去创作点什么，而创作的过程很复杂，那么你的作品必然是丑陋的，而在你之后的人，他们就知道应该怎么做，而且会做得很漂亮。所以他们做出来的东西大家都很喜欢。"

遗憾的是，布朗很快就不得不放弃了她想成为下一个斯坦因的梦想。她写了多年短篇小说，却一篇也没卖出去。她受够了长岛的郊区生活，搬到了曼哈顿，申请到由露西·斯普拉格·米切尔（Lucy Sprague Mitchell）创办的一所进步主义学校——银行街教育学院（Bank Street College of Education）担任老师。该学院以约翰·杜威（John Dewey）的哲学为蓝本，创造出一种新的教育方式。传统教学方法强调死记硬背，而杜威认为，真正的学习是在做中学，学生应该在教室里动起来，而不是"静听""静坐"。学习化学最好的办法就是让学生学做饭，木工课能让学生

① 正如斯坦因所说："如果读者在阅读时都不知道一个问题是个问题，那就算加上问号也无济于事。"

学到几何学知识，公民教育课应该让学生行使投票权。教师不应该把知识作为静态的、固定的课程教授给学生，而应该注重探索和实验。

布朗很欣赏这种教育理念，这让她对传统更加怀疑，但她在学生管理方面却心有余而力不足。学校的一份评估报告批评她“让班级秩序更混乱”。另一份报告指出，她把艺术橱窗里弄得乱七八糟：她打翻了两盒胶水，后来也没清理。[19]

但布朗并没辞掉这份工作。米切尔鼓励她重拾写作，唯一的不同是，这一次她要专注于儿童读物。米切尔已经厌倦了传统童话故事，她希望布朗创作的作品能够让儿童在平凡的生活中看到奇迹。“只有像睁眼瞎一样的成年人才会觉得熟悉的东西无趣而乏味，”米切尔写道，“通过呈现奇异的、不真实的东西来逗孩子开心，这是孩子的不幸，是像睁眼瞎一样的成年人一手造成的结果。”

布朗在着手创作她的第一本绘本时，又回到原处，从她最喜欢的作家格特鲁德·斯坦因那里寻找灵感。斯坦因是她心目中文学领域的英雄，布朗想效仿斯坦因，挑战迂腐的、形式上的成规。斯坦因曾经说过：“每个人都在重复说着同样的事情、大同小异的事情，一遍又一遍。”在布朗看来，儿童文学尤为如此，似乎只局限于看个开头就知道结尾的童话和具有说教意味的儿歌。布朗认为，即使是一两岁孩子看的故事书，也应该多点创新。

1946年，布朗只用了一个早上就写出了她的代表作，而从这个故事中，我们一眼就能看出斯坦因对她的影响。这个故事的灵感来自一个梦：在一间绿色的卧室里，有个小女孩正准备入睡。房间里传来各种各样的声音，这可把小女孩吓坏了，最后她从心爱的宝贝那儿得到了抚慰。布朗醒来后，立刻把梦境记了下来。她给这个故事起了个名字叫《晚安，月亮》，在故事的开头，她把"绿色大房间"里的每样东西都介绍了一遍：红色的气球、两只猫咪、一副手套，还有一只兔子妈妈在轻声地说"嘘"。故事里说话的人是很和善的父母，正在耐心地教孩子，这样或那样东西叫什么。这个故事的开头很能安抚孩子，接着说话的人又回到刚刚指认过的东西，跟它们说晚安："晚安，房间。晚安，月亮。晚安，红气球。晚安，跳过月亮的母牛。"

如果布朗写的只是一本传统的儿童读物，那她只要在开头说晚安，然后把这个故事的前半部分重复一遍就行了，因为重复是儿童文学的基本套路。但布朗没有这么做，她引入了一个新的角色，那就是真正的月亮。在故事的前半部分，我们只是在墙上挂的画中看到了一轮新月，并没有看到夜空中真正的月亮。在故事的后半部分，布朗回到了既定的重复模式，小女孩要跟刚刚看到过的东西说晚安，比如画中跳过月亮的母牛。但随后她再次打破了这一模式，加入了之前没看到的椅子，然后回到熟悉的小猫、手套和熊。

关键在于，布朗并没有按照预期的模式写，也就是说，这个故事的后半部分并不是一味重复。她引入了一系列新的东西以唤起读者的注意力，这样读者就不会想当然地以为，后半部分的内容和节奏跟前半部分完全相同。这会让读者在已知与未知、熟悉与陌生之间来回切换，从而为这样一个简简单单的故事平添了许多魅力：每一页都有些许神秘。

故事眼看就要结束，内容也越来越让人摸不着头脑。在对刷子说了晚安之后，书中出现了一页空白，只有下方印了一行字："晚安，不在这里的人。"接着，在跟老奶奶说过晚安后，画面切换到了绿色房间外面的世界，从窗户飞向了更广阔的世界。"晚安，星星。晚安，天空。晚安，所有角落的声音。"

故事到这里结束了。不是以老奶奶的低语声结束的，那是大家能想到的结局，而是赞美了夜晚所有的声音。作家艾梅·本德（Aimee Bender）这样评价布朗："从某种程度上说，故事的结局必须能让人感受到，就好比敲琴键，这个音不仅要准，还需要自信和大胆。它能让读者意犹未尽，同时也接受这样的结局——它不是乐曲中明显的结束音，也不是完满的大三和弦。"[20]

但并不是所有人都喜欢布朗这个具有颠覆性的小故事。纽约公共图书馆儿童读物的负责人拒绝购入《晚安，月亮》，她不喜欢书中那些匪夷所思的插画，在进行内部评议时，她表示，这个故事"过于感伤，叫人无法忍受"。[21] 但布朗并不在乎。斯坦因让布朗明白，故事读起来有些费劲并不是坏事。**能够吸引我们注意力的并不是我们意料之中的模式，反而是让人始料未及的模式。**不是单纯的重复，而是令人惊讶的新旧结合。所以，轻微的不和谐是对孩子更好的艺术熏陶。布朗要让他们明白，优秀的艺术作品的基本模板是这样的：它让人想起熟悉的模式，然后通过某种方法来破坏这种模式，从而颠覆我们的期望和假设。①

《晚安，月亮》在刚出版的几年里几乎没卖出几本，大家都不知道该如何评价这样一本受到现代主义启发的儿童读物。但是，故事中那些出人意料的文字却有一种难以抗拒的神秘感。一年又一年过去了，《晚安，月亮》逐渐成为畅销书，1970 年，这本书的销量接近 2 万册。此后，它跻身于有史以来最受欢迎的儿童读物之列，总销量约 5 000 万册。遗憾的是，布朗在世时并没有看到这本书大获成功。1952 年，她死于血栓，又过了很多年，《晚安，月亮》才被奉为儿童经典读物。虽然如此，但创作这本书给了她打破常规的勇气和信心。手稿交付后，布朗把她的卧室墙壁涂成了绿色。

颠覆性的广告成就好的销售

1947 年 5 月，精信广告公司（Grey Advertising）的创意总监比尔·伯恩巴克（Bill Bernbach）写了份宗旨说明，后来这份

---

① 但颠覆旧的模式绝不能鲁莽草率。绘本《晚安，月亮》里有很多细节是布朗和出色的插图画家克莱门特·赫德（Clement Hurd）深思熟虑的成果。故事开始时，小兔子已经躺在床上，好像就要入睡了，画中时钟的时针指向 7 点。但家长们都知道，哄孩子入睡可不容易。当小兔子跟所有角落的声音说晚安时，也许它已经迷迷糊糊了，时针指向 8 点 10 分，窗外的天空也升起了一轮明月。对于细节的关注是布朗的标志性特点，即使是最简单的故事也非常细腻，层次分明。

说明改变了整个广告行业。但在当时，多数人觉得他这么做是在自毁前程。在给老板的备忘录中，伯恩巴克抨击了广告行业的商业行为模式，他认为，正是这些模式扼杀了广告行业的创造力。“广告公司的规模越来越大，”伯恩巴克说，“这是一件令人高兴的事，但同时也让人忧心忡忡。说句实话，我担心得要死。”[22]

他之所以担心，是因为要想做大做强就必须按照其他人制定的规则来，听命于那些自信满满的营销“纯技术工”，而那些人正在把广告变成一门巧言令色的“科学”。“他们告诉你，一句好的广告词应该多短、多长，”伯恩巴克写道，“他们告诉你，广告的正文应该分成几部分，这样会更吸引人，读起来也更容易。他们会告诉你一个接一个的事实。”但伯恩巴克认为，这种“事实”令人窒息，也势必会让广告变得“毫无新意，千篇一律，让人审美疲劳”。正如伯恩巴克后来所说：“规则就应该由艺术家打破，真正让人印象深刻的东西绝不会按套路来。”[23]伯恩巴克想做一名艺术家。

不出意料，精信广告公司的管理层对伯恩巴克的一番肺腑之言很不以为然。毕竟，那些“纯技术工”帮他们赚得了丰厚的利润。没过多久，伯恩巴克就与精信公司的同事内德·多伊尔（Ned Doyle）商量着打算另立门户。1949 年，他们与生意人麦克斯韦·丹恩（Maxwell Dane）合作，租下了麦迪逊大道的一个顶层房间作为办公室。DDB 广告公司，即恒美广告公司，就这么诞生了。伯恩巴克说：“没有什么能阻挡我们，甚至标点符号也不能。”

创业早期生意很不好做。大规模的广告公司常常鄙夷地称恒美是“两个犹太人和一个爱尔兰人”搭伙。[24]他们敢于打破常规，但这让客户对他们敬而远之。虽然战后经济一片繁荣，但相信“纯技术工”似乎是更保险、更明智的做法。好在价格亲民的连锁百货公司 Ohrbach’s 与脆皮黑麦面包生产商 Levy’s Bakery 选择了恒美，他们才免于破产的厄运。尽管这些广告的投入并不大，Levy’s Bakery 只给了 5 万美元的预算，但他们确立了大胆、颠覆性的广告风格，这一风格后来成为恒美的标志。

对伯恩巴克来说，这种颠覆有其目的。他明白，民众对于他从事的广告行业所传递的信息并不喜闻乐见。因为，他们想看的是电视节目，根本没兴趣了解黑麦面包。这意味着每个广告单元里都得有一个极具创意的诱饵，一个让观众乐意看下去的小谜团。“最稳妥的做法也是最危险的做法，因为你给人们呈现的是一个他们早已见过的创意，这样的广告根本没有任何作用，”伯恩巴克说，“模仿前人无异于自取灭亡。”[25]

在图片和标题之间创造一种张力是伯恩巴克最有效的策略之一。虽然所有的平面广告都用图片来强化文字信息，比如图片中有位笑容满面的消费者正在使用某产品，看起来十分享受，但伯恩巴克却希望图片和文字之间存在冲突。要让消费者看到图片、读了文字之后有一两秒的困惑，要让他们费点气力才能弄明白这两者是如何结合起来的。也就是说，这样的广告需要消费者去分析，并促使消费者思考一些问题，而要获得这些问题的答案就会刺激消费者的购买行为。

恒美后来为大众汽车创作广告，这种不和谐的风格在这条广告中达到了创造性的巅峰。20 世纪 50 年代末，这家德国汽车生产商在美国市场只销售一种车型，即甲壳虫。虽然该车型的销量一直在稳步增长，但它面临的是来自福特、克莱斯勒和通用汽车的竞争，因为这几家生产商也开始制造紧凑型汽车。大家都以为，已经过时的甲壳虫会被新的车型所替代，新车型不仅发动机更强劲，电子控制技术更先进，尾部的装饰物也更时尚。大众汽车责成恒美公司，要确保甲壳虫在竞争中不会被淘汰出局。

当时的汽车广告都遵循严格的范本，那就是高度风格化的汽车图像，开车的男性衣着入时、潇洒自信，女性对他青睐有加、爱慕不已，然后配上几段文字，说明最新车型的创新之处。

伯恩巴克意识到，大众汽车的广告必须用一种截然不同的创作方法。他们得摒弃常规的广告词，如“动力更强劲！驾驶更平稳！”甲壳虫广告不能这样说，因为它的马力只有 40 匹，悬挂减震系统也落伍了，而且预算也有限，大众汽车总共只付给恒美 80 万美元。[26] 考虑到这些苛刻的条件，伯恩巴克与他出色的创意团队①决定打破一切规则。他们并没有用饱和的颜色来凸显汽车光亮的外形，而是用了黑白图片，背景是一片空白。经济型广告非常适合甲壳虫这样的经济型车型。

不过，这条广告最重大的突破是文字。恒美的任务是要让消

① 由朱利安·凯尼格（Julian Koenig）和赫尔穆特·克朗（Helmut Krone）领导。

费者知道大众汽车质量过硬，所以他们得在广告中强调大众汽车的质检员数量之多。传统的平面广告可能会用几张工厂的照片与几段文字来凸显产品质量过硬，但伯恩巴克的团队所创作的广告却是用一个谜题来吸引消费者。在广告中，我们可以看到一张极简风格的甲壳虫图片，下面的标题是“柠檬”（见图 3-1）。[27]①

图 3-1 甲壳虫广告

---

① 图片与文字之所以能相得益彰，是因为伯恩巴克坚持认为，广告文案作者与艺术总监应该共同达成广告的创意理念。而在其他广告公司，通常是先写好标题和文案，然后再交由艺术总监设计。

这样具有颠覆性的广告是伯恩巴克下的大赌注，为什么大众汽车要对自己的车型这样吹毛求疵？当读者看这条广告时，注意力一定会被吸引过去。正如伯恩巴克所言："你根本没法向一个没在听的人推销任何东西。"而这则广告的标题"柠檬"就是要人们去倾听，同时也让人们记住。

在第 1 章中，我们从研究中了解到，好奇心的调动与海马活动增强有关，而海马是大脑中与学习和记忆有关的区域。伯恩巴克的广告似乎预见了这一结论，用问题与幽默抓住观众，这样一来，我们一定不会忘记他要销售的产品。

但伯恩巴克知道，只有一个醒目的标题并不够，他希望广告的每个细节都能给人以全新的感觉。"激起人们兴趣的不仅仅是你说的话，"伯恩巴克说，"还有你说话的方式。"[28] 以文字设计为例，伯恩巴克给文案排版时，用了大量的寡行和孤行，因为他希望广告看起来要"专业"、考究。就连大众汽车的标志也被放在一个不寻常的位置，在第二栏和第三栏的边界处。这些细节很出人意料，因为其他汽车公司广告的文字都是两端对齐的，中央是一个很醒目的品牌 logo，因此这些细节增加了悬念感。因为我们以前从未见过这样的东西，所以我们渴望知道更多。

最近，一项关于不流畅文字的研究证实了这种营销策略的有效性。伊利诺伊大学香槟分校的心理学家通过一系列实验发现，**让人们看不熟悉的字体可以帮助他们保持开放的心态，激发他们去有意识地思考。**[29] 这也正是伯恩巴克需要的思考方式，因为恒美专门给所谓的挑战者品牌做广告，也就是那些试图从更成熟的竞争对手中抢夺市场份额的公司。他必须创造一种新的视觉形式，让观众摆脱先入为主的观念。甲壳虫并不是一款技术落伍、价格低廉的车型，它是质量过硬的“德国制造”。

一旦信息的神秘性引起了杂志读者的关注，伯恩巴克就可以进一步让读者了解大众汽车的质检员是如何精益求精的。恒美的天才文案写手朱利安·凯尼格（Julian Koenig）以一种欢快的聊天语气写下了这篇广告词。广告词的开头是：“这辆大众汽车质量不过关。前排杂物箱的镀层有点划痕，必须更换。”接下来的几段话也是在强调“德国制造”对于质量的追求，然后凯尼格给出了那句完美的广告词：“我们挑出柠檬，你们得到李子。”①

化繁为简并不容易。恒美公司广告创意人员的天才之处在于，以极其精准的方式创造出颠覆性的广告。他们打破了常规，但每一次越界都是深思熟虑的结果，都能有效强化广告想要传递的信息。伯恩巴克是这样告诫他的团队的：“产品，产品，不能脱离产品。”[30] 生动的标题、黑白照片、无衬线字体，甚至是孤行排版，这些让人意想不到的选择都传递出甲壳虫轿车的优点，那就是经济实用。正如伯恩巴克在他多年的行业宗旨说明中所写的那样，细节成就了广告艺术。“让我们开辟出新的道路，”他写道，“让我们向世界证明，好的销售也是好的品位、好的艺术、好的文字。”

---

① 这里的柠檬是指不合格的车，李子是指十全十美的车。——译者注

这就是好的销售。在三大汽车公司推出全新的紧凑型车型 3 年后，进口车数量减少了近 50%。唯一的例外是甲壳虫，它的销量仍持续攀升。

打破常规的音乐更能捕获听众的注意

卡尼·韦斯特不得不逃离风暴旋涡。在 2009 年度 MTV 音乐录影带奖颁奖礼上，他打断了泰勒·斯威夫特（Taylor Swift）的发言，自此麻烦不断。当时斯威夫特获得了最佳女歌手奖，她还没来得及说完获奖感言，韦斯特就跑上台夺过话筒说："嘿，泰勒，我为你感到高兴，我也会让你说完，但碧昂丝（Beyoncé）的 MV 才是最好的，"他喊道，"有史以来最好的 MV 之一！"

他的举动立刻引起骚动。有报道称斯威夫特在后台号啕大哭，连碧昂丝本人也批评韦斯特不应该如此冒犯。情况非常糟糕，后来韦斯特不得不取消他与 Lady Gaga 的国际巡演。

韦斯特逃到了他的天堂。准确地说，是 Avex 火奴鲁鲁录音公司，该公司有多个录音室，位于郊区的商业街，就在 Kalaniana'ole 高速公路旁。（Avex 靠近商业街里面，在一家连锁药店后面。）韦斯特已经预定了 Avex 所有的录音室，只要他需要，录音工程师就会 24 小时待命。早上在火奴鲁鲁基督教青年会打完篮球后，韦斯特与他的说唱歌手、制作人和音乐家团队就会轮流进入 Avex 录音室，开始捣鼓音乐。这可不是一个线性的过程，而且恰恰相反，一首曲子就算录完了，也会改来改去。韦斯特先是一心扑在一首曲子上，等到几周过后兴趣索然了，再调整节拍，重写歌词，总之，在 Avex，唯一不变的就是变化。“我从没像韦斯特在夏威夷那样投入地工作过，”黑人饶舌歌手 Q-Tip 回忆说[31]，“每个人的意见都很重要，很重要……要是有快递小哥来录音室，而且韦斯特也喜欢对方的话，他们就会聊上一会儿。韦斯特会说，‘来，听听看，说说你的想法’……每个人都有自己的声音、自己的观点，所以他是诚心诚意地想听听别人的意见，无论好坏。”

韦斯特在瓦胡岛待了几个月，着手创作一首名为《逃离》的新歌。制作人埃米尔（Emile）的伴奏给了他这首歌的灵感。“有天深夜，我们还在 Avex 瞎忙，韦斯特问我有没有想到什么好的伴奏，”埃米尔回忆道，“没特别好的，我们就是随便玩玩。”接下来发生的事成了嘻哈音乐界的传奇。韦斯特只听了几分钟新伴奏，就告诉工程师：“好，用 Pro Tools① 加入新伴奏。”他话音刚落，埃米尔回忆道：“一屋子的人都说，‘哦，该死’。”然后韦斯特走到麦克风前，干净利落地唱出了《逃离》的旋律和歌词。[32]

当流行音乐排行榜上充斥着诱惑女性的歌曲时，韦斯特却反其道而行之，他要她们远离这一切，警告她们趁早逃跑。

① Avid 公司出品的音频制作软件。——译者注

宝贝，我有个主意，
能跑多快就跑多快，
从我这儿跑掉，能跑多快就跑多快。

韦斯特担心人们会觉得他的警告不够真诚，又在歌词中提议为恶棍、混蛋和卑鄙小人干杯，而他正是他们中的一员。嘻哈音乐的典型风格就是“吹嘘体”，饶舌歌手们会通过歌曲来标榜自己有多厉害，能让多少女孩上钩。但《逃离》却不是这样，它颂扬的是自我厌恶。

这首歌不仅歌词具有颠覆性。[①] 当韦斯特在录音室对这首歌进行进一步打磨时，他又添加了一些音乐元素，刻意打破了嘻哈音乐的固有模式。最开始你会听到重复的钢琴泛音，高音 E 弹奏了 15 次。这是在模仿利盖蒂（György Ligeti）的钢琴作品《莱切卡组曲之二》，这支曲子的特点也是一个单音重复多次。钢琴旋律随后下降了一个八度，然后升到高 E 降音，接着是低 E 降音，然后是高 C 强音，最后是低 C 强音，如此循环反复。曲调很忧伤，琴声如泣如诉，而且韦斯特还把它拉长了近 40 秒。按照普通人的想象，这样的旋律压根儿就不适合做电台歌曲的开头。

---

① 韦斯特的音乐风格极为多变。虽然德雷克的专辑一听就是德雷克的风格，但韦斯特在每一张新专辑中都能重塑自己。专辑《迟来的注册》（*Late Registration*）是花栗鼠灵魂风，而专辑《心碎节拍》（*808s & Heartbreak*）则是阴郁的电子极简风，而这种风格又被《逃离》和《我的奇特幻想》（*My Beautiful Dark Twisted Fantasy*）两张专辑的极繁风格所取代。如果说这些优秀的音乐作品中有反复出现的主题，那就是对音乐传统的怀疑。韦斯特的音乐唯一不变的就是拒绝服从。

就在听众的耳朵刚刚适应简洁的钢琴音符时，紧跟而来的是极为强烈的贝斯旋律，然后是尖锐的军鼓声和瑞克·詹姆斯（Rick James）①现场演出采样的循环。但韦斯特并不满足于钢琴与节奏了无新意的结合，即钢琴音符与每小节的第一和第三拍相吻合，也就是所谓的强拍。几乎每一首流行歌曲都会遵守这一惯例，这样音乐会听着更悦耳。韦斯特知道这一点。他不仅深谙听众的期待，还喜欢颠覆听众的期待，让他们大吃一惊。

因为《逃离》这首歌一开始只有钢琴演奏，听众就以为钢琴的音符是在第一和第三强拍上演奏的。虽然还没有节奏，但韦斯特明白，听众的期望会填补空白。可就在鼓声响起时，听众发现自己的判断是错的，因为钢琴是在第二和第四的弱拍上敲击的。正如音乐家、播客主播科尔·库奇纳（Cole Cuchna）在对这首歌进行了一番仔细分析后所说："这就是鼓声进来时总能给人以冲击的原因，无论这首歌你听了多少遍……它总是出乎我们的意料，我们的身体和大脑需要花些时间才能适应陡然加速的脉搏。"[33]

很多歌曲的节奏会被听众忽视，就像我们会听不见钟表的嘀嗒声。但是，《逃离》中的各种声音颠覆了我们的音乐预期，它们并没有在我们预期的时间节点出现，从而造成了预测误差并成功地捕获了我们的注意力。

---

① 美国歌手、作曲家、多乐器演奏家，被称为"Funk"教父。——译者注

韦斯特有他自己的伴奏，而且不按常理出牌。① 这些在火奴鲁鲁创作的歌曲有着层次丰富的采样和声音。《逃离》一开始是零星的钢琴泛音，这其实最简单，但接下来琴声化为饶舌歌手 Pusha T. 的骂人声伴随着扭曲变调的鼓声采样。韦斯特是这样评价自己的明星身份的：“我现在的存在就像赤耳包边的牛仔裤，像爱马仕中古包。瑕疵只会让它变得更美好。”[35]

《逃离》的最后几分钟用了同样的技巧。韦斯特在用了将近 6 分钟的时间“赞美”自己的混蛋行为后，又回到了钢琴独奏的泛音。我们以为他会像一般歌曲那样结尾，即重复开头的旋律，伴随着轻柔的淡出，也许还有高音 E。这是常见的流行歌曲循环模式。

韦斯特却反其道而行之。我们接下来最先听到的是喃喃低语，背景是两把大提琴的琴声。有些人坚持认为韦斯特是在说“我很诚实”；有些人则认为他说的是“没有钢琴”。我们根本听不清他在说什么，因为 Auto-Tune，这种传统上被用来修复有缺陷人声的音乐设备，对他的声音做了很多处理。② 可韦斯特却用 Auto-Tune 将自己的声音扭曲得面目全非，他把音高校正器参数

① 人类的大脑最感兴趣的是节奏的些许不完美。哈佛大学、马克斯·普朗克动力学和自组织研究所的科学家最近做了一项研究，研究表明，人类鼓手往往会系统性地偏离节拍器或鼓机节拍器，每一拍都会提前或推迟 10 到 20 毫秒（这比眨眼的时间还短）。然而，人类的这些偏差并不是完全随机的。相反，最好的鼓手往往会偏离“完美”节拍，而且遵循一定的规律。“（人类鼓手）往往会这样，”哈佛大学的物理学家霍尔格·亨尼格（Holger Hennig）告诉《哈佛公报》，“例如，连续 30 个节拍都比节拍器的节奏提前，而在半分钟前，他可能比节拍器的节奏要快一点。这种变化听着很舒服。”[34] 简而言之，我们希望节拍会有所变化，但变化又不能杂乱无章。变化会带来一些神秘感。

② Auto-Tune 可以修正音高，将声调提高或降低到最接近的正确半音。

设置到最大，还搭配使用了失真滤波器和模糊音装置。结果就是我们会听到一段声音，像电吉他在哀鸣，没有歌词，只有纯粹的情绪宣泄，用我们之前从未听到过的噪声来表达。“在《逃离》的最后片段，我的声音变成了吉他声，当我这样做时，我流泪了，”韦斯特后来说，“只是哼唱那些抽象的音符就能叫我落泪，这些音符比文字更有表现力。”

抽象的艺术形式最迷人

20 世纪 50 年代末，一位名叫莱昂纳德·迈耶（Leonard Meyer）的音乐学家发表了一系列技术论文，试图解决古老的音乐之谜。从亚里士多德到叔本华，几千年来，这个谜题让无数人为之困惑，即抽象的艺术形式为何能激起人们强烈的情感？

为了弄清这个谜团，迈耶分析了各种各样的歌曲和交响乐，从贝多芬《升 C 小调弦乐四重奏》到三角洲蓝调。[①] 他还研究了勃拉姆斯的钢琴奏鸣曲和东非民间音乐的节奏，以及中国的琵琶旋律和意大利咏叹调。迈耶认为，这些音乐虽然种类存在差异，但其实使用的是相同的美学策略，虽然旋律听起来不一样，但都是通过相同的策略激发情感。

1959 年，迈耶在他的论文《浅论音乐的价值与伟大》中清

① 三角洲蓝调是最早的蓝调音乐形式之一，起源于美国密西西比河流域的三角洲地区。——译者注

晰地阐述了他的论据，这个论文标题可真是够谦虚的。[36] 迈耶将约翰·塞巴斯蒂安·巴赫（Johann Sebastian Bach）的赋格曲和弗朗西斯科·吉米尼亚尼（Francesco Geminiani）的赋格曲做了比较，后者是 18 世纪一位不太知名的作曲家。迈耶指出，这两首赋格曲基本的旋律结构很相似，它们从音阶的第五个音符开始，移到主音上，然后跳跃一个八度。迈耶写道，这种跳跃“创造了一个结构上的空白，一种不完整的感觉。这样就勾勒出空隙，而听者认为作曲家会填满这个空隙”。

问题是如何填满这个空隙。迈耶指出，吉米尼亚尼以一种高度可预测的方式填补了旋律的结构空白，他选择的音符是听者多半能预料到的音符（如先 B 后 E）。“既没有拖延，也没有转移注意力，这样的处理方式明显非常俗套，是音乐上的陈词滥调。”迈耶写道。吉米尼亚尼虽然创造了一个难题，但答案却又明摆着。一旦缺口被打开，我们就知道如何将它关闭。这种模式仍然是可以预测的。

而巴赫的旋律则更难。吉米尼亚尼快速地填补了空白，而巴赫则缓慢推进，偏离到相关的和音区。他简单尝试了可能的方案，但随后又退缩了，他暗示听者他可能会用什么主音，却又拒绝直接给出答案，就连节奏也是变化多样的，在最终“真相大白”之前，引入了新的节拍。虽然巴赫的音乐要复杂得多，但它的感情更充沛。音乐作品是否能带来美学的享受，在根本上取决于它在引发问题后，是如何“暂时性地避而不答”的。“越是能营造出强烈的悬念和紧张气氛，那么在问题解决的那一刻，就越是能释放出强烈的情感。”迈耶写道。[37]情感的释放能够让人产生审美愉悦，但没有之前的不确定性的铺垫，就不会有情感的释放。音乐的意义就在于打破陈规、不落窠臼。

迈耶为了证明他的观点，还深入到信息理论领域。“音乐事件发生在一个具有风格概率的世界里。”他写道。比方说演奏一个音符，那跟在这个音符后面的可以是任意一个音符，音高是不确定的。然而，随着更多的音符加进来，随着乐曲有了调子和旋律，可能性就开始缩小。我们能够更容易地预测下一个音符，因为过去的模式能帮助我们预测未来。根据信息理论，这种高度可预测的系统，比如吉米尼亚尼的赋格曲或者老鹰乐队的流行歌曲，传达的信息量最少。因为我们已经知道下面会发生什么，所以信息也就变得无关紧要了。正如数学家和哲学家诺伯特·维纳（Norbert Wiener）所言：“信息被预测的可能性越大，其信息量就越小。陈词滥调就不如伟大的诗歌具有启发性。”[38]

音乐的神秘——我们不知道的东西——是艺术作品中信息的主要来源。艺术家会破坏我们猜中谜底的能力，以出人意料的方式关闭缺口，而那些无法预测的音符会迫使我们关注信息的微妙。这些额外的信息会让谜团更难解开，艺术超越了我们的感知能力。①与听吉米尼亚尼相比，听巴赫时我们会觉得自己对音乐

① 18世纪英国著名的政治家和保守主义政治理论家埃德蒙·伯克（Edmund Burke）在论文《崇高与美的哲学探索》中指出，崇高的一个本质特征就是“模糊性”，他将其定义为缺乏清晰性。“过于明晰并不能增添多少热情，”他写道，“我们对于事物的赞美往往源于对事物的无知。”——译者注

的理解更少。而韦斯特所创作的嘻哈音乐则是无法解读的，这种神秘使得作品更值得关注。

学术期刊《自然神经科学》曾刊载过一项研究，加拿大麦吉尔大学的一个研究小组考察了那些听音乐时会情不自禁地起鸡皮疙瘩、打冷战的人。[39] 科学家请被试列出他们最喜欢的音乐，这些乐曲几乎涵盖了所有种类，从高科技舞曲到探戈，然后把这些乐曲播放给他们听，同时用功能磁共振成像和正电子发射体层成像扫描仪监测他们的大脑活动。

正如研究人员料想的那样，听音乐会激活大脑皮质，而且，富含多巴胺区域的大脑皮质最为活跃。科学家还仔细研究了被试的反应时间，他们想知道在被试打冷战之前的几秒大脑内会发生什么。科学家发现，在被试听到最喜欢的音乐之前，尾状核的活动时长增加，而尾状核是与预测误差相关的大脑区域。提醒一下大家，我们在观看与现实规则相悖的魔术表演时，尾状核也会被激活。

什么样的音乐片段会让尾状核变得兴奋？根据科学家的研究结果，当作曲家没有按照“某种预期谱曲，或者把听者能预见到的结果推迟，例如插入让人意想不到的音符或放慢节奏”时，尾状核会非常敏感。[40] 有趣的是，让被试打冷战的并不是完美和谐的副歌部分，也不是昂扬澎湃的高潮部分，而是在这之前就已经出现的难题。[①]

优秀的艺术作品往往存在这样的矛盾。它没那么容易理解，甚至多少有些不流畅。触动我们内心深处的并不是简单的内容，反而是难解的谜题，比如没有标点符号的诗歌和没有前奏的流行歌曲。我们会关注那些打破常规的睡前读物和那些不按套路出牌的恐怖电影。[②]

对美的感知本来就是主观的。韦斯特歌曲中的不和谐或许会让他自己潸然泪下，但你听了会觉得是噪声；巴赫的音乐是高雅的，但你也许觉得乏味；我们每个人都会被某种形式的不流畅、不和谐感动。尽管人的品位千差万别，但有一点是很明确的，那就是领悟美需要努力，需要投入，需要与那些我们理解不了的东西角力。济慈也许并不对，美不是真[③]。美其实是一种慰藉，是在拨开迷雾、看到真实的过程中获得的慰藉，它还会给我们留下

---

① 威斯里安大学的科学家曾发表过一篇题为《兴奋、颤抖、快感和皮肤高潮：音乐带来的超验心理生理整合模式》的论文，他们试图剖析音乐中哪种特殊形式的难题最可能让人兴奋到颤抖。他们发现，悦耳的倚音就是一个很管用的方法。倚音是一种装饰音，指的是往旋律中添加不和谐音符（或非和弦音）从而丰富乐曲的表现力。比如，阿黛尔在歌曲《像你一样的人》（*Someone Like You*）的副歌部分的颤音，约翰·列侬在歌曲《我的人生》（*In My Life*）中不和谐的高音，韦斯特在歌曲《逃离》结尾部分的延长音，惠特尼·休斯顿在《我将永远爱你》（*I Will Always Love You*）的副歌部分的高音，以及弗兰克·奥申（Frank Ocean）让人意想不到的假声转换。它们让我们兴奋到战栗，因为它们增添了神秘感，能让我们关注到那些意想不到的音符。

② 韦斯特认为，这种美学的创新往往要付出隐性的代价："如果你们喜欢这样疯狂的想法、疯狂的舞台、疯狂的音乐和疯狂的思维方式，那就得接受它们可能来自一个疯狂的创作者。"

③ "美即是真，真即是美"是济慈《希腊古瓮颂》中的诗句。——译者注

一些难忘的问题。

我们可以很容易地满足于自满情绪。大脑在设计上是懒惰的，阻力最小的路径是寻找我们已经知道如何感知的材料。但最好的艺术迫使我们选择更神秘的道路，提供奇怪和令人不安的感觉。这样的艺术是一种挣扎。它是一种享受的挣扎，也是一种解释的挣扎。挣扎是它继续存在的原因。

人类很容易自满。**人类的大脑天生就是懒惰的，选择自己已经知道该如何欣赏的艺术作品是最平坦、最省事的道路，但最优秀的艺术作品往往会迫使我们选择更神秘、更崎岖的道路，让我们感到奇异和不安。**欣赏这样的艺术作品无异于一场挣扎，挣扎着去享受它带来的愉悦，同时也挣扎着去理解其中的谜团，而这正是好的艺术能世代流传的原因。

第 4 章

费解策略

隐藏人物信息，让想象力填补角色的空白

MYSTERY

A Seduction

A Strategy, A Solution

生活就是误解、误解、再误解，
深思熟虑后还是误解。
就这样，我们懂得自己的存在。
我们错了。
可能最好是忘掉有关他人的对与错，
让一切顺其自然。

———

菲利普·罗斯（Philip Roth）
《美国牧歌》

只有麻瓜才讲“读人心”。
人心不是一本书，
不可以随便翻阅……
然而，会摄魂取念的人，
可以在某些情况下研究别人的头脑，
并做出正确的解释。

———

J. K. 罗琳（J. K. Rowling）
《哈利·波特与凤凰社》

神秘的哈姆雷特，莎士比亚的戏剧策略

16 世纪末，莎士比亚的剧团遇到了强劲的竞争对手。另一家剧团在泰晤士河对岸新建了一个剧院，他们上演的轻喜剧，正如莎士比亚笔下的角色所感叹的那样，“成了新风尚”。[1] 莎士比亚自然担心自己的剧团要不了多久就得被迫歇业。

莎士比亚想出的对策是排演新剧。为了能尽快创作出新剧，他决定以古老的北欧寓言为素材，新剧的主人公名叫哈姆雷特。[2] 这么做似乎非常稳妥，这个故事几年前就被搬上了舞台，而且风靡一时。几乎可以肯定的是，莎士比亚看过老版的演出，一些学者甚至认为他可能还在其中扮演了某个角色。[3]

故事缘起于一桩谋杀：老国王被他权欲熏心的弟弟暗杀了，国王的儿子想要替父申冤，血债得要血来还才行。唯一的问题在于，所有人都知道这起谋杀案，这是个人尽皆知的事实，所以哈姆雷特王子不得不忍住内心的怒火。他怕人怀疑，只能装疯卖

傻。等到他叔叔真把哈姆雷特当成一个无关紧要的疯子时，他一把火把皇宫烧为灰烬，夺回了本属于他的王位。

几百年来，王子复仇的故事一直是这样世代流传的。[4]但莎士比亚决定做一个关键性的改动。故事中，国王被杀是一个秘密，所有人都以为他是被毒蛇咬死的。在故事最开头，甚至连他的儿子都被蒙在鼓里。

这个改动看似微不足道，但莎士比亚显然把握住了故事的走向。首先，他把哈姆雷特打造成一个彻头彻尾的刺客，同时也变成了一个活生生的谜题，复仇是他唯一的目的。如果国王并不担心哈姆雷特会上门寻仇，那他为什么还要装疯卖傻呢？他为什么还要说大段的独白呢？他为什么不继续杀人呢？要不了多久，观众就会质疑王子到底是真疯还是假疯，他们毫无头绪，也不知道哈姆雷特知不知道真相。王子原本只是被最原始的动机所驱使，莎士比亚却把他变成了一个令人大惑不解的角色。

这样的叙事方式非常奇特，作为一名痴迷于商业成功的剧作家，按理说莎士比亚不应该这样叙事。不难想象，好莱坞的商业片导演会给莎士比亚怎样的忠告：哈姆雷特这个角色太令人费解了，观众只会看得云里雾里，你得好好讲故事才行。

但莎士比亚知道自己在做什么。**在角色塑造的过程中故意隐瞒一些信息，给角色笼罩了一层神秘色彩，这是莎士比亚最别具匠心的创新。**文学评论家斯蒂芬·格林布拉特（Stephen

Greenblatt）将这种方法称为“战略性模糊”。他认为，莎士比亚喜欢隐藏“一个关键性的解释信息，这样观众就无法得知角色的下一个行动是由何种理由、动机或伦理原则所造成的”。[5]在《哈姆雷特》中，莎士比亚将这种策略提升到了一个新的高度，创造出一部让观众完全猜不出人物动机的戏剧。

这个方法显然奏效了，《哈姆雷特》大获成功，伦敦环球剧院的票房大增。更重要的是，它标志着莎士比亚后来的戏剧义无反顾地投向了神秘。虽然莎士比亚塑造的人物总是乖张不羁，但那多半是疯狂坠入爱河的痴男怨女。罗密欧与朱丽叶这两个角色并不复杂，只不过是被爱欲迷住了双眼。但从《哈姆雷特》开始，莎士比亚对“战略性模糊”策略的使用达到了前所未有的高度。正如格林布拉特所言，在这些改编的杰作中，莎士比亚多次“从原有的素材中巧妙地剔除了一些东西，从传统角度来看，那是对一部连贯的、精良的戏剧来说似乎不可或缺的东西”。比方说，在《奥赛罗》中，他故意不解释伊阿古的动机，使观众不知道他为何要复仇。再比如在《李尔王》中，莎士比亚故意隐去了一些情节，这样观众就无法理解李尔王最开始的一些行为，不知道这个老国王为什么要考验他的女儿的爱情是否坚贞。格林布拉特写道，观众会觉得这个角色的行为非常武断草率，一定是根植于某种“深层次的心理需求”。

在发现了这一策略后，莎士比亚对观众也有了更重要的发现。莎士比亚意识到，观众对那种一眼就能看穿的角色其实没多大兴趣。顶天立地、凛然正气的英雄或者大奸大恶之徒并不能吸引他们。他们渴望的是一个谜题，看着一个变幻莫测的人在舞台上表演更能给他们带来快感。

自隐的神

几千年前，中东地区的一个小型游牧部落开始记述一个重要人物，这个人物后来改变了人类历史的进程。他的影响是如此之深，甚至塑造了我们对宇宙的构想。一些人类学家认为，这个新的文学形象甚至是现代社会的基础，因为他创造了一个多数人认可并接受的规范与信仰系统，这个系统让大量的城市人口聚居在一起且相安无事。

这个人物就是一神论中的上帝。在沙漠中游荡的希伯来人撰写了《圣经》的第一部分《旧约》，他们的记述让更多人知道了他们的上帝。虽然我们没法把希伯来人的上帝与之前的一神教神灵相比较，因为大多数经文已遗失，但它似乎代表了一种全新的宗教态度。希伯来人四处漂泊、无以为家，他们的教义掺杂了许多其他文化宗教中的内容，从琐罗亚斯德教到巴比伦的苏美尔神话。

这些宗教故事对《旧约》产生了深远的影响，而不仅仅为希伯来人提供了创作灵感。例如，诺亚方舟的故事直接来源于《吉尔伽美什史诗》。更重要的是，它们影响了希伯来人塑造新的神灵的方式，催生出一个众人崇拜的单一神祇。人们对这个上帝的来龙去脉可以说一无所知，他的形象是由口耳相传的零碎故事拼凑成的，许多故事甚至相互矛盾。他就是一个谜。

例如，《圣经》的第一卷《创世记》描述了上帝是如何创造人类的，自称为以罗欣（希伯来语 Elohim）的神按照自己的形象创造了人。可就在下一部分（我们知道这个故事还有第二个版本），这一次神自称耶和华。在第一个故事中，上帝创造了整个地球，可到了第二个故事，他就把人类限制在伊甸园里，并且不准他们吃善恶树上的果子。在第一个故事中，上帝并没有给人类制定规则。如果亚当和夏娃违背上帝的旨意吃下禁果，耶和华就会勃然大怒，诅咒他自己的孩子，这时人类的来历也会截然不同，我们不再是按照上帝的形象创造的，而是出于尘土。

《旧约》中随处可见这样的矛盾之处。正如学者杰克·迈尔斯（Jack Miles）所言，上帝才是《圣经》的主角，《旧约》讲述的主要是造物主上帝与他的被造物之间的关系的演变。人们以为这两者之间的关系应该很直接明白，毕竟上帝是全知全能的，可《旧约》里的上帝却喜怒无常、阴晴不定。“这些个性的冲突让上帝变得难以捉摸，”迈尔斯写道，“同时也让他引人注目，甚至难以抗拒。”[6]

这也是莎士比亚在创作《哈姆雷特》时所用的策略。他塑造了一个“战略性模糊”的王子，刻意隐藏了能让观众理解其行为的线索。这种模糊使得人物变得反复无常，但也吊足了观众的胃口，因为从始至终观众都在推测下一步他会怎么做。《旧约》

中的上帝同样是模糊的，这就是数千年来他能如此引人入胜的原因。

亚伯拉罕捆绑他的儿子以撒是《旧约》中最令人毛骨悚然的场景之一。上帝让他最忠实的追随者亚伯拉罕把自己的儿子以撒献为燔祭。“你带着你独生的儿子以撒，往摩利亚地去，要在我所指示你的山上，把他献为燔祭。”只有虐待狂才会提出这样的要求。既然上帝是全知全能的，那他为什么还要考验他最忠实的追随者的虔诚呢？

但亚伯拉罕遵从了上帝的旨意。他对妻儿撒谎，说要到山上献祭一只羊。正如克尔凯郭尔所指出的，“the lie is the tell”，亚伯拉罕不能透露真相，因为他知道上帝这个永无错谬的存在正向他提出一个极不符合伦理的要求，甚至连撒莱，他温柔顺服的妻子，也不会理解。

学者埃里希·奥尔巴赫（Erich Auerbach）在《模仿论》中对《旧约》中这一怪诞的场景进行了深入解读。[7] 他指出，希伯来人的上帝的特征是“沉寂”和“模糊”的。《旧约》描述了上帝的行动，但“中间的东西并不存在……思想和感情没有直接的表达，只是通过沉默和只言片语来暗示”。结果就是文本的阅读也需要解释。一些拉比坚持认为亚伯拉罕是在试探上帝，通过献祭来证明耶和华并没打算夺人性命。而有些人则认为这个故事的寓意是要人顺从，即便在上帝的动机不明确的情况下。但没有一种观点是肯定的，就算这个故事有什么深意，那也是个谜。

《旧约》的一个中心脉络就是上帝如何看待自己的模糊性。他也许是全知全能的，但他并不总是很了解自己。直到《旧约》后面的部分《以赛亚书》，上帝似乎才接受他的神秘性。后来犹太人被打败流放，他们开始怀疑上帝的威能，对此上帝表示理解，因为“他的智慧无法测度”。他将自己描述为“自隐的神”。所以他是一个难以崇拜的神，人们无法预测他的行为，但这也是《圣经》文学魅力的源头。恰如圣奥古斯丁所言：“如果你自以为了解上帝，那就不是上帝。”[8]

蒙娜丽莎的神秘微笑

16 世纪 40 年代，一位名叫乔尔乔·瓦萨里（Giorgio Vasari）的中年建筑师正着手写一本关于艺术家生平的书。在那个年代，给艺术家写书简直是异想天开，因为艺术家不过是给生活锦上添花的人，不过是王公老爷、巨富商贾们卑微的仆从。放到今天，这就相当于给一个水管工写传记，你会那么做吗？

但瓦萨里看到了艺术家生活的文学潜力，看到了他们劳动中的浪漫因素。瓦萨里把文艺复兴时代最伟大的艺术家的简短传记编辑成书，从波提切利到提香，这本书就是《艺苑名人传》。读者在这本书中能看到一个个活生生的艺术家，瓦萨里希望这样能激励更多人拿起画刷和凿子。“我愿意为我们这个时代的艺术家尽一点绵薄之力，告诉人们一个小小的想法是如何成为境界高雅的艺术作品的。”他写道。[9]

这本书立意独特，它对后世的影响怎么夸大都不过分。虽然整本书不乏错误和讹传，但它定义了我们思考艺术史的方式。艺术家都是从痛苦中获得灵感的，这个说法的"始作俑者"正是瓦萨里，他在书中强调雕塑家米开朗琪罗如何享受孤独，如何天赋异禀、才华横溢。他还帮助确立了西方艺术之正典，后世之所以崇拜托斯卡纳文艺复兴时期的艺术家，部分原因是瓦萨里对他们极度推崇。

实际上，达・芬奇有一幅画能声名鹊起就是瓦萨里的功劳。在《艺苑名人传》中，瓦萨里对达・芬奇极尽夸赞之能事。他写道："上天有时将美丽、优雅、才能赋予一人之身，令他之所为无不超群绝伦，显出他的天才来自上苍而非人间之力，达・芬奇正是如此。"[10] 瓦萨里先是描述了达・芬奇的《最后的晚餐》《三博士来朝》等众多杰作，然后介绍了达・芬奇为托斯卡纳丝绸商人弗朗西斯科・德尔・乔孔多（Francesco del Giocondo）所绘的肖像画。这幅画是达・芬奇应弗朗西斯科的邀请为他的妻子（她嫁给弗朗西斯科时只有 15 岁）所作的，在当时鲜为人知。瓦萨里一般并不会太关注画的细节，即使在介绍《最后的晚餐》时，也只是寥寥数语，却花了不少笔墨在这幅画上。他形容这位贵族妇女的眼睛"水润光泽"，睫毛纤长柔软，眉毛是如此逼真，"因为他已经画过毛发从皮肤中长出的样子，所以眉毛疏密有致，随着毛孔卷曲，再自然不过"。[11①] 他赞美蒙娜丽莎"美丽的鼻孔"，脸色红润，甚至赞美她的喉咙，"…… 在喉咙的下

① 诡异的是，画中的女人没有眉毛。

面，如果你仔细看，可以看到脉搏的跳动”。但瓦萨里最为欣赏的是这个女人耐人寻味的微笑，称这个微笑是“比人类更神圣的东西”。

等到瓦萨里对这幅画大加赞美时，它已经问世了将近 50 年，并已成为法国国王的个人藏品。几乎没人谈论过这幅画，丝绸商人弗朗西斯科已经被人遗忘了。尽管如此，瓦萨里相信他年轻的妻子仍然活着，因为达・芬奇创作的这幅肖像画比真人“更加鲜活”，她的名字叫蒙娜丽莎。

瓦萨里是对的。500 年之后，游客们依然在卢浮宫门口排着长队想一睹她的芳容。现在，这幅画上罩了一层透明的防弹玻璃。正常情况下，每年会有 1 000 万名来自世界各地的游客慕名来欣赏这幅画。人们对这幅画的喜爱实在是有些荒唐，它不过是一幅画在杨木板上的中世纪托斯卡纳妇女的肖像。它描绘的不是什么盛大的活动，主题也谈不上崇高。然而，正如瓦萨里所阐述的，它在技法上取得了惊人的成就。《蒙娜丽莎》确实让人感受到生命，她回望观赏者的神秘眼神，即使是在一间挤满了游客的展室里，也极为令人动容。

《蒙娜丽莎》有着怎样的秘密？为什么它仍然是举世闻名的画作？瓦萨里认为，这要归功于她潜在的内心冲突，她喜忧参半的面部表情。根据瓦萨里的说法，达・芬奇在绘制这幅画时专门请了“乐师、歌者和小丑表演”，好让她一直保持欢快的状态，这样她的表情就非常适合用晕涂法来表现。晕涂法是文艺复兴时期的一种绘画技法，通过明暗之间的柔和过渡表现光影的细微渐变，可以表现出大气透视和真实的绘画效果。达·芬奇形容这种技法能让人物的“轮廓变得含糊不清，仿佛浮动于薄雾之中，或者浮在聚焦平面之上”。蒙娜丽莎的神奇之处在于，她的感情同样是“失焦”的。

虽然艺术评论家提出了无数理论以解释她神秘的微笑，但事实证明，这其中有明确的生物学原因。哈佛大学的神经科学家玛格丽特·利文斯通（Margaret Livingstone）认为，蒙娜丽莎的表情之所以给人以神秘感，是因为达·芬奇骗过了我们的视觉系统。视网膜有两个能处理光线的区域，一个区域位于视网膜中央凹，它能让我们观察到细节，因为这个区域可以捕捉到明亮的颜色和尖锐的边缘；另一个区域是环绕着中央凹的外围区域，可以捕捉到灰色和运动。

如果是第一次看蒙娜丽莎，我们会倾向于盯着她的眼睛，而外围视觉会注意到她的嘴。但外围光感受器有个问题，它们捕捉不到细节，所以基本上只能捕捉到她突出的颧骨下面的阴影，而这些比较暗的阴影区域会让我们觉得她嘴角上扬，面露微笑——她的心情一定不错。

接着我们把目光转向蒙娜丽莎的嘴唇，才发现她其实并没在笑，她的双唇紧绷，没有一点弧度。利文斯通写道：“她的微笑渐渐消失，就像一颗若明若暗的星星，当你直视它时，它就消失了。”[12] 当我们的目光从她的嘴唇上移开时，若隐若现的微笑又出现了。这幅画让人感觉非常矛盾，蒙娜丽莎的微笑是一个谜，随着观赏角度的改变，那微笑时有时无。

这幅画与漫画的中缝（gutter）① 有着异曲同工之妙，中缝就是用来分镜的空白条框。“尽管‘中缝’说起来不太好听，但的确能起到大作用，它所带来的神秘感正是漫画的核心所在。”漫画家和漫画理论家斯科特·麦克劳德（Scott McCloud）写道。[13] 麦克劳德指出，漫画的大部分内容是在单元格之间展开的，因为我们的大脑会从一系列静止的图像中创造出一个角色。因此，**最好的图像小说家会想办法最大限度地利用中缝的空白，鼓励读者用想象力填补空白。**

这其实是在调动读者的想象力。我们弄不清蒙娜丽莎内心的情感，所以才会一直盯着她的脸。同样，漫画的中缝赋予了漫画推进力。就像韦斯特和巴赫利用我们无法预测音乐的走向，而创作出优秀的艺术作品一样，当我们无法理解画中的人物时，人物也像有了生命。

无论是哈姆雷特、上帝，还是 16 世纪的肖像画，正是神秘让他们如此引人入胜。他们的不可知赋予了他们生命。

---

① “gutter”原是印刷排版术语，指对页上两个版面之间的空隙，也有“下水沟”的意思。——译者注

故事中的情感教育，让我们成为更好的人

为什么我们会被模糊的人物吸引？是什么让一个不可知的上帝如此有趣？为什么我们更喜欢自己无法理解的画作和戏剧？

哲学家理查德·罗蒂（Richard Rorty）提出并阐述了一个很切合实际的解释，而且他的论证非常令人信服。在职业生涯后期，罗蒂对文学的教育功能越发感兴趣，他认为文学能够让人学着去理解他人的内心状态，能够改变“我们对那些我们认为不值得理解的人的方式”。[14] 罗蒂称之为艺术的“情感教育”功能。[15] 他认为，**一个好的故事不仅是带来享受的娱乐方式，还能让我们成为更好的人。**

很多人认为这个假说不过是在哗众取宠，毕竟接受过经典艺术熏陶的坏蛋也大有人在。但罗蒂的观点确实很具前瞻性，有越来越多的证据表明，阅读文学作品与同理心的增加是相关的。最近有研究表明，更熟悉文学作品的人在心理推测能力①测试中的表现要好得多，而心理推测能力测试衡量的是我们能模拟其他人的想法和感受的概率。即使在控制了一些干扰变量，如人格特质、人口统计学特点和本科专业后，这种相关性仍然存在。[16] 同一个团队的另一项研究甚至证实了这两者之间存在直接的因果关系。研究人员分别在被试阅读文学小说之前和之后对他们进行同理心测试，结果发现，阅读后的得分显著高于阅读前。[17]

---

① 精神医学名词，指凭直觉理解自己和他人心思或对心理活动状态进行推测，并据此对行为做出因果性解释与预测的能力。——译者注

但并不是所有小说都有这样的效果。E. M. 福斯特（E. M. Forster）曾经区分过扁平人物和圆形人物的差异。福斯特写道："扁平人物是依循一个单一的理念或性质所创造的。"[18] 他还以《大卫·科波菲尔》中的米考伯太太为例，"我永远不会抛弃米考伯先生"这句话就是给米考伯太太下了定义。福斯特指出："她说她不会抛弃米考伯先生，她确实没有，一直守在那儿。"除了这个特点，米考伯太太没有其他内在，她一点儿都不神秘，是一个扁平人物。

而圆形人物则有无法简化的一面，那就是他们是活生生的矛盾体。比如装疯卖傻的哈姆雷特，要亚伯拉罕杀死以撒的上帝，眼睛在微笑但紧抿嘴唇的蒙娜丽莎。再比如，既是反社会的黑帮分子又能忠于爱人的居家好男人托尼·索普拉诺，既是老实巴交的化学老师又是冰毒大亨的沃尔特·怀特。他们都是圆形人物，因为我们猜不透他们的感情和行为。"检验一个圆形人物的标准是，它是否能够以令人信服的方式让人感到意外，"福斯特写道，"如果它不会让人感到意外，那它就是扁平人物；如果它不能使人信服，它就是看似圆形的平面人物。圆形人物具有不可预测性，宛如真人一般。"

神秘的新发现

圆形人物和扁平人物这两个概念由 E. M. 福斯特在《小说面面观》一书中提出。圆形人物是指文学作品中具有复杂性格特征的人物，这类人物在小说中往往都是多义与多变的人物。扁形人物是指文学作品中性格缺少变化或性格特征突出而单一的人物。

福斯特以简·奥斯丁的《曼斯菲尔德庄园》中的贝特伦夫人为例。从表面上看，贝特伦夫人似乎是那种其他作家都会把她塑造得很扁平的人物。她养尊处优，不管家事，对哈巴狗比对自己孩子还要上心。但奥斯丁把她写得丰满而立体，加入了一些微妙的描写，使这个人物有了更多的维度。在贝特伦夫人得知她的两个女儿都给家族带来了耻辱时（她的大女儿陷入了婚外情，而小女儿与情人私奔了），奥斯丁利用这个时刻揭示了贝特伦夫人性格中令人意想不到的复杂性。我们以为她压根儿不会把女儿的事放在心上，也不在意她们带来怎样的麻烦。毕竟，她似乎从未关心过自己的家庭。

但事实并非如此，奥斯丁描述贝特伦夫人“跟范妮讲讲那件可怕的事情，讲一讲，伤心一阵，这是贝特伦夫人仅有的一点安慰。她所能得到的全部安慰，就是有人听她说受得了她，说过之后又能听到体贴同情的声音”。这个场景很不同寻常，浅薄的贝特伦夫人不得不反思事件的严重性，反思家门的耻辱跟她有多大关系。这个虚荣的女主人的形象在读者的脑海中久久地萦绕：她坐在长椅上，抚摸着正在打鼾的哈巴狗，为两个女儿以后的生活感到遗憾和担忧。我们料想不到她会发生这样的转变，但结合她女儿的境遇来看，这样的转变令人信服。福斯特写道：“一些不起眼的点，一些简单的句子，却让读者看到，一个伟大的小说家是如何把人物塑造成圆形的。”

为了更好地了解作家是如何塑造圆形人物的，我还跟奥托·彭茨勒碰了面，他是纽约市翠贝卡区神秘书店的店主，专门创作、经营犯罪小说和悬疑小说。彭茨勒基本上是在书店下面的地堡里工作，地堡没有窗户，门上贴着黄色胶带，看起来就像犯罪现场。（“想见奥托？进入犯罪现场，下楼，右转。”）那一周，彭茨勒又有一批广受好评的侦探小说集在拍卖会上售出。整个拍卖过程非常顺利，格雷厄姆·格林（Graham Greene）的《布莱顿硬糖》的第一版以 93 750 美元的价格成交，比预估价高出一倍，但彭茨勒看起来很沮丧，就像一个孩子弄丢了心爱的玩具。“我沮丧极了，”彭茨勒对《翠贝卡公民报》的记者说，“我本来的打算是要永远活着。可我想起来，上帝可能都没这打算。”[19]

1976 年，彭茨勒与人合著了《悬疑与侦探百科全书》，侦探文学能成为一种受人尊敬的文学体裁，这本书起到了推波助澜的作用。他回答起我的提问来旁征博引，信息量很大，也很具权威。“为什么人们愿意重读一部好的侦探小说？这全都要归结于人物的塑造，”他回答我，“没有好的人物就谈不上有好的故事。这也是为什么优秀的悬疑小说作家都先从人物入手，再创作情节。”丰满立体的人物就是一切。

彭茨勒给我讲了一个关于埃尔莫·伦纳德（Elmore Leonard）的故事，伦纳德大概是当代最伟大的犯罪作家。“达奇[①]是我的一个好朋友，”彭茨勒说，“他写作时会迫不及待地跟人谈论他在写的书。他会给我打电话说：‘奥托，奥托，我有个问题。’”彭茨勒故意学着伦纳德的声音说话，他喜欢抽烟，声音沙哑。“于

① 伦纳德的绰号。

是我说：‘怎么了，达奇？有什么问题吗？’（彭茨勒又开始模仿他了。）‘男主死了。’这可把我听得云里雾里的，于是我问：‘你什么意思，达奇？’‘嘿，伙计，男主在酒吧里，突然有个墨西哥人到他跟前，对准他的脑袋就开了一枪。我不知道下面要怎么办。我已经写到第130页，可男主已经死了。’我当然想给他出主意啊，于是我说：‘达奇，你为什么不把这一章重写一遍呢？’伦纳德大概以为我疯了。‘重写一遍？什么意思？我说了，他已经死了！’”

彭茨勒觉得，这件事很能说明伦纳德是个天才作家。虽然他的作品的情节都比较中规中矩，但伦纳德找到了给人物增添神秘色彩的方法。伦纳德的黑色世界中充满了不可预知的人物，这些人物是他创造的，但他拒绝控制他们。有时男主会在故事讲到一半时就遭遇不幸，一命呜呼。不过伦纳德的烦恼也有收获，那就是他塑造的大耳窿、银行劫匪、愤世嫉俗的警察和动辄开枪的法警等小说人物都丰满而立体，这让他的小说独树一帜。

回头来看文学陶冶情操的功能，这似乎与圆形人物有密不可分的关系。这些虚构的生命不仅改变了我们的阅读方式，也改变了我们的思考和感觉。科学家戴维·基德（David Kidd）和埃马努埃莱·卡斯塔诺（Emanuele Castano）最近做了一项研究，他们试图用福斯特作品中的扁平人物与圆形人物的区别来解释，为什么优秀的文学作品能让我们注意到人物内在的神秘，能让我们更关心别人的感受。[20]“如果是扁平人物，”这两位科学家在论文中写道，“读者会以‘基于类别的感知’方式来感知，这时他们会把人物看成是一种类别，而不是个体；我们没必要走进人物的内心，因为我们知道他接下来会怎么做。”很明显，通俗小说或商业动作片里的人物都是扁平人物，所以我们一下子就能猜到他们下一步要做什么。这也是阅读通俗小说（我们通常不太关注人物的内心状态）并不能提高心理推测能力的原因。

但是圆形人物没法归类，因为他们不是讽刺漫画里的人物。无论是哈姆雷特还是埃尔莫·伦纳德笔下的侦探，读者都必须注意人物微妙的情绪线索，从文字中推断他们的所思所想。要想理解这些人物，我们必须煞费苦心地去想象他们的想法和感受，心理捷径根本行不通。人物的模糊性让我们走进了他们的内心。

所以，有圆形人物的故事能锻炼人的心智解读能力。牛津大学的心理学家塞西莉亚·海斯（Cecilia Heyes）将心智解读能力与文字阅读能力相比较，指出两者都是文化继承的一部分，婴儿并不是天生就有这两种能力。[21] 图文解读能力的培养需要多年的“支架式教学与明确的指导”，当然，首先得有人教会我们字母和发音。心智解读能力同样需要训练。正如海斯所指出的，人类婴儿的心智解读能力并不比小黑猩猩强。不同的是，我们是在充满故事的环境中长大的，这些故事能让我们去了解他人的思想情感。从这个意义上说，虚构圆形人物是人类不可或缺的技能。

但仅有实践还不够。罗蒂认为，文学不仅能帮助我们模拟同理的行为，还能帮助我们克服人性的弱点，其中许多弱点的根源是无法接受其他人的神秘性。下面我们来看一个基本的归因错误。这个错误很明显，当我们在评估他人的行为时，往往会把行为归因于此人的内在性格。比方说，如果有人超速了，那一定是因为他很莽撞；要是有人滑倒了，一定是因为他笨手笨脚；假使有人迟迟不回复短信，一定是因为他很没礼貌。我们会把别人看作扁平人物，而不是一个具有内在的多面性的圆形人物，我们会用几个可预测的性格特点来概括他们，这样指责起他们来我们的良心就不会太难受。

然而，我们在评估自己的行为时却要宽容得多。当然，这并不是说我们想做错事，而只是处境太艰难。如果我们自己超速了，那是因为有个重要会议要迟到了；如果我们自己滑倒了，那是因为石头太光溜了；如果我们自己没及时回复短信，那是因为今天忙得不可开交。我们明白自己的大部分行为受到环境的影响，我们是喜怒无常、阴晴不定的生物。

心理学家沃尔特·米歇尔（Walter Mischel）① 花了几十年的时间研究环境如何塑造个体的行为，他的突破始于一次失败。20 世纪 60 年代初，美国和平队为了更好地挑选志愿者，聘请他开发一种人格测验。[22] 因为许多该机构的志愿者必须能经受得住恶劣的生活环境的考验。米歇尔以最新的科学技术为基础，聘请专家对志愿者的各种性格特征进行评分。然后，他又跟踪调查了这些志愿者在尼日利亚当老师时的表现。令他惊讶的是："花费如此巨大的人格测试的结果……甚至连统计学意义都没有。"[23] 人的性格特

① 美国著名人格心理学家，在人格的结构、过程和发展以及自我控制等领域的研究十分著名。其著作《棉花糖实验》中文简体字版已由湛庐引进、北京联合出版公司出版。——编者注

征并不像专家认为的那么可预测。人类的性格特征仍然是一个谜。

米歇尔与正田裕一（Yuichi Shoda）对新罕布什尔州的一个夏令营的儿童进行了跟踪调查，这也是他最具影响力的研究之一。[24] 当时人们普遍认为攻击性是一种稳定的性格特征，比方说，如果你在家里有攻击性，那么你在学校也会表现出攻击性。但米歇尔和正田发现，儿童的行为方式高度依赖环境，对具体情境非常敏感。为了评估孩子的行为，研究人员请 77 名营地辅导员记录下所有孩子在所有时间里的行为，除了睡觉和上厕所。某个孩子可能会与其他营的成员打架，但会服从辅导员的警告。而另一个孩子也许听了大人的批评后表现出攻击性，却又能心平气和地处理来自同伴的挑衅。而且这种差异不仅限于攻击性，其他的性格特征，诸如外倾性、亲和性与是否爱发牢骚也表现出这样的差异。

米歇尔认为，这种人格理论与几千年来的科学思想相矛盾。自从古希腊人提出四体液说以来，我们用“稳定不变”这样的词来描述人的性格特征。人应该是扁平的，黄胆汁、外倾性、亲和性等的水平决定了一个人的性格。虽然这些词会换，但是 MBTI 人格测试与希波克拉底的四体液说有着共同的概念基础。他（她）就是这样的，他（她）就该这样行动。

神秘的新发现

四体液说是古希腊医师希波克拉底提出的学说，认为气质取决于人体内的血液、黏液、黄胆汁、黑胆汁等四种液体的混合比例。

但是米歇尔和其他科学家的研究表明，人类实际上要神秘得多。正如心理学家托德·罗斯（Todd Rose）写的那样："如果你想了解一个人，对其整体倾向或'本质'的描述肯定会把你引入歧途……如果你今天开车时很仔细、很谨慎，那么你明天开车时大概率也是这样。但你跟自己的乐队在酒吧演奏、翻唱披头士乐队的歌曲时，你也许不是这样的，这是你的独特之处。"[25]

文学是解决基本归因错误的良药。一部好的小说不会用泛泛的特征来描述人物，而是把性格描述为与特定情境有关的特点，向我们展示人物在不同情境中的面貌。从很多角度来看，叙事就是一系列"如果……那么……"模式的组合，充满了令人意想不到的场景和发现。毕竟如果人物能被一眼看穿，总是有同样的行为方式，那它们很快就会变得乏味无趣。既然已经知道了这个人会怎样，我们为什么还要继续下去呢？

让我们回到罗蒂的情感教育。他的观点是，让文学变得有趣的特质也恰恰让文学变得有教育意义。文学让我们看到圆形人物的神秘之处，也能帮助我们看到现实中无处不在的神秘。我们意识到，人是复杂的，环境会给我们带来意想不到的改变。

罗蒂说，一旦认识到这一点，我们就会发现，别人跟自己并没有那么大的差异。这样一来，我们也就不会指责他人一贯是什么样的性格，而是像宽容自己一样宽容他人。"这个将他人视为'我们中的一员'而不是'他们'的过程，不仅仔细地描述了不熟悉的人的本来面貌，也重新描述了自己，"罗蒂写道，"这就是为什么小说、电影和电视会慢慢但稳步地取代说教与论著，成为推动道德变革和进步的主要媒介。”[26] 好笑的是，**小说的力量在于它用虚构的人物教会我们如何与真实的人相处。**

承认自己的无知

费城老鹰队成立于 1933 年，它的前身是破产的法兰克福黄衫队，该队是以费城的一个工薪阶层社区命名的。这支橄榄球队由伯特·贝尔（Bert Bell）领导，他以前是大学球队的四分卫，后来做过兼职橄榄球教练，他用 1 250 美元入了老鹰队的股。贝尔是个富家子弟，他的父亲曾是州检察长，家族拥有大量房产，但伯特对继承家族企业根本没兴趣。贝尔说：“我只想成为一名橄榄球运动员。”[27]

老鹰队一开始举步维艰。他们的第一场比赛是在波罗场对阵巨人队，他们以 0∶56 的比分输掉了比赛。第二场比赛他们在主场对阵朴次茅斯斯巴达人队，结果以 0∶25 惨败。据约翰·艾森伯格（John Eisenberg）说，球队的表现是如此糟糕，以至于贝尔不得不向购买了老鹰队比赛门票的人提供免费洗车服务以招徕人气。[28] 即使这样，体育场也仍然空了好多座位。

1934 年，赛季的情况也好不到哪里去，球队在前六场比赛中输掉了五场。贝尔很沮丧，但他不知道该怎么扭转这种局面。他想招募顶级潜力股球员，他的出价甚至比其他队都要高，但球员们不愿意与低级别的老鹰队签约。“联盟的强弱取决于它最薄弱的一环，而我们队一直是较弱的，”贝尔总结道，“每年都是如此，强的更强，弱的更弱。”

针对这个问题，贝尔提出的解决方案改变了之后的职业竞技体育。1935 年 5 月，贝尔提议建立橄榄球球员选拔制度。他的提议并不复杂，至少从理论上看是如此。他把大学最有潜力的球员集合到一起，联盟中最弱的球队，也就是老鹰队，将首先选择一名球员，其次是第二弱的球队，以此类推。这个提议的目标是为了平等，或者至少能缩小占领先地位的纽约巨人队和表现欠佳的老鹰队之间的差距。这就相当于把精英体制反过来，给最差的那个更多奖励。即使是巨人队的老板蒂姆·马拉（Tim Mara），也能领悟到贝尔的提议很有必要。虽然马拉知道选秀会使巨人队获胜的概率变小，但“为了联盟的利益，为了职业橄榄球的利益，为了联盟中的每个人，我们必须接受这种风险，”马拉说，“人们想要看的就是白热化的竞争。”[29]①

美国职业橄榄球大联盟是一个年收入超过 150 亿美元的体育联盟，它之所以能有今天，贝尔的提议功不可没。[30]尽管 1936 年的选秀是一次非正式的活动，就是球队老板们聚集在酒店套房里，根据报纸上的零星报道和小道消息选择球员，但选秀很快就成为职业橄榄球界最重要的事件之一。对输掉比赛的球队来说，这赌注极大，因为接下来的几年是输还是赢往往取决于这一锤子

① 这个提议不仅能促进平等，也能给这项运动增添魅力，使其更具娱乐性。

买卖。如果选对了人，比如选了汤姆·布雷迪（Tom Brady）[①]、帕特里克·马霍姆斯（Patrick Mahomes）或拉马尔·杰克逊（Lamar Jackson）这样的球员，你就有机会获得冠军；如果选错了人，那在接下来的几年里你还是得输。[②]

鉴于选秀事关重大，橄榄球联盟的球队不惜以重金获得相关情报。他们雇用了大量的球探，让他们亲自去观察球员的表现，还雇用数据分析员仔细研究球员数据。在选秀试训期间，各队会进行一系列性格和智力测试，急不可耐地想要找出哪些因素能预测球员的表现。

但有一项令人震惊的发现，那就是在选秀上投入的钱基本打了水漂。尽管橄榄球联盟球队选秀的历史已逾 80 年，但他们仍然没找到发现最佳球员的办法，至少还没有稳妥可靠的办法。近来，凯德·梅西（Cade Massey）和理查德·塞勒（Richard Thaler）对橄榄球选秀进行了分析，结果发现，选秀根本就是碰运气，其实跟在赌场掷色子差不了太多。[31] 比如，梅西和塞勒研究了某位球员比下一位选中的球员在联盟球队中表现得更好的概率，这是个很实际的问题，因为他们需要弄清楚的是，球队交易补强的买卖究竟划不划算。

---

① 曾效力于新英格兰爱国者队的布雷迪被公认为美国职业橄榄球大联盟有史以来最伟大的球员之一，他曾 7 次赢得超级碗冠军，5 次获得超级碗 MVP。——译者注

② 1994 年生效的硬性薪资上限规定，使得选秀更为重要。因为它限制了一支球队球员的薪资总额，而新队员的薪资明显偏低，至少跟老队员相比是如此，所以选到一个踏实肯卖力的大学球员能为其他有天赋的球员腾出薪资空间。

遗憾的是，几乎没有证据表明球队知道他们在做什么，因为只有 52% 的选秀球员比在他们之后被选中的球员表现好。“无论是哪一轮选秀，选的是哪个位置的球员，也无论是哪一年，先选上的球员比后选上的球员表现更好的概率都只比抛硬币高一点点。”这两位经济学家写道。而下面的这些数据一定会让所有球队的总经理都不寒而栗，那就是在进入联盟的头 5 年里，第一轮被选中的球员在职业碗比赛中未能上场的赛季（15.3%）比上场的赛季要多（12.8%）。

如果球队能承认他们的无知，就可以相应地调整策略。他们如果知道球员大学时在场上的表现与在联盟比赛中的表现只是弱相关，就不会煞费苦心地去收集情报。然而，各队经常表现得好像他们能识别出最好的球员，这也是他们愿意交易补强的原因。首要原因是梅西和塞勒所说的“情报所造成的过度自信”，球队高估了他们对未来球员的判断能力，特别是在收集并分析了大量数据的情况下。他们没有意识到的是，很多数据并不能预测球员的表现。

在日常生活中，偏差和盲点会限制我们对他人的判断，几乎可以肯定的是，这些情报不乏同样的偏差和盲点。正如梅西和泰勒所写：“问题不在于预测球员未来的表现有多难，而在于决策者并不知道这有多难。”

在职业竞技体育中，选秀情报的作用很有限，这令人警醒。研究人员发现，其他联盟，比如 NBA 与职业棒球联盟球队也会费尽心机去识别最有天赋的年轻球员。[32] 毕竟，运动员要接受科学评估，有一系列令人眼花缭乱的高级统计数据来衡量他们的表现，球探也会连续几年观察他们的表现。（两位经济学家是这么写的："几乎可以肯定的是，与大多数寻找雇员的雇主相比，橄榄球队掌握了更多的信息，预测起来也更占优势。"）然而，即使是在这个领域，人类的神秘仍然占主要地位。

但希望总是有的。秘诀就是，如果涉及他人，我们得记住自己根本上是无知的。套用 E. M. 福斯特的文学框架，这些参加选秀的球员就好比一部好小说中的圆形人物，记住，他们总会让人们感到意外和困惑。

知道自己的无知似乎是最优秀的橄榄球队经理的必备才能之一。以新英格兰爱国者队的教练比尔·贝利希克（Bill Belichick）为例。如果说贝利希克在选秀中有什么招牌动作，那就是他会用一个高位选秀权换取多个低位选秀权。如果球队能很可靠地预测球员的表现，那这个策略显然没太大意义，因为这意味着爱国者队放弃了有可能成为超级明星的新秀。但事实是球队无法预测，比如在 2000 年选秀中，汤姆·布雷迪在第 6 轮第 199 顺位被爱国者队选中，所以获得更多的选秀权实在是精明之举。

贝利希克明白，选秀就是一场随机下注的赌博，获胜的唯一途径是尽可能多地下注。贝利希克的关键优势并不是因为他解开了运动员的"谜团"，而是因为他知道这个谜团的存在。

为伴侣加上神秘的滤镜，成为更好的爱人

1912 年，西格蒙德·弗洛伊德（Sigmund Freud）写了一篇关于勃起功能障碍的论文。这篇论文晦涩难懂。他写这篇论文的初衷是因为这个问题困扰着许多男性，它“不仅会引起各种各样的焦虑”，还是来访的患者中最常见的疾病。[33] 这些患者的性器官在某些情况下会无法正常勃起，虽然其生理功能并没有问题。弗洛伊德认为这要归咎于心理的原因。

弗洛伊德将其称为“心因性性无能”。虽然这篇论文现在看已经落伍，跟不上时代了，但弗洛伊德当时对无意识固着①忧心忡忡，他认为这个医学问题仍然非常普遍。[34] 根据马萨诸塞州男性老龄化研究，52% 的 40 至 70 岁男性会出现勃起功能障碍。[35] 就连年轻男性也未能幸免，科学家以 9 000 多名 18 至 25 岁的瑞士男性为研究对象，研究结果发现，其中 30% 的人至少经历过一次阳痿。[36]

为什么勃起功能障碍会如此普遍？弗洛伊德在了解了那些勃起障碍不那么严重的病例之后敏锐地洞察到，他们仍然能够发生性行为但从中体验不到快感。弗洛伊德认为，他们没有快感并不是因为不爱对方，这些人往往对伴侣的感情非常深厚，他们只是不想做爱。“他们虽然深爱对方却没有欲望，而能让他们产生欲

① 根据弗洛伊德的理论，如果在性心理发展的某个阶段得到过分的满足或者受到挫折，就会导致固着，固着将导致无法正常地进入性心理发展的下一个阶段。在心理学上，固着是指一种对刺激的保持程度，或一种不断重复的心理模式和思维特征。——译者注

望的人他们又无法去爱。”他写道。

弗洛伊德认为，心因性性无能揭示的是成人关系中心的悲剧性冲突。我们渴望浪漫的冒险，渴望伴随着眉目传情、调风弄月而来的强烈欲望。这是一种根植于神秘的欲望，那就是我们仍然在了解我们的伴侣，探索什么能让她快乐，体会她的喜怒哀乐，这些秘密都能让性爱更加美好。

如果我们足够幸运，那么最初的不确定性最终会让位于依恋带来的安全感。我们开始依赖这段关系，穿着舒适的法兰绒睡衣和爱人一起窝在沙发里看电视就能让我们找到安全感。这就是亲密关系带来的始料不及的后果，它会让我们形成不浪漫的习惯，生活就像是在例行公事，消除了关系中的不确定性。要不了多久，我们就连卫生间门都懒得关了。

弗洛伊德认为，爱情和欲望之间的冲突是生活中不可避免的事实。婚姻意味着放弃浪漫，能不离婚、没有变得神经衰弱就是万幸了。

然而，近年来，许多精神分析学家和心理学家开始意识到，弗洛伊德太悲观了。他们发现，许多相伴多年的爱人仍然会被对方吸引，虽然他们已经有过很多次性爱。[37] 他们似乎与习惯化法则相矛盾，该法则认为，重复会减少快感，我们的神经对熟悉的人或物会感到厌烦。

那么，那些伴侣是如何做到的呢？精神分析学家斯蒂芬·米切尔（Stephen Mitchell）重新审视了弗洛伊德关于勃起功能障碍的文章，他首先指出，性体验本质上是私密的，是最不透明的快乐。“尽管它是人类最普遍的体验之一，但我们并不清楚别人的性生活是什么样子的，”米切尔写道，“生理功能已经或多或少被人类的想象力劫持了。”①劫持意味着，性从来都不单纯是一种生理行为。它与我们最神秘的欲望密不可分。“从这个意义上来说，无论是在自己还是伴侣的性体验中，总是存在一种未知的、不可知的东西，”米切尔指出，“这种未知和不可知的特点，既有刺激性，也有风险性。”[38]

根据米切尔的说法，性爱纯粹的神秘性是一些伴侣能够长期保持欲望的原因。他说，关键是得明白，即使性爱对象是长期伴侣，也会带来惊喜。无论我们与伴侣有多亲密，给宝宝换过多少次尿布，之前有过多少次性爱，这些都不重要。正如米切尔所说，性爱应该成为“探索对方的不可知的旅程”。因为性爱是如此不可知，它可以戳破我们自己以为无所不知的幻象，告诉我们还有很多东西要学习。[39]虽然弗洛伊德把爱想象成欲望的敌人，即安全感破坏了情欲，但米切尔认为，合理的欲望可以拯救我们的爱，把习惯于沉睡的我们唤醒。所以，性爱是关系治疗的有效方法。

但这还不够。米切尔指出，即使是在性爱中富有创造力的伴侣，如果他们不能用同样的态度对待生活的其他方面，那也不会

---

① 米切尔认为，无法理解别人的性体验可以解释“色情内容为何会如此经久不衰”，部分原因是“如偷窥一般，渴望了解别人的性生活是什么样的”。

持久。要想创造性地生活，在最好的亲密关系中，双方都会培养自我拓展的需求，而这是人类以新的方式成长、探索和发展的基本动力。阿瑟·阿伦（Arthur Aron）与伊莱恩·阿伦（Elaine Aron）领导的一项纵向研究发现，自我拓展更多的伴侣，比如乐意尝试新路线徒步、听音乐会或培养一个新的爱好，也会报告说他们之间关系的质量更高。另一项研究则随机分配一些已婚夫妇参加一项令人兴奋的活动（如参加交谊舞课程）或一项令人愉悦的活动（如看电影）。10 周之后，那些被分配到前一类活动的夫妇报告说，他们对关系的满意度更高了，因为他们一起自我拓展，更有可能长相厮守。[40]

自我拓展也会让性生活的频率更高。艾米·缪斯（Amy Muise）领导了一项最新研究，她请 200 多位被试写日志记录他们在亲密关系中自我拓展的状况并回答一些问题，比如，“伴侣在多大程度上拓展了你对自己的认识?”[41] 被试还要列出能让他们感受到自我拓展的所有活动，比如学习滑板，或第一次剥牡蛎。最后，他们还向研究人员描述了他们的性欲和性行为水平。研究表明，相关性非常显著，自我拓展的活动越多，他们的性欲水平越高，性行为会增加 34%，也更有快感。此外，这些伴侣在接下来的一段时间里欲望会持续增加，从而对伴侣关系也更加满意。

自我拓展的好处是根植于神秘的力量。弗洛伊德认为欲望会不可避免地减弱，但关于自我拓展的研究表明，只要参与能展现出对方新的一面的活动，欲望就可以被重新点燃。因为自我拓展不仅仅能拓展自我，也能带来惊喜。我们会发现我们的伴侣是一个圆形人物，而我们并没有彻底看透他们。我们的好奇心会被激起，欲望也往往会接踵而至。

如果我们能认可其他人的神秘性，行为就会发生变化。我们会成为更好的爱人，更关注伴侣的需求和在不同情境中的细微差异。我们不仅能更多地享受性爱，也会变得更有同情心、更宽容，更有可能像评判自己一样去评判朋友和陌生人。人是复杂的，自我是不可知的。哪怕我们能从艺术中领悟到这一点，也就足够了。

第 5 章

模糊策略

颠覆确定信息，让不确定性带来乐趣

MYSTERY

A Seduction

A Strategy, A Solution

亲爱的先生，
我要尽我的所能请求你，
对于你心里一切的疑难要多多忍耐，
要去爱这些“问题的本身”，
像是爱一间锁闭了的房屋，
或是一本用别种文字写成的书。

——

莱内 · 马利亚 · 里尔克
《给一个青年诗人的十封信》

神秘的伏尼契手稿

谁也没想到，一份日后举世闻名的中世纪手稿居然落到了威尔弗里德·迈克尔·伏尼契（Wilfrid Michael Voynich）手里。伏尼契是一名化学家，1885 年因煽动波兰民族主义而被送往西伯利亚的囚犯集中营。5 年后，他利用一本伪造的护照逃了出来，然后卖掉了眼镜和棉衣，买了一张前往英国的船票。到了英国后，他与大英博物馆阅览室的图书管理员理查德·加内特（Richard Garnett）关系密切，加内特劝说伏尼契进入善本书籍行业。伏尼契行事高调，且能过目不忘，又通晓 7 种语言，没过多久，伏尼契所经营的古籍书店生意就越做越大。[1]

1912 年底，伏尼契为了搜集更多的善本书，启程前往意大利。他来到罗马郊外一座破败的古堡——蒙德拉贡（Mondragone）。伏尼契爬到布满蜘蛛网的阁楼上四处搜寻，最后在尘封的旧木箱中发现了一摞装饰古朴华美的中世纪手稿。一页一页的牛皮纸大多精美华丽，很有艺术气息，字体秀美，还盖有当地最显赫家族的红色蜡印。伏尼契知道这些东西价值不菲，便买下了这些箱子。

伏尼契回到英国后就开始拍卖他在意大利寻到的宝贝，但其中有一本手稿他坚决不肯出售。这本手稿看起来相当寒酸，页面长度还不到 25 厘米，里面的插画好多都是奇株异草以及在绿色水池中沐浴的裸体女人，画风怪异。少数看过这份手稿的学者对此嗤之以鼻，认为它不过是一本中世纪草药处方集，或一本过时的医学图集。

但伏尼契不信。他把这本手抄本称为他藏书中的“丑小鸭”，虽然亚麻书脊已经开裂，颜料也已经褪色，但他对这本草写体手抄本很着迷。更具体地说，正是因为没人能看懂这本手稿，他才非常好奇。伏尼契看到了它潜在的迷人之处，这些难以捉摸的文字是一种秘密代码。伏尼契深谙宣传推销的技巧，他告诉《纽约时报》，这本小书将“向全世界证明，中世纪对黑魔法的发现远远比 20 世纪科学的发现要先进”。[2] 当然，要想揭示黑魔法首先必须破译密码。

然而，伏尼契最初的尝试都以失败告终，这些文字仍然无法破译。伏尼契希望能得到帮助，他把手稿交给了美国军方密码破译部门 MI-8。他本以为他们很快就能破译密码，因为他们能够将文字与图画相匹配，并对密码进行逆向分析和研究。但这些专业人士也一筹莫展。事实证明，手稿中的植物在现实中并不存在。“密码学家看得越仔细，”劳伦斯·戈德斯通（Lawrence

Goldstone）和南希·戈德斯通（Nancy Goldstone）在关于伏尼契手稿的书中写道，“密码就越令人费解。”[3]

7 年过去了，一无所获的伏尼契向宾夕法尼亚大学专门研究古旧哲学文本的著名学者威廉·罗曼·纽博尔德（William Romaine Newbold）求助。纽博尔德终于在手稿的最后一页找到了突破点，他发现 3 行字迹模糊的拉丁文并得出结论，这几行字一定是密钥，是能破译剩余文本的秘密指令。

1921 年 4 月，在美国哲学学会的一次会议上，纽博尔德讲述了他惊人的发现。他宣布这份手稿是罗杰·培根（Roger Bacon）的作品，培根是 13 世纪英国的博学大师，也是实验法的早期先驱人物。（培根坚持认为，无论何时，我们“理性所提出的理论应该由感观数据来验证，由仪器辅助，由值得信赖的证人来证实”。[4] 他的愿望令人心生敬仰，培根也花费了大量时间研究炼金术和占星术。）根据纽博尔德的说法，培根在手稿中预见到人类将会发明望远镜、蒸汽动力这样奇迹般的工程，也描述了精子游动的方式与遥远星云形成的旋涡。鉴于这些惊人的发现，培根手稿成为世界最重要的科学文本之一。它证明，培根领先于他的时代数百年，是一位生不逢时的黑暗时代的科学先知。

那么，这个密码是如何工作的呢？根据纽博尔德的说法，它异常复杂，培根一定是想隐藏他的秘密。纽博尔德认为，培根的密码体系需要 3 套不同密码的联合运作。纽博尔德说，要想理解有些部分的内容，可以将成对的拉丁字母组合成新的字母，然后拼出句子，而有些部分的字母则构成了一个纯粹的音标表。密码学家首先得用显微镜下研究放大后才能看得见的笔画，解析那些细微的标记。然后，一旦字母被“分解”，再根据一长串的规则来扩展缩写，包括音节化、换算和还原。[5] 通过这一复杂的过程，纽博尔德能够将每一行密码变成几段拉丁文。这本手稿实际上就是一本百科全书。

当纽博尔德的几个同事质疑他的方法时，他指出，他的破译一定是正确的，因为他破译出的历史事实和自然现象他事先并不了解。1926 年 9 月，纽博尔德因“急性消化不良”发作而去世。1930 年，伏尼契也撒手人寰。按照伏尼契的遗嘱，他要把他最珍贵的手稿，即这本改变了科学史的“丑小鸭”卖给一家能妥善保存它的公共机构。

但这份手稿没能卖得出去，因为伏尼契密码没有破译。尽管纽博尔德确信他已经解开了这个谜团，但他错了。这个谜团赢了。

1913 年，商业大亨乔治·法比安（George Fabyan）① 请芝加哥大学的英语文学教授约翰·马修斯·曼利（John Matthews Manly）调查一系列嵌在莎士比亚作品中的暗号。曼利既对暗号有兴趣，又喜欢莎士比亚，所以他同意一看。曼利花了 6 个星期的时间否定了培根理论。他认为这些暗号并不是暗号，而只是巧合。

---

① 法比安是所谓培根理论的主要倡导者，该理论认为莎士比亚作品的真正作者是弗朗西斯·培根子爵（Sir Francis Bacon）。

几年后，第一次世界大战席卷欧洲，美国政府意识到他们迫切需要会破译密码的人。曼利被美国陆军军事情报处招募，他的任务是用以前破译莎士比亚作品中暗号的方法来破译德国军队的密电。[6]

一战结束后，曼利重执教鞭，但他无法停止对密码的思考，便找到了伏尼契手稿，这种堂吉诃德式的兴趣很快便成了他生活的重心。1931 年，在纽博尔德去世 5 年后，也就是在纽博尔德首次宣布他破译了伏尼契密码近 10 年后，曼利发表了一篇长达 46 页的关于伏尼契密码的论文。他清楚地表明了自己的论点："在我看来，纽博尔德的说法完全没有根据，应该全盘否定才对。"

接下来这篇论文就像一个落锤，将纽博尔德的主张一一粉碎。纽博尔德在手稿中看到的那些细微的笔画，其实是墨水在牛皮纸上留下的干裂纹。他还举例说明，纽博尔德明明抄错了原文本，却仍然以某种方式得到了一个"精确"的信息。曼利批评了纽博尔德解密规则的不确定性，详细说明了纽博尔德是如何从同一段落拉丁文中得出 3 种不同的转译的。有一些历史细节互相矛盾，还有一些基本的拼写错误。另外，纽博尔德坚持说他对手稿中的科学或历史一无所知。曼利认为这是自欺欺人，纽博尔德的"破译不是对罗杰 · 培根隐藏的秘密的揭示，而是他炽热的热情和富于独创性的潜意识的产物"。[7]

现在我们再回头看，纽博尔德的破译方式确实有问题，这似乎显而易见、无可否认。尽管如此，一些学术期刊和《泰晤士报》都对他的工作赞誉有加，伏尼契手稿暂时地改变了早期科学史的整个时间线。纽博尔德其实并不想欺骗任何人，他只是欺骗了自己。自纽博尔德至今，数以百计的学者、密码破译员和业余爱好者都尝试过破译这份手稿。（1969 年，这份手稿被捐赠给了耶鲁大学。）美国国家安全局用超级计算机对牛皮纸页进行了分析。英国基尔大学知识建模小组的负责人戈登·鲁格（Gordon Rugg）在最近发表的几篇论文中指出，使用卡登格加密法（Cardan Grille，一种 16 世纪常用的加密方法）可以在短时间内复制出伏尼契手稿的根本特征。[8] 根据鲁格的说法，这份手稿几乎可以肯定是一个骗局，是通过将无意义的音节插入格栅系统中生成的。这也能解释为什么许多世界顶尖的密码学家，包括威廉·弗里德曼（William Friedman），甚至都无法识别文本中使用的语言。学者们将其称为伏尼契文。鲁格认为，这份手稿可能是为了欺骗一位富有的中世纪王公贵族所做，加密的内容可能是炼金术操作指南。

然而，这个美丽的骗局仍然让人着迷。自 2019 年初至今，光是关于伏尼契手稿的学术出版物就有 200 多种。一些电影、电视节目还有许多小说也以它为素材，甚至还有电子游戏。我们当然会问：为什么几个世纪以来，这份毫无意义的手稿一直让王公贵族、学者和密码破译者如此兴奋？究竟是什么让人们对这些看似在胡言乱语的文字如此长久地着迷？

一个可能的解释是文本的模糊性，而模糊性是非常有效的诱饵，给这份手稿增添了神秘。伏尼契发现这本手稿时，就被其神秘性吸引。手稿里的字母他都没见过，而这些字母拼出了一种他从未听说过的语言，插画里的植物也并不存在。然而，这些文字和插画象征一致，重复也很具规律，还有大量令人信服的植物的细节，似乎暗示着某种破译方法，这本手稿非常之模糊，每一个词似乎都包含着意义。**伏尼契手稿之所以有趣，正是因为它需要诠释。**

但这里有一个悖论。尽管人们可能会被模棱两可的中世纪手稿吸引，但在现实生活中，他们往往会避免模棱两可。1961 年，在兰德公司①从事核战争战略研究的分析师丹尼尔·埃尔斯伯格（Daniel Ellsberg）发表了一篇极具影响力的论文，讨论了人类的模糊效应。[9]（10 年之后，埃尔斯伯格把国防部有关战争的绝密文件泄露了出去。）论文里提出了这么一个问题：有两个罐子，每个罐子里有 100 个球。第一个罐子里确定有红球和黑球，但比例未知；第二个罐子里有 50 个红球和 50 个黑球。如果一个人能够成功地预测出从其中一个罐子里拿出的球的颜色，他将获得 100 美元的奖励，那么你愿意从哪个罐子里拿球呢？

埃尔斯伯格的预测与随后的研究结果相一致，那就是绝大多数人更愿意从那个已知比例的罐子里往外拿球。②虽然无论从哪

---

① 兰德公司是美国的一家智库公司，成立之初主要为美国军方提供调研和情报分析服务。之后其业务逐步扩展，并为其他政府以及营利性团体提供服务。名称虽冠有“公司”，但实际上登记为非营利组织。——译者注

② 有意思的是，孩子对模糊性并不反感，他们能接受宇宙中一切的不确定。

个罐子里拿球，得不到奖金的概率是相同的，但我们倾向于避免不确定性过高的风险行为，这种倾向后来被称为模糊厌恶。最近，加州理工学院的科学家发现，要求人们在模棱两可的情况下做出决定会让大脑中杏仁核的活动增加，而杏仁核是与恐惧和焦虑情绪有关的大脑区域。[10]

这种心理倾向会产生严重的后果。模糊厌恶可能会导致人们做出错误的财务决定，因为他们会在金融市场不确定时期恐慌性抛售，毕竟没人愿意把自己辛苦积攒下来的血汗钱投在风险未知的罐子里。[11] 它还会影响我们对疾病诊疗的判断，我们会选择疗效更确定的治疗方法，即使与其他方法相比，它的疗效也许不那么显著。同时，法律学者认为，模糊厌恶会让被告人接受糟糕的认罪协议，因为就算是糟糕的协议也没有悬而未决的陪审团决议可怕。[12]

而我们对伏尼契手稿是如何反应的呢？如果不够谨慎，模糊厌恶就会误导我们去得出并不存在的、结论性的答案，就像纽博尔德那样。我们并没有享受到模糊的乐趣，而是固执地认为密码已经破译了。欺骗自己实在是太容易了。

在这一章，我们将了解好的艺术作品如何将模糊性转化为娱乐性，用捉摸不定的内容激发我们的好奇心。我们想破译文本，我们想去除矛盾性，我们想确定地知道。然而，艺术作品拒绝给出明确的答案，坚称有多重诠释，换言之，**艺术让我们学会如何与不确定性共存。它让我们学会如何生活。**

鸭兔错觉，大脑如何处理模糊的问题

1948 年冬天，离异作家 J. D. 塞林格（J. D. Salinger）跟他的雪纳瑞犬住在康涅狄格州斯坦福德郊区一间谷仓改造的房子里。他已经在《纽约客》和《好管家》杂志上发表了几篇短篇小说，但他还在温饱线上挣扎。不写作时，塞林格会学习禅宗。冥想是他对佛教感兴趣的主要原因，能帮助他疗愈第二次世界大战对他造成的心理创伤。他曾在突出部战役浴血奋战，在诺曼底登陆那天登陆犹他滩，还曾作为情报人员记录了纳粹在达豪集中营犯下的屠杀罪。禅宗美学强调要把矛盾和模糊性作为反思的工具，这让塞林格非常着迷。他经常引用禅宗公案①，也就是那种短小精悍、意味深长、用理性难以解释的谜题。

对于塞林格来说，最好的文学作品本身就是公案，读者会苦思冥想令人费解的文本。《九故事》是塞林格出版的第一本也是唯一一本短篇小说集，他选择了下面这句公案作为序言："我们知道两只手相拍的声音，但一只手拍的声音是怎样的呢？"[13] 这个问题问得妙，因为没有人知道答案。

塞林格最具禅意的故事是《嘴唇美丽而我的双眸澄碧》，这个故事采取对话的形式，记录了两个朋友亚瑟和李的通话。深夜，这两个人酒意朦胧，但还没有醉到不省人事。亚瑟刚参加了一个派对，结束时他发现妻子琼妮不见了踪影。他很生气，喋喋

① 禅宗术语，指禅宗祖师的一小段言行记录或一个小故事，通常与禅宗祖师开悟的过程有关。——译者注

不休地抱怨着。与此同时，李正与一个女人同床共枕。通话在这种不确定性的背景下慢慢展开。这个女人是谁？她是琼妮吗？亚瑟有多生气？

这部短篇小说之所以能成为公案，是因为从始至终这些问题都没有答案。塞林格让读者怀疑琼妮就是床上那个身份不明的"女人"。然而，在故事的结尾，亚瑟打电话说琼妮刚回来。这个转折出人意料，但它并没有给出确定的答案，而是给出了相反的结果。我们对这些人物了解得越多，就越不明白，这就像是在思考一只手如何拍出声音。

普林斯顿大学的神经科学家尤里·哈森（Uri Hasson）对塞林格的这篇小说非常感兴趣，也正是因为它的模糊性。[14] 过去几年，哈森一直致力于通过神经解剖学的方法来研究叙事对大脑的影响。他让被试观看希区柯克的电影，同时用大脑扫描仪观察他们的脑部活动，或者让被试观看塞尔乔·莱昂内（Sergio Leone）的西部片，同时用设备跟踪他们的眼睛。他研究了小说中人物发展的机制，证明我们思考虚构人物的方式与思考真实人物的方式相同，并发现大脑皮质的特定区域允许我们讲述自己的故事。[15] 通过塞林格的文本，哈森想要了解我们是如何处理无法破译的文本的。哈森说："这个故事令人印象深刻的地方是，它鼓励读者去诠释，但它又清楚地表明，你的诠释可能是错误的。"塞林格刻意隐去了一些对话线索，这样才能有多种方式来解读这个故事。[16]

大脑是如何处理这种模糊不清的问题的？通过细致的探索。路德维希·维特根斯坦（Ludwig Wittgenstein）在他的著作《哲学研究》中指出，模糊性不可避免地与解释行为联系在一起。[17] 他用经典的鸭兔错觉来说明他的观点（见图 5-1）。

图 5-1　鸭兔错觉

在上图中，有些人看到的是鸭，有些人看到的是兔，有些人则能在鸭和兔之间来回切换。然而，正如维特根斯坦指出的，这些单一的解释都不正确。他认为对这幅画的正确描述应该是"鸭-兔"。虽然我们一次只能看到一个图像，但我们应该记住还有其他的解释。**模糊并不是在寻找答案的过程中需要解决的问题，恰恰模糊本身就是答案。**①

① 正如艺术史学家恩斯特·贡布里希（Ernst Gombrich）所言，我们可以"在看到鸭子的同时记住兔子，但我们越是能仔细地观察自己，就越会发现我们无法同时感受到两种交替的、不同的解读"。

哈森用扫描仪观察了大脑在解释过程中的活动。为了探索解释背后的心理学机制，哈森开始了他的实验。首先，他对塞林格的故事略微做了一些改动。在“不忠”的条件下，他改写了开头，开门见山地说明李与琼妮躺在床上。在“妄想症”条件下，他在开头暗示亚瑟患有妄想症。然后，哈森研究了这些小的改动会如何影响人们对剩余部分故事的解码方式。研究表明，这些改动的影响其实很深刻，哈森和同事们仅仅根据被试的大脑活动就能推测出他们读到的是哪个版本的故事。“你确实会发现，不同的诠释会影响到方方面面，”哈森说，“一旦你认为自己知道发生了什么，你就会用截然不同的方式去阅读小说。”有意思的是，虽然哈森只改动了开头四行的文字，神经差异却会一直持续到阅读结束。虽然剩余部分的故事是相同的，但这并不重要，因为不同小组的被试最终会用不同的方式处理叙事。“这确实能说明，大脑是一个解释机器，”哈森说，“一旦大脑有了一个框架，它往往就会把这个框架套用到其他事物上。”

塞林格小说的魅力在于，它拒绝给出任何单一的解释。毋庸置疑，它既是鸭又是兔。因此读者必须在不同的解释之间来回穿梭，无法确定是琼妮欺骗了亚瑟，还是亚瑟的妄想症犯了。文学学者将这一过程称为解释学循环（hermeneutic circle）。当一部作品非常模棱两可，以至于我们只能通过预测它们与整体的关系来理解各个部分时，就会出现这种循环。当然，对整体的感觉本身取决于对部分的解释。再来想想鸭兔错觉图，你想看到哪种动物决定了你会注意到哪些细节。因此，我们被困在一个循环中，不得不寻找转瞬即逝的模式和不易察觉的主题来构建意义，在整体和部分之间切换。

这听着真令人沮丧，但模糊却是能让人上钩的诱饵。大脑如此渴望找到最好的解释，模糊的神秘感抓住了我们的注意力。“故事既然已经这么写了，那你只能试图去理解对话，”哈森说，“它一直让你困惑，这是你愿意一直读下去的部分原因。”如果找不到一点儿头绪，我们就会更仔细地阅读那些文字。也许琼妮和李发生了关系？我们只能再回头读一遍。也许没有？“模糊真让人伤脑筋，但同时也让故事更有趣，”哈森说，“任何一种解释都没法长时间站住脚，无论你多想得出明确的结论，也无论你回头再读多少遍。这会没完没了。”

模糊的诗歌，不同的诠释带来不同的乐趣

英国著名文学批评家威廉·燕卜荪（William Empson）在他 1996 年出版的经典之作《朦胧的七种类型》（*Seven Types of Ambiguity*）中指出，诗歌的力量取决于它的朦胧性、模糊性，他将其定义为引出“不同观点的能力……而不是纯粹的误读”。[18] 燕卜荪认为，诗句之所以能吸引我们，是因为它们晦涩模糊，同时其存在的多种真实赋予了词句引人入胜的魅力。

燕卜荪以莎士比亚的十四行诗第 83 首为例。[19] 这首诗的开头是两句赞美：

我从未见你涂脂抹粉，
你丽质天成，无须妆饰。

到这里我们不难看出，这首十四行诗的主题美好到难以言喻。十四行诗听起来就该如此，它是赞美，是献给爱人的押韵短诗。但纯粹的溢美之词让莎士比亚感到厌烦，正如 Jay-Z ① 所言，很显然，十四行诗是以“吹嘘体”为特色的说唱音乐的先驱，它也限定了严格的结构，这样创作者就不得不“在与主题相关的每一个角落搜寻……并发明新的语言来表达旧的东西”。[20] 所以，歌曲本身就是一种隐喻。“如果你能以一种前所未有的、灵巧且有感染力的方式来吹嘘自己，”Jay-Z 写道，“那它本身就能证明你有资格吹嘘自己。”

在第 83 首十四行诗中，莎士比亚一抛标准十四行诗的俗套，让其开头看起来是首情诗，但其实是一首伊丽莎白时代的吹嘘体说唱歌曲。十四行诗是格律严谨的抒情诗体，但莎士比亚却能用十四行诗来展示他的创作天赋。在这首短诗中，他用了大量意义含糊的语句，下面几行就是如此：

我发觉，我感觉，你的容颜
让多情的诗人词穷言乏。②

---

① 原名肖恩・科里・卡特（Shawn Corey Carter），美国著名说唱歌手、音乐制作人、商人、经纪人。——译者注

② 原文是：I found，or thought I found，you did exceed / The barren tender of a poet's debt。——编者注

在这里，莎士比亚利用了语言固有的微妙性，他使用了有多重意义的词汇。首先是“tender”这个词，它既可以是形容词“温柔体贴的”，也可以是名词“偿付”。“debt”的常见意思是“债务”，但这个词同样不止一个意思。莎士比亚精心构思了这句诗，让我们无法判断到底是诗人欠了别人的，还是别人欠了他的。如果是诗人欠了别人的，这句话的意思就是说，诗的主题美得让诗人无法用言语来形容；如果是别人欠了诗人的，那意思就是说这是作为他写作的报酬，这暗含了一种失落感，即诗人原本是对方的朋友，现在却只是一个被雇用的写手。燕卜荪说，无论是哪种情况，“barren”（贫瘠的）这个词以及“or thought I found”（我感觉）都暗示着痛苦，暗示着这段关系已经有了裂痕。

随着这首诗慢慢收尾，这两种解释之间的差异逐渐演变成了一条鸿沟。

我的沉默无损于你的美，
他人许以生命，却将带来坟墓。

这两行诗充满了疑问。首先，我们不清楚莎士比亚指的是谁的坟墓。燕卜荪写道，“这可能是莎士比亚的坟墓”，如果是这样，那这行诗说明了诗人毕生的奉献。但它也可能是诗歌主题的坟墓，若是这种情况，那所有的溢美之词不过是隐晦的威胁，即诗人选择了沉默，这样他就不会破坏主题表面的吸引力。因为如果诗人真的打算描写他的主题，他就不得不揭示他们丑陋的秘密，那些被“美丽的眼睛”所隐藏的黑暗的真相。

这首诗的模棱两可体现了莎士比亚不可思议的天赋。它原本很容易就会沦为一首肤浅的赞美诗，却展示出了诗歌的更多可能，即使是格律严谨的抒情体诗，也可以变成鸭兔错觉，让人想到两种矛盾的解释。在颇具浪漫色彩的版本中，主题的美貌难以用言语形容，所以诗人才会说他没法写出一首恰如其分的十四行诗。而另一种诠释则是诗人觉得委屈受伤，莎士比亚的诗句捕捉到了破碎的友谊的复杂性。我们无法躲开意义的不确定性，即便你觉得某种解释更有说服力，莎士比亚也会让另一种解释在你的心中投下疑云。诚如詹姆斯·鲍德温（James Baldwin）[①]在《救赎的十字架》中所言：“这就是他（莎士比亚）被称为诗人的原因。而他的责任，也是他的快乐、他的力量和他的生命，就是通过在作品中留下谜题来抵制一切标签，让脑力的角逐变得更复杂。”

燕卜荪认为，朦胧感不仅仅是一种智力游戏，它也是诗歌情感的来源。马克斯·普朗克研究所的科学家们所做的一项研究支持了他的理论。[21] 科学家们给被试听几十首不同的诗，包括莎士比亚的十四行诗、保罗·策兰（Paul Celan）的《赞美诗》和里尔克的诗句，同时用功能磁共振成像来观察他们的大脑。科学家们可以检测到诗歌的哪些方面会让被试打冷战、起鸡皮疙瘩，会让大脑奖励区域的血流量达到峰值。研究发现，诗歌形式最重要的方面就是“闭合效应”，也就是诗歌“利用我们大脑对节奏

① 非裔美国作家、散文家、戏剧家和社会评论家，他的小说《向苍天呼吁》是 20 世纪四五十年代美国黑人文学的典范。——译者注

性、周期性的趋向，帮助我们预测出即将发生的事件”的能力。**最好的诗歌会鼓励我们去理解事物，但又会用模糊性颠覆我们的理解。**词语会欺骗我们，引诱我们去发现它们拒绝直接交代清楚的结局。① 从这个角度来看，诗歌与音乐的颠覆性结构相一致，音乐也从其形式的不确定性中催生出情感。[22]

这也能解释该研究的另一个令人困惑的发现，即反复听某一首诗歌会让被试鸡皮疙瘩的反应更强烈。虽然熟悉通常会让我们适应一样东西，让我们对刺激的敏感度降低，但好的诗歌却逃脱了这个陷阱，反而会让我们更加敏感。一种可能是，这种敏感度反映了诗歌内在的神秘性，而反复聆听会放大神秘性。我们也许以为策兰的《赞美诗》是可以破译的，这首诗的用词很简单，其意义似乎是在清晰的边缘徘徊。但随后我们再次读到“虚无 / 我们过去、现在和将来 / 都会绽放”，才意识到这些词是鸭兔错觉，如同莎士比亚的十四行诗，答案并不唯一。

模糊性带来的好处并不仅限于文学。我们生活在电视的黄金时代，也就是说，我们可以观看到无数这样的节目，人物错综复杂、情节扑朔迷离，神秘元素吊足观众的胃口。大家普遍认为，大卫 · 切斯（David Chase）创作的《黑道家族》的横空出世开启了电视的黄金时代。托尼是一个复杂的非传统角色，但切斯的打算是不仅要让剧中的黑帮人物显得神秘，还要让整个剧情模棱

① 美国桂冠诗人唐纳德 · 霍尔（Donald Hall）写道，有意义的诗就像一座房子，中心有一个秘密房间。“这个房间并不是诗歌的隐藏意义，不能用才智来转述，”他说，“相反，它是不可言说的东西的栖身之处。”

两可，这样观众才会反复观看，因为故事的结局并没有定论。

这部充斥着暴力与血腥的电视剧的最终季就反映出了这一策略。新泽西最大的犯罪集团的头目托尼·瑟普拉诺（Tony Soprano）正在饭店里等他的家人。为了打发时间，他开始研究起饭店的自动点唱机，最后他点了一首 Journey 乐队[1]的《别不再相信他们》。歌曲刚奏响，他的妻子就走进门，跟在后面的是他们的儿子。这时镜头停留在几个可疑的陌生人身上，一个戴帽子的人正在喝咖啡，另一个穿着 Members Only 牌夹克的顾客坐在柜台前，眼神闪烁。接下来是一连串快速闪过的镜头：他们的大女儿梅朵·瑟普拉诺在停车场、穿夹克的人走进洗手间、桌子上的洋葱圈。餐厅的门再次打开，托尼抬起头。突然画面一片漆黑。

这个突兀的结局引发了无数解读，观众们起先还以为是电视光缆出了问题。有些人认为，杀死托尼的是那个穿夹克的人。（根据这一解读，该男子去洗手间拿了一把枪，而最后一个镜头是从托尼的视角拍摄的，突然出现的一片漆黑标志着托尼已经一命呜呼。这恰好应验了托尼的母亲所说的那句话："一切都是注定的。"）还有一些人则坚持认为托尼没死，但不得不永远生活在恐惧中。根据他们的解读，饭店里并没有刺客，但托尼对每一个人都疑心重重，我们所感受到的悬念是对他无休止的惩罚。为了找到答案，观众们仔细分析了每一帧画面，在前几季中搜寻暗示线索，他们还"考古"了那首歌的歌词，他们不停地追问切

① Journey 乐队成立于 1974 年，是摇滚乐历史上最成功的乐队之一，也是最受欢迎的乐队之一，他们创造了一种主流摇滚风格。——译者注

斯，托尼是否真的死了。

切斯拒绝回答。或者说，他不断地提醒着大家，并没有确切的答案。“关键并不在于托尼是生还是死，”切斯在一封公开信中坚称，“继续寻找这个答案只能是徒劳。《黑道家族》的最后一幕所提出的是一个无关对错的属灵问题。”[23] 尽管我们迫切地想知道最后托尼到底发生了什么，尽管我们已经花了 80 多个钟头了解他和他的亲信，但切斯仍然认为，我们无法解开这个谜团。

评论家艾伦·斯平沃尔（Alan Sepinwall）将《黑道家族》的结局比作薛定谔的著名思想实验。[24] 在薛定谔提出的思想实验中，一只猫被关在一个装有毒药的纸盒中。猫可能死，也可能活，但你必须打开容器才能知道结果，观察这个行为本身创造了现实。虽然薛定谔设计这个思想实验是为了说明量子力学本身的不完备，但它也恰如其分地说明了托尼的模糊状态。唯一不同的是，托尼的“盲盒”永远也无法打开了。

神秘的新发现

薛定谔的猫是奥地利著名物理学家薛定谔提出的一个思想实验，是指将一只猫关在装有少量镭和氰化物的密闭容器里。镭的衰变存在概率，如果镭发生衰变，会触发机关打碎装有氰化物的瓶子，猫就会死；如果镭不发生衰变，猫就存活。根据量子力学理论，由于放射性的镭处于衰变和没有衰变两种状态的叠加，猫就理应处于死猫和活猫的叠加状态。这只既死又活的猫就是所谓的“薛定谔猫”。

艺术是一面镜子

一个周日的下午，在底特律的 WKNR-FM 演播室里，时间过得非常缓慢。拉斯·吉布（Russ Gibb）是一位非常健谈的音乐推广人，他戴着厚厚的圆眼镜，留着拖把头，正在播放前卫摇滚乐和车库摇滚乐，在播放间隙还要接听听众电话。以前没做兼职 DJ 时，吉布是格兰德舞厅（Grande Ballroom）的老板，这家舞厅是由旧屋改造而来，曾捧红过爱丽丝·库珀（Alice Cooper）、MC5 和傀儡乐队（Stooges）等本地乐队。此时他刚刚播放完披头士乐队新唱片《艾比路》（*Abbey Road*）中的一些歌曲，就接到了一个来自伊普西兰蒂的听众电话，对方自称汤姆。

汤姆带来一条耸人听闻的消息：保罗·麦卡特尼（Paul McCartney）死了。吉布听了自然不信，他甚至笑出了声。他才听了一首列侬与保罗的新歌，太精彩了。保罗怎么会死呢？“听着，”吉布说，“总有人造谣说谁谁死了，但那不是真的。”可对方就是不松口。“披头士乐队的专辑里有线索能说明他死了，”汤姆固执己见，“不信你把《革命 9》（*Revolution 9*）那首歌倒过来放。”

吉布听罢来了兴趣。如果这个愚蠢的阴谋能够通过广播造谣，那他这档节目就要火了。吉布拿起一本《白色专辑》（*White Album*），把第二张唱片放到转盘上。

“现在我应该播放哪一部分？”吉布问。

“就在开头。有个声音一直重复‘九号……九号’那部分。”

吉布找到了唱片上的凹槽，他小心翼翼地把黑胶唱片向后旋转。一个幽灵般的声音浮现，只是它说的不是数字了。吉布听到的是：“让我兴奋，死人……让我兴奋，死人。”

后来汤姆又打进电话，他的声音混杂着反馈噪声，他问：“你听到了吗，拉斯老兄?”

“是的，老兄，我当然听到了。”[25]

吉布知道保罗并没有死，但他也知道如何取悦他的听众。那些来到格兰德舞厅观看化着小丑妆的爱丽丝·库珀的孩子们吃这一套，他们喜欢听这样的谣言。

他的判断是对的。就在吉布的节目快结束时，一个少年跑进演播室，手里拿着披头士乐队的一本专辑《奇幻之旅》。根据安德鲁·里夫（Andru Reeve）在《让我兴奋，死人》（*Turn Me On, Dead Man*）一书中记录了保罗已死的阴谋，正是这个满脸雀斑的孩子向吉布承诺，他有“线索能真正证明保罗已经死了”。吉布只要把披头士乐队的歌曲《永远的草莓地》（*Strawberry Fields Forever*）的最后几秒钟慢放就行。吉布听了之后，丝毫也没犹豫，立刻开始播放。

在扭曲的尖叫声和令人头晕目眩的弦乐中，人们依稀能辨认出约翰·列侬模糊的声音。他开始好像是在说“蔓越莓酱”，又好像在说“我很无聊”。但如果你再次播放这张唱片并仔细聆听，你就会听到秘密传达出的信息——“我埋葬了保罗”。[26]

没过多久，吉布的广播节目就成了全国性的新闻。1969年10月14日，就在吉布在节目中倒放《革命9》两天过后，密歇根大学的一个名叫弗雷德·拉博尔（Fred LaBour）的大二学生决定把他本来为《密歇根日报》所撰写的关于披头士乐队专辑《艾比路》的乐评进行改写，在改写后的文章中，他把所有暗示保罗已经死亡的线索都深挖了一遍。除了倒放《革命9》时所能听到的暗语以及列侬在《永远的草莓地》中病态的忏悔，他还添加了一些影像证据。比如，在《奇幻之旅》中，其他乐队成员的衣襟上都戴着红玫瑰，而保罗的是黑色。再比如专辑《艾比路》的封面：披头士乐队四个人排成一排穿过斑马线，暗含了为保罗举行葬礼的意思。其他三个人都穿着鞋，只有保罗是赤脚，好像他即将被埋葬，封面上的保罗右手夹着烟，但实际上，“保罗是个左利手”。照片背景中的白色大众甲壳虫轿车的车牌号是LMW 28IF，它暗示如果保罗“没死的话，当时应该是28岁”。① 还有音乐提供的线索，这张专辑里有首歌叫《章鱼花园》。“而在俚语中，章鱼花园是指埋葬英国海军英烈的墓地，”拉博尔写道，“歌曲《我需要你（她太沉了）》则暗示着列侬想要拯救保罗，试图

① 专门研究披头士乐队的学者后来在《佩珀军士》的封面图中发现了更多线索。图中有一只血淋淋的驾驶手套，这说明保罗死于车祸；一只张开的手掌笼罩在他头的上方，好像暗示他在安葬前被祝福；如果你把专辑举到镜子前，刻在鼓上的“Lonely Hearts”可以拼出“11/9 he die”（死于9月11日），这一定是保罗出车祸的日期。

把他从泥土中拉出来。”

拉博尔的文章被其他几十家学生刊物转载，包括《哈佛校报》。正如安德鲁·里夫记录的那样，学生们开始在地下报纸上刊登分类广告，向陌生人征求有关保罗死亡的其他信息。“你怎么知道保罗已经死了？”有则广告是这么问的。再比如，“你听到哪些风声和线索？我们交换线索吧。”[27] 这些广告收到数百封回复信件。随便哪儿都能找到证据。你知道海象在希腊语中是“尸体”的意思吗？你知道歌曲《黑鸟》中的鸣叫声实际上是一种松鸡的叫声，而它是英国民间传说中的死亡之鸟吗？你知道把歌曲《我好疲惫》后面的喃喃自语声倒放，你就会听到一个声音说：“保罗死了，伙计，想他吗，想他吗？”

阴谋论的谎言言之凿凿，相当有说服力。具体如下：1966 年 11 月 9 日深夜，保罗在伦敦艾比路的录音棚录完音后，开着他的阿斯顿·马丁车飞驰而去，结果撞上了一根灯柱。保罗当场被“正式宣布死亡”，这就是为什么他在乐队的第八张专辑的封面上戴着印有 O. P. D.① 字样的徽章。然而，考虑到披头士乐队巨大的商业价值，其余的三名乐队成员决定保守秘密，将他们的悲伤转化为秘密的暗示和倒放才能听到的录音。为了保证在公开场合仍然有四名乐队成员露面，他们雇用了保罗模仿大赛的冠军选手。约翰·列侬按照保罗的风格创作了《嘿，朱迪》（*Hey Jude*）和《顺其自然》（*Let It Be*）。保罗的妻子琳达·麦卡特尼则另嫁他人。

---

① O. P. D. 是英语“officially pronounced dead”的缩写，意思是“正式宣布死亡”。——译者注

保罗的死亡是极为离奇的谣言，始作俑者是一个兼职电台DJ和一个爱恶作剧的大学生。[①] 但是“保罗已死”的谣言却成了一种文化现象。《生活》(*Life*)杂志用了一整版封面报道了谣传保罗已死这件事，他们派了一个特别报道小组前往保罗在苏格兰的农场，而辩护律师F. 李·贝利则主持了一档电视节目，对于这场“纷争”进行“模拟审判”。数百家电台会定期对这件事发起辩论，并把披头士乐队所有唱片里的每一首歌都倒放一遍，而主流报纸则报道这件事的病毒式传播，并援引派特·罗加尔斯基(Pat Rogalski)等较为可信的青少年的观点，他告诉克利夫兰的《老实人报》(*Plain Deale*)，“有这么多证据，这不可能是巧合。我相信保罗已经死了”。[28] 多年以后，保罗在向《滚石》(*Rolling Stone*)杂志解释当年他为什么对谣言坐视不管时，他是这么说的：“他们跟我说，‘嘿，你还能怎么办？这在美国可是爆炸性新闻。你就是死了’。于是我说，‘算了，别管了，随他们说去吧。说不定这是乐队组建到现在最好的宣传方式，而我呢，好好活着就行了，其他的什么也不用做’。我好不容易撑了过来。”

“保罗已死”谣言的病毒式传播暴露了模糊性的黑暗一面。它突显出我们对不确定性的厌恶会造成一连串的误读，就像伏尼契手稿那样。到20世纪60年代末，披头士乐队已经成了玄妙深奥作品的创作导演。他们青睐巧妙的暗示，比如歌曲《挪威的森林》放弃了最初版本的直白的歌词——“这不是很好吗？我知道她愿意跟我做爱？”但在披头士乐队接触到LSD等精神类药品

① 从很多方面来看，几十年前关于保罗的阴谋论早早给我们拉响了警报，当今社会虚假信息泛滥，无数人对奥巴马出生地系伪造的消息和“9·11”阴谋论信以为真。

之后，他们就以前所未有的尺度去尝试模糊性。所以，以女孩和谈情说爱为主题的歌曲就让位给了《聚乙烯帕姆》和《黄色潜水艇》这样歌词隐晦模糊的作品。它们既是位居流行音乐排行榜榜首的歌曲，也是荒诞、超现实主义的作品。恰如披头士乐队在《谁也不知道明天》中唱的那样："关闭你的头脑，放轻松，顺流而下。"

然而，披头士乐队也是技艺卓绝的艺术家。胡言乱语很容易，难的是能写出隐晦又令人回味悠长的歌词。我们可能不理解《山巅愚人》或《你从未给过我你的钱》的歌词，但听这两首歌时内心会洋溢着情感，我们想弄明白这是为什么。我们需要诠释这种模棱两可，就像鸭兔错觉。列侬后来是这么反思的："那时候我写的歌词都比较含蓄晦涩，就像鲍勃·迪伦那样，我不会直抒胸臆，而是给听众留下某种印象，让他们或多或少能读到一些话外之意。"[29]

我们以列侬的杰作《我是海象》这首歌为例。列侬听说他以前就读的那所高中的英语老师在课堂上让学生分析他的歌曲，他觉得非常好笑，于是便创作了这首歌。开头他借用了幻觉意向和一首古老的游乐场童谣：

坐在玉米片上，等待面包车到来，
印有公司标志的 T 恤衫，愚蠢的血腥星期二，
你这个淘气的小子，把脸拉得那么长。

接下来这首歌就变得更加诡异，歌词里出现了“黄色奶油蛋羹”与“矮胖的泼妇”。

音乐呼应了这种晦涩感。列侬受到路过警车鸣笛声的启发，写下了开头的旋律。这首歌没有令人头晕目眩的弦乐，但听众却能听到背景中刺耳的咒骂声、李尔王广播剧的片段以及保罗与监制乔治的嘶吼声。“我是蛋形人，”约翰喊道，“我是海象，咕咕咕，咕咕咕。”在列侬写下关于小麦粉裹沙丁鱼和埃菲尔铁塔的那句歌词后，他又写道：“让那些混蛋去解决这个问题吧！”据列侬少年时代的朋友皮特·肖顿（Pete Shotton）回忆，这是他标志性的嘲讽语句之一。[30]

当然，《我是海象》作为单曲发行后，那些“混蛋”就开始绞尽脑汁想要破译这些歌词。评论家注意到这首歌引用了刘易斯·卡罗尔（Lewis Carroll）① 的诗歌《海象与木匠》的典故，该诗讲述了一只狡猾的海象跟一群牡蛎做朋友，只是为了把它们全吞进肚子。他们苦思冥想“小企鹅吟诵着克里希那②”这句歌词的意思，列侬后来说他是在嘲笑那些把“信仰寄托在一个神祇”上的人，他们也想弄明白列侬引用爱伦·坡有什么深意。[31]爱伦·坡的脸孔也出现在披头士乐队的第 8 张录音专辑《佩珀军士》的封面上。还有《李尔王》的对白片段：这和玉米片有什么关系？

---

① 英国作家、数学家、逻辑学家，以儿童文学作品《爱丽丝梦游仙境》与其续集《爱丽丝镜中奇遇》而闻名于世。——译者注

② 又译为“奎师那”“黑天”，是印度教诸神中最广受崇拜的一位神祇，被视为毗湿奴的第 8 个化身。——译者注

需要说清楚的是，这不是莎士比亚的十四行诗或塞林格短篇小说中的清楚明了的模糊性。相反，它混乱而自由，典故营造的是一种氛围，而不是一张能让人按图索骥的地图。"'我是蛋形人？'那可能是布丁蒸盘吧，我才不在乎呢，"当有人请他解释歌词时，他这么说道，"根本没那么复杂。"[32] 列侬后来承认，他并未读过《海象与木匠》，要不然他一定会明白海象是坏人，是资本主义的邪恶象征。他应该把歌名改为《我是木匠》。（"但那就没意思了，不是吗？"列侬打趣道。）《李尔王》的对白片段也并没有特别的指向，只是列侬和鼓手林戈在录音室时刚好听到 BBC 在播放这一段，他很喜欢那种迷幻的感觉。那么提到小麦粉裹沙丁鱼是不是暗讽伦敦警长皮尔彻？他曾指控滚石乐队理查兹吸毒并把他送进了监狱。这只是随意为之？

听众执意要从每一节歌词中探究出深意，对此列侬有时会冷嘲热讽。"我们就是骗子，"他告诉亨特·戴维斯（Hunter Davis）①，"我们知道自己在骗他们，因为我们知道大家乐意被骗。他们授予我们欺骗他们的自由。干脆继续这么做吧，我们说，就让他们稀里糊涂的。我敢肯定，所有的艺术家都会这样做，即便他们意识到这是一个骗局时。我敢打赌，毕加索也是这样，他这 80 年来肯定暗地里乐得不行。"②

---

① 其著作《披头士》是获得披头士乐队唯一正式授权的传记。——译者注

② 伊恩·麦克唐纳（Ian MacDonald）在《头脑革命》（*Revolution in the Head*）一书中指出，列侬在录音时会唱错歌词。比如《藏起你的爱》（*You've Got to Hide Your Love Away*）这首歌，列侬唱的是"feeling two foot small"（感觉自己只有两英尺那么小），而不是"two foot tall"（两英尺那么高）。录音室的工程师建议他重唱，列侬"笑着说，'留着吧，那些假装有文化的人会喜欢的'"。

但列侬大可不必如此冷嘲热讽，他其实只是喜欢创作模棱两可的音乐。披头士乐队最开始不过是歌唱爱情的男孩组合，可现在他们不仅把莎士比亚的戏剧融入音乐中，还敢挑衅警察。他们还发掘出创作影射性歌词的惊人天赋。列侬在创作《我是海象》时亨特·戴维斯就坐在边上。戴维斯说，列侬在确定歌曲节奏后即兴创作了歌词。最初的歌词是这样的："坐在玉米片上，等待那个人（man）的到来。"戴维斯把"man"听成了"van"（面包车），便在笔记本上记下了"van"这个词。但列侬更喜欢"van"，因为这个词更怪异、更隐晦、更模糊。戴维斯想到的是"当有人被认为大脑不清、疯疯癫癫时，别人会威胁他要喊面包车把他拉走。列侬很喜欢这个意象"。[33] 所以，最终版本的歌词里并没有用本可能很俗套的"那个人"，而是呈现出一个更暗黑的对于精神疾病的影射。

这果然是明智之举。在披头士乐队如日中天的时期，列侬和保罗在创作歌曲时一直会选择更神秘的方法。比如用"面包车"而不是"人"，"把你拥在他的沙发中"而不是"把你拥在怀中"。再比如《嘿，朱迪》① 中那一句"下一步怎么做全看你自己"，我们不知道写词人为何如此笃定。在披头士乐队后期的杰作中，他们表达了人们高估了理解的作用的看法。真正的乐趣在于神秘。

---

① 真的是"扶手椅"（armchair），样带里就是这么唱的。保罗很坦率地讲起他第一次为约翰和洋子弹唱《嘿，朱迪》的经历："约翰和洋子来拜访时，我在楼上的音乐室里，他们就在我的右后方，右侧肩膀后面，他们站着听我弹唱，当我唱到'The movement you need is on your shoulder'（你要走自己的路）这一句时，我扭头往后面看看说，'这句得改，写得不好，太草率了'，约翰说，'不用改，写得很好。就这句写得最好！'"

这种极具创意的方法非常有效，直到来自伊普西兰蒂的汤姆决定将披头士乐队的《白色专辑》倒放。尽管披头士乐队在制作《橡胶灵魂》专辑时曾尝试过所谓的倒录技术，那是在服用了迷幻药飘飘欲仙之际，列侬听了歌曲《雨》的倒放，并为这种奇异的声音所倾倒，但他们从未尝试过语音逆转，因为这比一般的创作要难得多。因为语音逆转要求歌手学会如何倒着说话，这还只是其中的一个难题。虽然他们从未尝试过，但因为人类在语言诠释方面具有一定的天赋，所以即使把披头士乐队的歌曲倒放，有时候听起来仍然像是真正的语言。听众甚至能听出来歌曲暗示了保罗的死亡。

但这种诠释方法有个问题，那就是它去除了模糊性。潜在的意义被层层剥开，取而代之的是用唱片机破译的密码。公众们并没有接受这份神秘，而是把歌曲看作创作者在掩盖事实之后的忏悔。我们忘记了鸭兔错觉，而只看到了鸭子。

有鉴于此，“保罗已死”的谣言仍然是一个警示故事，它告诉我们，大众媒体与模糊厌恶之间的关系就像干柴烈火，一触即发。在汤姆和他的拥趸生活的年代里，没有社交媒体账号，只有广播电台、学生报纸和分类广告，但这足以让全世界并无关联的人相信，这些模棱两可的歌词是可以破译的，他们不必生活在茫然费解的状态中。

这是一个悲剧性的误读。那些披头士乐队歌曲的真正意义就是没有确定的意义，却产生了很多种有意义的诠释方法。毕竟，就连列侬自己也没法解释那个蛋形人，也说不清楚玉米片上的孩子为什么在等面包车。

确定的艺术作品当然欣赏起来更容易。但我们之所以愿意重温披头士乐队的《白色专辑》、塞林格以及莎士比亚的十四行诗，并不是因为那些隐晦的信息，而是因为各种可能诠释的方式带来的乐趣。真相是活的，是不断变化的，就像我们一样。

艺术是一面镜子。

MYSTERY

第二部分

解锁未知，
让神秘感为我所用

A Seduction
A Strategy
A Solution

第 6 章

利用神秘感的策略，创造无限的游戏

MYSTERY

A Seduction

A Strategy, A Solution

艺术家不能，
也不应该想当然，
他们必须深入每一个
答案的核心，
揭露答案所隐藏的问题。

詹姆斯·鲍德温
《创造的过程》

20 世纪 40 年代，詹姆斯·卡斯（James Carse）在芝加哥的郊区阿灵顿海茨长大，那时家附近的男孩们会在空地上打棒球。“早晨醒来，刚吃完早饭，我就能听到清脆的击球声，心里急不可耐地想去打球。”卡斯回忆说。虽说是按照棒球比赛的规则来，三振出局，但没人真会去记录到底打了几局，更没人记录比分。“我们一整天都泡在那儿，”卡斯说，“有人走，有人来，所以两方球队的成员也不固定。但大家根本无所谓，谁赢谁输都不重要，只要能一直玩下去就行。”[1] 等到太阳快落山时，爸爸妈妈会过来跟孩子们一起在空地上享用晚餐。

40 年过去了，卡斯现在是纽约大学的宗教学教授，但他仍然记得自己当年有多喜欢在那片沙场上打棒球。这些记忆，加上卡斯又非常仔细地阅读了维特根斯坦的著作①，促使他萌生了一

① “维特根斯坦在《棕皮书》中的一句话真正影响了我的思路，”卡斯回忆道，“那句话是这样说的：‘词的意义是它造成的结果，而不是为这个词所定义的内容。’我觉得这个观点令人耳目一新。如果一个词的意义是它的结果，那么当你在听到这个词的一刹那，你其实并不知道它是什么意思，除非等到这个词引起了某种反应，等到你看到它是如何起作用的。按照这个观点去分析，语言就像是游戏。”

个念头，那就是写一本关于游戏本质的学术专著。他的基本见解是游戏可以分为两种，即有限游戏和无限游戏。[①]

神秘的新发现

> 世界上有两种游戏，一种是有限游戏，一种是无限游戏。有限游戏是指那些参与者受到规则的约束，并且最终有确定的赢家和输家的活动。无限游戏更像是一种消遣，参与者唯一的目标是要继续玩下去。有限游戏有固定的规则，但无限游戏的玩家往往会为了这唯一的目标而改变规则。

有限游戏无处不在。卡斯认为，有限游戏是指那些参与者受到规则和条例的约束，并且最终有确定的赢家和输家的活动。这些游戏是有限的，因为玩家的目标是取得胜利，所以玩家一定会记分。比如高尔夫、大富翁、40码冲刺[②]以及《使命召唤》（*Call of Duty*）。有限游戏有严格的规则（违反这些规则就相当于作弊）以及明确的获胜条件。一旦有人违反规则或是达到了获胜条件，游戏就会结束。

相比之下，无限游戏更像孩子们玩的沙场棒球，它是一种消

① 这本书的初稿信息量非常大，学术性也很强，足足有350多页。“书稿完成时我刚好在巴黎休假，”卡斯回忆说，“我把书稿带到我最喜欢的那家咖啡馆，可没承想我居然把它弄丢了。一页也没留下来。当时我真是万念俱灰。”就在卡斯打算放弃时，他决定把书稿大概的内容再写一遍，怕万一以后能派上用场时自己却想不起来。“我用了大约6周的时间写完后来那本书，”他说，“它是我写过的最容易的一本书。谢天谢地，幸亏我把原来那本书稿给弄丢了。”

② 40码冲刺是一项短跑运动，可以用来评估橄榄球运动的速度和加速度。——译者注

遗，参与者唯一的目标是要继续玩下去。有限游戏有固定的规则，但无限游戏的玩家往往会为了这唯一的目标而改变规则。例如，打棒球时，孩子们会调换成员到另一个队伍以保持双方势均力敌。游戏不是达到目的的手段。游戏既是手段，也是目的。[2]

卡斯相信无限游戏之美，无论是民主制度中的选举者，选举是没有终点的游戏，还是进化的过程，因为不存在绝对完美的物种。他相信，为了玩而玩的游戏才是最好的游戏，它们能最大限度地挖掘玩家的潜能。

作为一个以研究基督教神秘主义而闻名的宗教学者，卡斯对无限游戏的神学意义尤为感兴趣。“有影响力的宗教已经存在了很久，”卡斯说，“印度教有 6 000 年的历史，犹太教有 4 000 年的历史。当然，这些宗教都有强烈的有限元素。在关于宗教的争论中，有些人抱着非赢不可的心态，创立极端宗教信仰团体，执意认为自己最终搞清楚了一切。”卡斯认为，这些人是在和上帝玩有限游戏。

但卡斯认为，这些有限游戏无法解释为何有影响力的宗教能经久不衰。“那些圣人，那些在人类历史的长河中举足轻重的大人物，他们知道，当你以为自己已经读完了宗教典籍时，实际上只是翻开了一个新的篇章，”卡斯说，“争论还在继续。这是件好事。”我们向宗教寻求答案，但让宗教源远流长的是无穷无尽的问题。

不仅宗教如此，卡斯认为，无限游戏也能解释为什么优秀的文化经久不衰，比如莎士比亚或披头士乐队的作品。“最好的文学作品永远是悬而未决的，”卡斯说，“看了一遍《哈姆雷特》，你也许以为自己看懂了，但回头再看一遍你才发现自己没弄明白，或者理解有误。所以你只能来回看，反复琢磨。”宗教典籍的文本并不会给出明确的意义指示，而是变化莫测的。阅读宗教典籍好比无限游戏，这听起来可能叫人灰心丧气。我们为什么要为一个永远打不开的“盲盒”绞尽脑汁？为什么要读一本无从获知真凶是谁的侦探小说？为什么要笃信一种教义教规不断改变的宗教？

然而，正如卡斯所指出的，这种永恒的追求能给我们带来乐趣。“如果你跟一个成年人描述无限游戏，他们肯定会满脸狐疑，”卡斯说，“他们无法想象游戏里没有赢家。但孩子们呢？他们最快乐的时刻往往是在他们自己的世界里玩耍，制定他们自己的规则，玩一种没有终点的游戏。玩无限游戏才是最开心的。”

本章将要探讨的正是那些最吸引人的无限游戏所具备的特点。[①] 它们为何能吸引我们的注意力？它们为何能让我们一直热衷于玩自己赢不了的游戏？事实证明，关键是使用多种神秘的诱饵，创造出一种能以不同方式让人感到迷惑的文化作品。

---

① 国际知名演讲家西蒙·斯涅克的著作《无限的游戏》讲述了我们不能决定所要参加的游戏是有限的还是无限的，但我们能决定用什么样的思维来参与。该书中文简体字版已由湛庐引进、天津科学技术出版社出版。——编者注

哈利·波特的无限游戏

1998 年夏天，杰森·哈洛克（Jason Hallock）当时在一家电影制作公司从事读稿工作。他每天要如饥似渴地读很多书和剧本，他必须慧眼识珠，找出有潜力成为下一个好莱坞大热门的稿子。多数文稿都被他拒之门外。“只要看得足够多，你就知道哪些文稿不过是拾人牙慧，”杰森说，“大多数故事都是层层模仿，好的故事是具有独创性的。”[3]

这天，有人把一本装订好的英国儿童小说的书稿放到了杰森的书桌上，并告诉他这本书有点“热度”，这本书获得了不少关注，于是杰森便把这本稿子放到他那堆书里。这本书的封面看起来挺漂亮，但杰森并不是特别看好，至少从电影公司的角度来看如此。“你看，这本小说的标题里有‘哲学家’3 个字，”杰森回忆道，“很明显，大片名字里不该有这样的词。”

接着他开始读了起来。刚读到第 5 页，他就被吸引住了。等读到第 3 章结束时，他就彻底爱上了这部小说。他只用了几个钟头就读完了这本书，并立刻提笔写了一篇分外精彩的书评。下面这一段文字摘自杰森的书评：

> 一部绝妙的、极具创造性的儿童幻想作品，迸发着想象力和电影潜力。它既具有经典童话的吸引力，又呈现出了令人瞠目结舌的可视环境……最终，所有这些元素共同创造出了一个引人入胜的故事。

杰森的褒扬引起了上司的关注，于是上司一个电话打了过来。“她问我我的话能不能当真，”杰森回忆说，“我告诉她我确实很认真，这本书真的很出彩。于是她又去找她的上司，公司的高级副总裁，但副总裁觉得这听起来有点不可思议。不过副总裁也知道我这个人一般不会这么看好哪本书，所以她干脆连午饭都没吃，一口气把这个故事读完了。”结果她也迷上了这本书，她冲进制作部主管的办公室，把书往桌子上一扔，告诉他公司应该立刻买下这本书的版权。

“主管瞥了一眼书，看了看封面的内容，”杰森回忆说，“然后他摇摇头回答道：‘我没明白……魔法学校？’”

这本书就是《哈利·波特与魔法石》，其英国版的书名是 *Harty Potter and the Philosopher's Stone*。当杰森和公司高管试图说服制作部主管改变主意时，他回答说，这本书就算再好，50万美元的要价也太高了，毕竟这只是该作者的第一部奇幻小说。

他错了。电影《哈利·波特与魔法石》的全球票房超过了10亿美元，整个系列电影的票房收入超过70亿美元。“制作部主管是个聪明人，可惜他没能看到这部迄今为止最受欢迎的魔幻文学系列的潜在价值。”杰森说。

杰森现在是派拉蒙影业的顶级故事分析师，他的职责是发现卖座影片的情节特点，然后根据这些特点去修改公司已购入版权的、不那么出彩的故事。这年春末，我去了杰森位于梅尔罗斯大道的工作室，他带我参观了派拉蒙宽敞的工作室、露天片场和巨大的海景特效片场，有了这个片场，电影制作人在洛杉矶市中心就能拍摄出逼真的海景。近距离地观察这些场景是为了了解摄影机究竟能隐藏多少秘密，以及观众们是多么容易忽视摄影机的骗人把戏。比如，曼哈顿的街道都是灰泥墙面，甚至砖头都是空心的，而大多数电影中墙壁的颜色都比较丰富。“这样的墙面在现实中也许过于炫目，但在电影中效果非常好。”杰森说。在片场，我看到道具师把假的家具搬来搬去，我往摄影棚里瞥了一眼，看到的是一片想象出来的人造乐土，电影已经拍摄完毕，工人们正在拆除布景，他们把塑料棕榈树装上卡车，把金灿灿的沙子铲进手推车，棚子里只剩下一间热带风情的小草屋。

说到电影，杰森算是最后的浪漫主义者。虽然多年来他一直在电影行业打拼，但当跟他讨论起弗雷德里克·马奇（Fredric March）在《黄金时代》（*The Best Years of Our Lives*）中的表演时，他的声音听着仍然洋溢着喜悦：“那也许是有史以来最好的醉酒戏。”再比如谈到《夺宝奇兵》（*Raiders of the Lost Ark*）中的喜剧元素，他同样兴高采烈。“一直以来，电影就是硬性推销。观众得花 15 美元买一张电影票，然后在一个黑房间里和陌生人坐上几个钟头，现在推销电影更难了，大家想看什么在手机上都能找到。你得让观众着迷，只有这样他们才会觉得值回票价。”在杰森说完这番话后几个月，受新型冠状病毒感染疫情的影响，影院只能歇业。

杰森以“哈利·波特”系列的开头为例。“为什么这个故事只读了头几页就让我欲罢不能？J. K. 罗琳并没有开门见山地讲魔法学校，那样太直白了。相反，故事从一条再普通不过的郊区街道娓娓道来，但正是它的普通凸显出那些我们不了解的小细节。”一只猫在看地图，一群黄褐色的猫头鹰从天空中飞过，还有些穿着长袍的古怪教授们在谈论一个说不上来名字的人。这些细节都非常不合理，至少暂时看起来很不合理，但这些令人费解的描述激起了我们的好奇心。这些人是谁？他们在女贞街上做什么？

这些问题就是“盲盒”。像《星球大战》一样，“哈利·波特”系列也把我们扔进了一个充满未知的陌生世界，罗琳没给出任何解释，以此来引发我们的好奇心。[①]“我的工作就是读故事，但很多故事我还没读几页就已经知道要发生什么了，”杰森说，“我脑袋里没有任何疑问。但‘哈利·波特’系列恰好相反，它

---

① 历史上最成功的系列电影——漫威也采用了类似的技巧。超级英雄类电影的特点就是从叙事的角度来看，完全没有神秘性：好人总是赢。比如《复仇者联盟：终局之战》绝不可能以灭霸的胜利而告终。漫威之所以能如此成功，在于它在封闭的宇宙中创造出“盲盒”，这样就算观众能猜透结局，仍然会看得聚精会神。这一传统始于《钢铁侠》的片尾彩蛋，托尼·斯塔克走进他的豪宅，结果发现迎接自己的是独眼侠尼克·弗瑞。“你以为你是世界上唯一的超级英雄？”尼克问，“你已经成为一个更大的宇宙的一部分，只是你自己还不知道而已。”之后系列影片的彩蛋延续了这一传统，它们暗示着还会有更广阔的宇宙。比如《美国队长 3：内战》的彩蛋提到了《黑豹》，一部两年后才上映的电影，而《复仇者联盟 3：无限战争》的彩蛋则预示着《惊奇队长》将与观众见面。再比如，直到在 2018 年的漫威电影中才发挥关键作用的武器——无限手套，观众早在 2011 年上映的《雷神》中就曾一睹其风采。研究人员斯宾塞·哈里逊（Spencer Harrison）、阿恩·科尔森（Arne Carlsen）和米哈·斯科尔洛娃（Miha Skerlavaj）在分析漫威的成功之处时指出，这些微妙的提示“激起了人们对人物、故事线和全新世界的强烈兴趣。漫威的整个宇宙给观众一种感觉，人人都能参与解谜”。

让我根本停不下来。”

罗琳会使用“盲盒策略”并非偶然。在采访中，她指出“哈利·波特”系列是按照基本的侦探故事结构来创作的。罗琳说：“从很多方面来看，我都认为‘哈利·波特’系列本质上就是侦探小说。”（写完“哈利·波特”系列后，罗琳又用笔名创作了一系列成人侦探小说。）就像一部好的罪案小说那样，某个核心的未知因素推动了“哈利·波特”系列每一本的故事发展，比如说：寻找魔法石的坏蛋是谁？最后一个魂器到底在哪儿？罗琳会诱导读者去怀疑某一个嫌疑人——一定是斯内普教授！然后罗琳会让读者看到一个堪与阿加莎·克里斯蒂的故事相媲美的惊天反转。那个人居然是奇洛教授！而哈利本人就是最后一个魂器！回头再读时，你会发现必要的线索一直在那里，只是我们不知道如何读懂并利用这些线索而已。

为了实现这些惊天大反转，罗琳借鉴了侦探小说的叙事风格，也就是“第三人称有限全知视角”。罗琳用第三人称来描述她笔下的人物，表达哈利·波特所思所想的不是哈利·波特本人，但叙事者的视角与人物的视角是相同的，他们的认知有限而狭隘。这种叙事风格能帮助作者引出谜团，用错误的嫌疑人与预测偏差来欺骗读者。从始至终，读者知道的并不比哈利·波特知道的更多，而哈利·波特所了解到的信息也非常有限。

这些“盲盒”的力量是暂时的。我们最后终于明白，猫就是麦格教授，伏地魔就藏在奇洛教授的身体里。为了创造一个更有意义的“盲盒”，发明一个无限游戏，作者必须创造出直到最后也没有真相大白的谜。无论我们重读多少遍小说，这些疑问都会持续存在。

在《哈利·波特与魔法石》中，罗琳从第2章开始设置“盲盒”，故事跳到了10年后。哈利现在是一个瘦小的男孩，住在楼梯下面的储藏室里，他的眼镜片上粘着许多透明胶带。“一方面，哈利是一个读者耳熟能详的角色，”杰森说，“他是一只变成了王子的青蛙。如果作者的功力不够，这个角色一定会非常俗套无趣。但罗琳正是用那些微小的细节赋予了人物魅力：眼镜、那道奇怪的疤痕、动物园里的蛇。”这些都是标志性的细节，因为它们完美地塑造了一个角色，同时也填补了他的世界。我们不仅瞥见了哈利的轮廓，还粗略地了解到他寄人篱下的悲惨生活。他是魔法师的救星，但他当时甚至都不知道魔法师的存在。

随着故事的展开，罗琳让哈利的性格变得复杂。他也许是主角，但他与伏地魔这个反派又有着不可思议的联系。哈利不仅能跟蛇对话，而且他的魔杖与伏地魔的魔杖的杖芯都是来自同一只凤凰的羽毛，他们还可以感受到对方的感受，因此故事中善与恶的界限变得模糊不清。扁平人物是奇幻小说的典型特点，虽然罗琳完全有能力塑造扁平人物，但她呈现给读者的却是圆形人物，每一个角色都有让人感到惊喜和神秘之处。

比如霍格沃茨的魔药课老师西弗勒斯·斯内普。第一次读的时候，读者会觉得斯内普明显是个不易扳倒的反派，一个来自坏学院的坏家伙。他对格兰芬多的孩子们都很残忍。他谋杀了霍格沃茨的校长邓布利多。他还泄露了哈利的逃跑计划。然而，一旦我们知道了斯内普的结局，这是这个故事中最令人瞠目结舌的反转之一，他原来是一个勇敢的双重间谍，就能看到他罪行背后的狡猾逻辑。他的卑劣可能是他的本性，也可能是伏地魔把他变得如此。从始至终，我们都没有彻底找到这个问题的答案。于是每一次重温“哈利·波特”系列，我们都会觉得斯内普这个人物越发有趣，因为他变得越发模糊了。

杰森指出，所有让人回味无穷的故事都有一个根本特征，那就是拥有复杂的人物。他以史诗巨作《教父》三部曲为例，它突出了虚构人物的神秘性。“人们愿意把《教父》看上 20 遍，因为那是一个不可思议的世界，生活在那里的是非常有意思的人，”杰森说，“重温这部剧会让你不断地注意到新的东西。人物在不断变化。”以《教父》第一部的一个场景为例，在纽约布朗克斯区一家很受欢迎的意大利餐厅里，迈克尔与索洛佐、麦克卢斯基碰面了。洗手间里藏了一把枪（迈克尔打算杀死索洛佐和麦克卢斯基，因为这两人曾刺杀他的父亲）。迈克尔找了个借口去了洗手间，拿到那把枪，然后，趁着一列高架列车轰鸣着停下的时机，在近距离平射射程内射出了 3 颗子弹。然后他一脸惊恐地丢下枪，跑出了餐厅。

这一幕是《教父》的一个标志性片段，不仅仅是因为它是迈克尔走向黑暗面的关键时刻。大卫·切斯创作的《黑道家族》的最后时刻也深受这一幕的影响。为什么这一幕悬疑场景值得反复观看？原因正是在于那些透露出信息的细节，如腐败的警长麦克卢斯基正津津有味地享用他的牛排，索洛佐赤裸裸地蔑视，迈克尔好不容易才克制住情绪。正如该片的声音剪辑师沃尔特·默奇（Walter Murch）所认为的，观众会如此密切地关注这些人物的细节，一部分原因是《教父》的导演弗朗西斯·福特·科波拉（Francis Ford Coppola）让迈克尔和索洛佐用意大利语交谈，却没配上英语字幕。“即使放到今天，这也是个很大胆的做法，在一部英语电影中两个主要人物用另一种语言长时间对话，却没有翻译好的字幕，”默奇在接受作家迈克尔·翁达杰（Michael Ondaatje）的采访时说，“因此，观众会更加关注人物说话的方式以及他们所使用的肢体语言，会以一种全然不同的方式去感知。”[4]

这一幕的场景也没有配乐，科波拉想以此吸引观众的注意。“配乐对于大多数影片而言就好比运动员使用的类固醇，”默奇说，“它能让运动员具有优势，能提高运动员的速度，但从长远来看，它对机体是有害的。”[5] 原因在于，根据默奇的看法，配乐往往会揭开电影的神秘面纱。音乐会代替我们去解读影片的潜台词，它支配我们的感受，告诉我们应该害怕、高兴、紧张或悲伤。科波拉关闭了配乐这一情感共鸣的捷径，这样观众不得不为导演所塑造的复杂人物而大伤脑筋。无声的背景增强了悬念，我们不知道迈克尔究竟要做什么。“每次重新观看这部电影时，我对片中人物的感觉都不一样，”杰森说，“这就是它的高明之处。这些镜头已经刻在我的脑海里，但每一次观看都会带来不同的体验。”

“哈利 · 波特”系列的无限游戏以“盲盒”和不透明的人物开始，但罗琳并没有止步于此，她还大量地使用了模糊性这个诱饵。比如说那个出名的预言，它不仅让伏地魔杀死了哈利 · 波特的父母，还驱动了整个故事。罗琳的灵感来自《麦克白》，在该剧中，麦克白从女巫那里听说了一个预言，“任何妇人所生的人都不能伤害麦克白”。这个预言让麦克白鲁莽自大，因为他并没有注意到这句话的意思模棱两可。最后，麦克白被麦克德夫杀死了，而麦克德夫是“没有足月就从她母亲的腹中剖出来”的。罗琳从《麦克白》中学到的道理就是，要让预言充满模糊性。要让读者去解读预言，就像解读文学作品那样。

在“哈利 · 波特”系列故事中，透露预言的是一名很不靠谱的占卜教授——西比尔 · 特里劳妮教授。在哈利出生前几个月，特里劳妮宣布：“拥有战胜黑魔头（伏地魔）能力的人走近了……出生在曾三次击败过黑魔头的人家……出生在七月末……，黑魔头把他视为自己的劲敌，但他拥有黑魔头不了解的力量……一个必须死在另一个手上，因为两个人不能都活着，只有一个能生存下来。”

像麦克白一样，伏地魔并未注意到这个预言是模棱两可的，所以错误地解读了预言。他以为预言中指的人是刚出生的哈利 · 波特，这也是为什么他试图杀死小哈利，而最后他杀死了哈利的父母。直到该系列的第六本书，读者才彻底明白，这则预言根本不是预言。邓布利多是这么解释的：

哈利，永远不要忘记，预言的意义只是伏地魔造成的……伏地魔把你当成对他来说最危险的人——而这样一来，他就使你变成了对他最危险的人！

在一次采访中，罗琳把这个模棱两可的预言称为“麦克白的信念：女巫们告诉麦克白会发生什么，然后会把预言变成事实”。[6] 罗琳通过邓布利多之口提醒我们，要想理解最有趣的文字就必须层层剖析，它们往往包含着不易解开的歧义。正如希伯来大学英语文学教授希拉·沃罗斯基（Shira Wolosky）在《哈利·波特之谜》（*The Riddles of Harry Potter*）中写的：“从许多方面来看，‘哈利·波特’系列是典型的探索冒险类故事，但从最宽泛的角度来看，哈利和他周围的人探索的是秘密和谜题。从这个意义上说，‘探索’就是解读和诠释的行为。”[7]

“你为什么要把一切变得如此困难？”在故事接近尾声时，哈利问邓布利多。我们也可以问问罗琳，为什么“盲盒”、预测偏差、不透明的任务和模糊性在这样一部儿童小说里比比皆是。当然，她是有意为之，因为阅读的乐趣在于搜寻，直接给出答案并不具备娱乐和教化的效果，关键是要保持神秘。这也许是邓布利多最重要的教诲。邓布利多最后留下的遗嘱疑团重重，在遗嘱中，他把一些乍看之下相当无用的东西赠送给了他最喜欢的几个学生。比如罗恩得到的是一个熄灯器，熄灯器看上去像银质的打火机，只要轻轻一弹，它就能把一个地方的所有灯光都吸走，然后再重新点亮。直到打败了伏地魔，学生们才明白他留下这些遗物的良苦用心。重要的不是遗物，真正的馈赠是它们所激发的叫人苦思冥想的诠释过程。

我们也可以这么评价“哈利·波特”系列，它是情节跌宕起伏的侦探小说，第一遍读的时候难免会匆匆忙忙，因为我们等不及要打开所有的“盲盒”。然而，“哈利·波特”系列的天才之处在于，它不仅仅有错综复杂的情节。即使知道了故事的结局，我们仍然迫不及待地想重读这套书，按照邓布利多教我们的方式去解析文本。①我们意识到，每个人物都比我们想象的要复杂，预言实际上根本不是预言。正如沃罗斯基所言，“哈利·波特”系列所呈现的“是永无止境的解读，因为我们生活的世界具有无穷无尽的意义”。[8]这样，文字就一直会是一种无限游戏，充满了永不过时的神秘感。一本讲述魔法学校的书能做到这般，实属难得。

剧透会让有些故事更有趣

有个简单的办法能确定某个文本是不是一种无限游戏，那就是剧透。如果告诉一个迫不及待地想知道故事结局的 9 岁孩子，最后哈利打败了伏地魔，她会放下手中的书吗？如果悄悄地告诉每一个观众，《哈姆雷特》是部悲剧，最后所有人都死了，他们是否会起身离开剧院？如果告诉观众《教父》中的迈克尔无法逃脱家族企业的影响，会毁了这部电影吗？

---

① “哈利·波特”系列也是无数同人小说的灵感源泉，读者们总有新的办法来继续这个故事。

答案是，**剧透并不会有多大影响。最好的艺术作品不怕剧透，无限游戏也不需要愚昧无知的观众。**这是关于娱乐的一个基本事实，但似乎已经被我们遗忘了。我们生活在一个剧透警告频繁出现的时代，几乎每一篇娱乐评论都包含剧透警告。① 剧透警告背后的逻辑其实很清晰，即一旦我们知道会发生什么，就会对故事失去兴趣。“哈利·波特”系列的魅力就在于其结局的隐秘性。

好消息是，有确凿的科学证据表明，剧透并不像我们想象的那样，会让人兴致索然。在《心理科学》上发表的一项研究中，乔纳森·莱维特（Jonathan Leavitt）和尼古拉斯·克里斯滕菲尔德让数百名大学生阅读了 12 个不同的短篇故事。[9] 这些故事分为三种风格：讽刺性的转折故事，如契诃夫的《赌注》；侦探小说，如阿加莎·克里斯蒂的《象棋问题》和约翰·厄普代克（John Updike）等作家所创作的“文学故事”。有些被试阅读的是不涉及剧透的原故事，而有些被试阅读的故事文本中则不露痕迹地嵌入了剧透内容，就好像契诃夫自己泄露了故事的结局，还有些被试阅读的故事一开头就标注有剧透免责声明。

研究结果非常出人意料。科学家们发现，几乎每一个故事，无论什么类型，如果在序言部分注明会有剧透，被试在阅读时就

① 哲学教授理查德·格林（Richard Greene）在阐述剧透的历史时指出，“剧透警告”与技术相互关联。历史上的首个“剧透警告”早在 1982 年由一个新闻组发布，它警告大家当心所发布的内容涉及《星际迷航》的电影剧透。但是，“直到 2000 年，‘剧透警告’这个词才在网络上普及起来”，这个词是随着互联网的提速和覆盖范围的扩大才得以普及的。

会有更多的愉悦感。**虽然长期以来人们一直以为阅读的乐趣在于事先不知道结局，但这项新的研究表明，紧张感实际上会减少乐趣。给一个本就精彩的故事锦上添花的方法是在一开始就剧透。**

最开始读到这项研究时，我很怀疑。让我们全神贯注的不应该是悬念吗？我们的直觉怎会这样大错特错？克里斯滕菲尔德在论文中也指出，很多人都有这样的疑问："依我看，要是我告诉大家研究的结果，90% 的人都会不相信。他们都说曾有被人剧透，结果弄得兴致全无的经历。"

不过，克里斯滕菲尔德指出，如果换作以前的读者或观众，这项研究的结果就不会那么有悖常理。几千年来，从古希腊悲剧到莎士比亚戏剧，主宰大众文化的是能够预见到结局的故事。荷马的读者们知道谁最后赢得了特洛伊战争，以及阿喀琉斯最终的命运，而简·奥斯丁的读者们则很清楚，在故事的结尾男女主人公会喜结良缘。就连当代导演乔治·卢卡斯（George Lucas）①也丝毫不担心剧透：1976 年，在《星球大战 4：新的希望》上映前一年，他告诉《纽约时报》的记者，在电影结尾，死星将被摧毁。[10]"从定义来看，通俗小说是高度可预测的，"克里斯滕菲尔德说，"但没有人会抱怨莎士比亚的戏剧名涉嫌剧透。"②

---

① 美国著名导演、编剧、制片人，代表作有《美国风情画》和"星球大战"系列。——译者注

② 美国得克萨斯州农工大学的学者艾伦·雷德蒙（Allen Redmon）认为，剧透的概念根植于"纯洁的文本或处女文本"的荒诞说法。我们把道德主义的假设带到了电影中，就像我们把道德主义的假设带到了性爱中一样，认为女性有过一次性经历就会失去一些东西。

为什么剧透并不会破坏整个剧情？克里斯滕菲尔德认为，这是因为想象构建出的光彩壮丽的世界比结局的不确定性更重要。“当你阅读一部小说或者观看一部电影时，你是主动地进入其中的。你会暂时抛却心中的怀疑，愿意往这个不存在甚至不可能存在的地方投入情感。我的观点是，如果你能欺骗自己相信有外星人或者龙之类的东西存在，那你也可以暂时忘记接下来发生了什么。”换句话说，**我们非常善于悄悄地走进虚构的宇宙，以至于剧透对我们都产生不了太大影响，想象力比我们预想的还要强大。**

但这仍然不能解释为什么剧透会让有些故事更有乐趣。一种假设是，剧透能让我们注意到艺术作品持久的神秘性，就像科波拉故意不配字幕反而能让观众注意到迈克尔的扮演者艾尔·帕西诺细致入微的表演。再以“哈利·波特”系列为例，一旦观众知道了斯内普的经历，就可以毫无顾虑地去剖析他复杂的动机。扁平人物也就成了圆形人物。“剧透能给艺术作品增色，因为这样，你就能随心所欲地去留心更多其他的东西，不需要关注接下来会发生什么，”克里斯滕菲尔德解释道，“而其他的东西”，那些吸引我们进入虚构世界的无法破译的元素，“是我们乐趣的一大来源。”① **我们认为剧透会削弱神秘感，但对于伟大的艺术作品而**

---

① 电影《公民凯恩》的开场就是一个典型的“盲盒”——报业大亨查尔斯·福斯特·凯恩在弥留之际说了“玫瑰花蕾”4个字。初次观看这部影片时，我们会被自己的好奇心牵着鼻子走：玫瑰花蕾意味着什么？影片最后一个镜头给出了答案，凯恩8岁时玩的雪橇叫“玫瑰花蕾”。这个答案让人觉得索然无味，因为它是一个看似随机的记忆碎片。但这也是关键所在。当我们重温这部电影时，无关紧要的“玫瑰花蕾”会迫使我们去思考凯恩到底藏有怎样更大的谜团。我们也许知道了他遗言的含义，却觉得自己对这个人了解得更少了。

言，剧透实际上能增强神秘感。

情节是有限游戏，每一个故事都有开头、中间和结束。但即使在有限的结构中，一些作家也能找到囊括无限性的方法。他们会刻意设置疑问，无论我们重读多少次文本，重看多少遍电影，都无法找到这些疑问的答案。“我并不是因为忘记了故事情节才去重温自己喜欢的电影，”杰森·哈洛克说，“而是因为我仍然有不明白的地方。我有种感觉，自己总是错过了一些东西，总有些已经发生而我没看到的事。”

文学里的无限游戏，我们要如何面对未知

1896 年，英籍美裔小说家亨利·詹姆斯发表了一篇名为《地毯上的图案》的短篇小说。[11] 乍一看，这个故事是一个简单的探索故事：故事的叙述者身份不明，他（她）决心要弄清小说家休·维里克（Hugh Vereker）作品的真正含义。作品的主题非常隐秘，亨利·詹姆斯把它比作“波斯地毯上的复杂图案”。尽管叙述者“抓狂了一个月”试图揭开这个秘密，然而仍一无所获。接着悲剧发生了，维里克死了，把秘密也带进了坟墓。叙述者的探索之旅只能无疾而终，地毯上的图案永远也发现不了了。

我们几乎可以肯定的是，詹姆斯创作这篇小说的初衷是批评那些在他的作品中寻找挖掘隐藏主题的人。故事的叙述者雄心勃勃，想要弄清楚维里克作品的深意，但秘密就在于没有秘密。他

之所以失败并不是因为没找到答案，而是因为没什么可找的东西。文学是一种无限游戏。

无法领悟到文学作品的神秘性是很容易犯的错误，而且不仅仅是文学评论家会犯这样的错误。美国国家情报委员会的前主席格雷戈里·特雷弗顿（Gregory Treverton）对谜题（puzzle）和神秘（mystery）进行了区分，这很重要。[12] 他认为，谜题是冷战的特点，好比美国情报机构要弄清楚一些问题的答案，而这些问题是可解决的，如苏联有多少枚核弹头、导弹的位置在哪里、它们能飞多远。他说，谜题是关于缺失的信息：答案就在那儿，我们要做的是把它找出来。

但并不是每一个情报部门所要解决的问题都有一个确定的答案。以恐怖主义威胁为例，特雷弗顿写道："恐怖分子会根据我们的弱点塑造自己：他们会构成什么样的威胁取决于我们。" [13] "9·11"事件中的恐怖分子并不是训练有素的飞行员或航空专家，他们只是发现了机场安检程序中的一个漏洞。特雷弗顿的观点是，提前确定恐怖袭击的时间、地点与弄清楚苏联到底有多少枚导弹截然不同，因为前者取决于"许多已知因素和未知因素在未来可能的相互作用"。没有明确的答案就意味着这不是一个谜题，而是一种神秘。对于后者而言，找到缺失的信息并没有用，关键是要处理好不确定性和模糊性。① 如果涉及的是神秘，特雷弗顿指出，那么"就不能仅凭证据来分析"。[14]

---

① 心理学的相关文献区分了认知的不确定性（epistemic uncertainty）与碰运气的不确定性（aleatory uncertainty），前者是谜题，后者则是神秘。

遗憾的是，情报机构经常把神秘变成谜题。就像亨利·詹姆斯笔下的叙述者一样，他们明明玩的是无限游戏，却一直在想方设法地寻找确定的答案。特雷弗顿以美国政府在伊拉克搜寻大规模杀伤性武器为例。情报机构一直在搜寻隐秘的武器库，这显然是解决谜题的方法，但实际上，他们需要做的是揣摩萨达姆复杂的心理状态。因为萨达姆本人非常害怕叛乱和其他的“局部威胁”，所以才会吹嘘他藏有大规模杀伤性武器。结果，美国军方仅凭借着一些模糊的卫星图像就盲目自信地认定萨达姆藏有大规模杀伤性武器。他们确定自己瞥见了萨达姆的化学武器罐车，但实际上他们看到的只是消防车。[15]

那么怎样才能避免这些错误呢？美国宾夕法尼亚大学的心理学家菲利普·特德洛克（Philip Tetlock）和芭芭拉·梅勒斯（Barbara Mellers）证明，我们可以极大地提高对未来预测的准确度。他们首先找来一组非常有潜力的业余预测者，他们的任务是预测各种事件的结果。这些人来自各行各业，有计算机教师、农业部的官员、数学教授，也有还在奋斗期的电影制片人。这些人之所以很有潜力，是因为他们拥有“积极开放的心态”。用特德洛克的话来形容，他们把自己的“信念当作有待检验的假设，而不是需要保护的宝藏”。[16]

在挑选出这些有潜力的业余预测者后，特德洛克和梅勒斯请他们对各种各样的国际事件进行预测，从叙利亚冲突到与中国发生贸易摩擦的可能性。对于被试的预测，科学家们给出了大量反馈，也给他们介绍了最常见的认知偏差。3 年过后，这个简单的训练体系产生了令人难以置信的结果。值得一提的是，它培养出了特德洛克所说的“超级预测者”，也就是始终能够击败专家和算法的业余预测者。在很多情况下，超级预测者的成绩都非常瞩目，他们比对手的准确率要高 35% 至 65%，他们甚至击败了能获得机密情报的中情局情报分析员。[17]

这些超级预测者为何能如此成功？特德洛克和梅勒斯强调，他们非常谦逊。他们知道自己并不是无所不知。他们不断地修正自己的信念，更新自己的观点。当与他人讨论他们的预测时，他们能够温和地提出不同意见，并意识到对未来可以有无数种解读方式。他们把预测当作一个无限游戏，而不是一个有限的谜题，所以，他们最终做出的预测要准确得多。

詹姆斯·卡斯也能领略到无限游戏的实际好处。谈话时他显得很高兴，因为他的小论文获得了第二次生命，被认知心理学家、商业顾问和硅谷的开明人士引用。“我确实认为人们越发意识到，把世界看作有限游戏会带来负面影响，”他说，“有限游戏会诱发一种思维方式，即以非黑即白的方式来看待世界。所以人们才会创造出地位的竞争，这让很多人感到痛苦。”① 如果我们的价值感来自有限游戏，卡斯说，那么我们注定一生都会失望，“无论如何，你都觉得自己不够富有，赢得不够多”。

所以，我们需要无限游戏及其无限的神秘性。**在无限游戏**

---

① 比如社交媒体这样的分享平台，它不仅没有让人和人之间的联系更加紧密，反而成了攀比的工具，比谁的点赞多、关注多、回复多。

里，没有赢家输家，只有玩家，它向我们展示了如何活在当下，把欣然接受不同的体验作为目的。我们不需要打败任何人，也不用解决任何问题，而是要欣赏丰富的层次、享受未知。我们要跟其他人一起玩游戏。“想想沙场棒球，”卡斯说，“大家根本不在意比分，虽然那会儿大家还是孩子，但都明白玩耍才是有趣的部分，而不是分胜负。就是玩。”①

这也是那些无惧剧透的故事教会我们的道理，比如《塔木德》《哈姆雷特》，或者“哈利·波特”系列丰富多彩的世界。我们不会破译这些作品，因为作品中本来就没有隐藏的图案，但这并不是说它们不是智慧之作，也不是说我们不能从它们不可洞视的神秘中学到东西。“教授这些经典之作的真正价值在于让学生看到，该如何去面对未知，”卡斯说，“我从不在意学生是否记得我教过的东西，我在意的是他们处理问题的方式。他们接受神秘了吗？他们谦虚吗？最好的教学是真正教会学生如何以无知之知的态度去生活。”

---

① 一个好的故事就像没有输赢的棒球赛，让我们走到一起，共同经历。尤里·哈森做了一系列的研究，他想弄清楚当人们沉浸在复杂的叙事中时，大脑会发生怎样的变化。他给被试观看了希区柯克电影中的场景、美国著名单口相声剧演员拉里·戴维（Larry David）的喜剧小品和美国著名导演塞尔乔·莱昂内（Sergio Leone）的西部片。他的研究结果令人瞩目。被试只观看了几分钟的录像，大脑就趋向于出现相同的活动模式。哈森将这一过程称为“神经同步化”。在他的谈话中，他用 5 个节拍器来说明神经同步化现象是如何发生的。起初，节拍器按照不同的节奏嘀嗒作响，每一位被试的大脑在看录像之前也像这样活动。接着他把节拍器固定在一对震动的圆柱体上，要不了几秒钟，外部震动就会让节拍器同步，让它们按照同样的节奏发出响声。故事跟节拍器是一个原理。“生活中有许多事情放大了人与人之间的差异，”哈森说，“但最好的故事能让我们从根本的层面上与陌生人产生共同的体验。”

对世界保持敬畏，更好地应对不确定性

为什么会存在无限游戏？答案是它们很有用。它们能让我们保持谦虚，能帮助我们应对不确定性，能教会我们如何更有效地思考。

几千年来，我们一直在赞美无限游戏，是因为它给我们带来不一样的感觉。上面所说的种种好处只是意外的收获，虽然无限游戏里没有赢家，但这种不一样的感觉却让我们非常痴迷。

那么，无限游戏到底激发了人们怎样的感觉？首先是敬畏。目前，关于敬畏的科学研究基本上都是由美国加州大学伯克利分校的心理学家达契尔·克特纳（Dacher Keltner）领导的。克特纳指出，在很多条件下，人的敬畏感都会被激发。“谈到我自己心生敬畏的经历，我会想到参观玛雅古城邦奇琴伊察、巴黎的圣礼拜堂，”他说，“还有一次是在潘尼斯之家①享用韭菜汤。”[18]

这些不同的情境看起来毫无共同之处。但克特纳指出，它们实际上有两个基本属性。“第一个属性是，它会让人感觉很壮阔，它有浩瀚的内涵。”比如说极富层次的故事、约塞米蒂国家公园的壮丽景色，再比如味道醇厚的美味羹汤，它们有一种无限感，

---

① 位于美国加利福尼亚州柏克莱市的一家餐厅，倡导“有机食材、当季使用、本地种植”的烹饪哲学理念。——译者注

一种让我们觉得自己永远无法参透的感觉。

这些情境的第二个属性是，它们“超越了我们对世界的理解”。它会让我们困惑不解，我们需要一个心理学家称之为“顺应”的过程。因为我们要调整旧的观念和期望以适应敬畏的体验。我们不知道该如何阅读某首诗，我们不明白某个魔术是怎么变的，我们不清楚某幅画是怎么画的、某座教堂是如何建造的，也不理解为什么第三遍读“哈利·波特”系列时自己会哭泣。神秘显而易见。

在平常的日子里，这种情境会让我们感到不适，甚至害怕。那个不可知的东西是什么？它又为何如此深不可测？如果换作其他动物，它们的本能是逃跑，逃离过多的模糊性与预测偏差。但人类能体验到一种不同的感觉，即如果有合适的环境和合适的内容，我们可以把害怕化为惊奇，把战栗化为悸动，把恐惧化为敬畏。[19]

近年来，克特纳与他的同事记录了敬畏体验所带来的心理上的好处。“你首先会发现，敬畏真的能改变你的思想以及你看待社会性世界的方式，”克特纳在最近的一次演讲中说，“人大脑额叶的很大一部分能帮助我们考虑到其他人的利益……我们发现，短时间的敬畏能让我们从关心自我利益的模式转变为更加关注他人利益的模式。”

科学家可以追踪大脑中的变化。有一个非常有意思的证据涉及大脑的默认模式网络①，即与自我表征和个人目标相关的神经回路。克特纳在一封电子邮件中写道，“从自我中心的角度来处理信息能够激活”默认模式网络，“它是你默认的自我神经基质”。

野村理朗（Michio Nomura）与他的同事们通过研究发现，敬畏会让以自我为中心的默认模式网络沉寂下来。[20]② 当科学家给被试观看令人敬畏的自然景观的视频时，他们发现与默认模式相关的大脑区域活动显著减少，但大脑并没有停止工作。虽然默认模式不那么活跃，但科学家们观察到扣带回的活动激增，而该区域也负责处理奖励。“这意味着，”克特纳说，“纯粹的敬畏体验……能让人感觉愉快而良好，能让人感到受到了嘉奖。”自我逐渐消失，取而代之的是一种无边无际的惊奇感。

自我的消失也会改变我们的行为。在一个实验中，克特纳和同事将学生分成两组。他们让一组学生仰望巍峨的桉树林，仰望一分钟。“当你凝神注视着这些树，看到它们剥落的树皮和周围的灰绿色光晕时，顺着脖颈往下你的身体会起一大片鸡皮疙瘩。这一定是敬畏的表现。”克特纳写道。另一组学生则往相反的方向看，桉树林的对面是一栋科研楼的外墙。接下来，两组学生都

---

① 默认模式网络是一个低激发态、扩散式、随机游走的网络结构。在静息状态时，存在较强的自发性活动，但在执行具有一定难度的认知任务的情况下，默认模式网络的活动会受到一定的抑制，抑制程度会随着认知任务难度的提高而加深。健康的默认模式网络对于人类大脑来说很重要，它可以帮助大脑恢复活力、处理复杂的思绪、发挥创造力、培养同理心。——译者注

② 冥想和祈祷也能让默认模式网络沉寂下来。

会看到一个陌生人摔倒在路上，他的笔掉在地上。研究发现，那些感到敬畏的学生更有可能去帮助这个陌生人。

与克雷格·安德森（Craig Anderson）一起，克特纳开始研究当我们感到敬畏时，大脑里的化学物质有哪些变化。[21] 科学家们发现，那些基因突变并影响多巴胺受体 D4 的人在观看了宇宙短片后，报告称其感受到敬畏的概率明显更高。科学家们相信，该基因突变能让多巴胺产生更强有力的影响。当激浪漂流时，这些人也更容易感到敬畏，而且这种感觉会持续一周的时间。先前的研究发现，D4 突变与探索冒险行为有相关性，在遥远的过去，这种突变更多地出现在迁移得较远的人群中。[22] 这也许是因为人类进化出了感受敬畏的能力，这样才会冒险进入广阔的未知世界。我们并没有被陌生的世界吓到，反而被它们的神秘所打动。远处的地平线在向我们招手。

大多数人都不是探险家。我们生活在城市和郊区，远离令人惊叹的自然景象。也就是说，能让人类感到敬畏的更多的是人类自己的创造。接触那些我们无法理解的艺术作品，那些让人感到无限、需要顺应的内容，艺术就这样劫持了人类古老的探索本能。例如，克特纳已经证明，在实验室中激发被试的敬畏之心，会让被试对抽象画更感兴趣，对于棘手的谜题思考得更深，对新奇和奇特的事物更好奇。

这项研究揭示了神秘的艺术与敬畏之心两者之间的良性反馈循环，当我们关注那些具有极大的未知性的内容时，我们会感到振奋有力。这种感觉反过来又会促使我们继续探索作品，从而感到更强烈的敬畏。

这个循环会一直持续下去。

第 7 章

与神秘感“斗智斗勇”，让教育更有趣、更具创造力

MYSTERY

A Seduction
A Strategy, A Solution

教育成功的秘密，
在于尊重学生。
他应该知道什么，
应该做什么不能由你来选择，
那是预先注定的，
而只有他掌握着自己秘密的钥匙。

———

拉尔夫·沃尔多·爱默生（Ralph Waldo Emerson）
《论教育》

哈克尼斯教学法，让学生自己探究问题的奥秘

想要从芝加哥市中心走到诺布尔中学，你首先得穿过黄金海岸高档商店中间的一条直通湖边的林荫大道。最后你会来到克莱伯恩大道，它仿佛一道疤痕，斜切过网格状的街道。几十年来，克莱伯恩是卡布里尼–格林（Cabrini-Green）住宅区的北部边界线，这一片臭名昭著的公共住宅区已然成了城市功能失衡的象征。“黑帮福音”（Gangster Disciples）①帮派成员一边在红白相间的建筑物间走来走去，一边挥舞着自动武器，在楼前的空地上售卖可卡因。

然而这些建筑物已不复存在，最后的卡布里尼–格林项目已在 2011 年被拆毁。这片区域被所谓的“新城”取代，有着一大片污迹斑斑的低矮公寓、停业的杂货店和有星巴克入驻的长条状购物中心。这里有一家新的塔吉特超市，但也有很多倒闭的工厂，厂房上悬挂着的“请勿进入”的标志牌已经褪色。空旷的草

---

① 芝加哥最著名的黑人帮派。——译者注

地中间是一家卖波奇饭和康普茶的超市。

诺布尔中学就在这家超市对面的一栋又矮又宽的砖砌建筑里，这里以前是卡布里尼-格林项目筹建的小学。学校后来进行了翻修，但原有的细节仍然保留了下来，比如防弹玻璃、厚重的安全门和黑色的金属栅栏。

诺布尔中学起初是一个不太可能成功的试验。2007 年，有人匿名给芝加哥诺布尔特许学校网络（Noble Network of Charter Schools）① 的一名新生捐了一笔钱，资助他（她）在新罕布什尔州的精英寄宿学校菲利普斯埃克塞特中学（Phillips Exeter Academy，以下简称埃克塞特中学）度过了一个夏天。埃克塞特中学校园有一种古朴之美，对于一个来自芝加哥内城贫民区的学生而言，修剪整齐的草坪和白色的窗框也许会让他（她）感觉仿佛置身于遥远的异国。

在埃克塞特中学的第一次暑期交流简直是场灾难，两天后，这名学生执意要返回芝加哥。尽管如此，埃克塞特暑期学校的主任伊桑·夏皮罗（Ethan Shapiro）仍与诺布尔特许学校网络各学校的领导人保持联系。现在诺布尔特许学校网络有 17 所高中和 1 所初中，在校学生超过 1.2 万名，可在当时就只有 3 个校区，

① 美国的特许学校是指由政府负担经费，特别允许教师、家长、教育专业团体或其他非营利机构等私人经营的学校。这类学校经由州政府立法通过，虽然由政府负担教育经费，但交给私人经营，除了必须达到双方预定的教育成效之外，不受一般教育行政法规的限制。——译者注

但它那时已经被公认为特许学校的模范项目，学生的毕业率和考试成绩远远超过了芝加哥公立学校的平均水平，尽管交换项目出师不利，但是埃克塞特中学和诺布尔特许学校网络决意再尝试一次。2008 年夏天，诺布尔特许学校网络的 12 名学生访问了埃克塞特中学。这一次，他们留了下来。

他们的经历产生了持久的影响。等到秋天，芝加哥的学校都开学时，诺布尔特许学校网络的教师们注意到，去埃克塞特中学访学过的学生在课堂上表现得神气而自信。他们更愿意举手发言，遇到难度大的阅读材料也不会轻易产生畏难情绪，在小组讨论中也表现得沉着冷静。

是什么让他们如此自信？也许是因为埃克塞特中学的教学方法，也就是所谓哈克尼斯教学法。1930 年，慈善家爱德华·哈克尼斯（Edward Harkness）向埃克塞特中学捐赠 580 万美元（大约折合成现在的 9 900 万美元），以改进学校的教育方法。尽管哈克尼斯曾就读于全国最好的学校，但他觉得自己所受到的教育令人大失所望，充斥着枯燥的课程和学了就忘的事实。他想开创一种更好的教育方式。[1]

神秘的新发现

哈克尼斯教学法是美国慈善家爱德华·哈克尼斯于 1930 年设想的一种激发学生自由思考和辩论的课堂教学方法，它强调每位学生根据自身的经验和学识去构建相关知识，以及质疑和辩论他人观点的能力。

哈克尼斯的捐赠帮助埃克塞特中学开创了哈克尼斯教学法。在具有代表性的哈克尼斯教学法的学校里，教师的一切活动都是为了学生。教师负责分解学习材料、构建知识。在使用哈克尼斯教学法的课堂上，根据教学设计，承担认知负荷的是学生，他们的任务不仅仅包括记忆，还包括理解他们需要记忆的内容。“哈克尼斯教学法可以采取多种形式，但它确实是围绕着以学生为中心、以学生为导向的讨论展开，”埃克塞特中学历史系教师梅格·弗利（Meg Foley）说，“其理念是，完成繁重学习任务的是学生，而教师需要做的是推动学生、为他们助力，确保师生之间的互动是良性的。”他隶属于埃克塞特人文学院，该学院负责哈克尼斯教学法的培训工作。

既然要抛却被动的授课方式，那就得有新的课程设置。让学生知道问题的答案是传统课堂的侧重点，而哈克尼斯教学法则强调开放式的问题，因为这能让课堂讨论充满活力。**老师们给出的不是事实，而是问题，他们期望学生能提出不同的看法并展开讨论，自己去探究其中的奥秘。**

这种激进的教学方法有着很深的渊源。早在 19 世纪，拉尔夫·沃尔多·爱默生在他有关教育的著作中，就常常哀叹美国学校教育的束缚能压垮一个人的灵魂。“我愿称我们的制度为令人绝望的制度。”爱默生写道。美国学校的班级“为了整齐划一，为了稳妥而牺牲学生的天赋，牺牲了学生天性中未知的可能性”。[2] 爱默生认为应该摒弃这些规则，他强调学生独立的必要性，如果孩子能自主学习，他们的学习效果是最好的。“每个人都乐于看到男孩子们彼此打交道和交谈时生气勃勃的模样，看到他们时而玩笑，时而认真，时而厉声责难，时而花言巧语，时而喜爱，时而愤怒。”他的观点是，教师应该利用这种年轻的能量，而不应该生硬地说教，或一直让学生保持沉默以压制这种能量。

诺布尔特许学校网络的管理者们决心将爱默生的哲学带到他们在芝加哥的学校，他们听说了暑期交换生的经历并被他们的经历所说服，同时也被一种更宏大的社会公正信念所说服。巴勃罗 · 谢拉（Pablo Sierra）是诺布尔特许学校网络的一名管理人员，负责与埃克塞特中学的合作事宜，他告诉《美国学者》（*American Scholar*）杂志：“我希望我们的学生能够得到跟埃克塞特中学的孩子一样的教育。”[3] 课堂讨论不应该是名牌私立学校学生的专属奢侈品。

不过，诺布尔特许学校网络的领导人想试验哈克尼斯教学法还有一个原因，那就是他们学生的考试成绩已经达到了一个上限，学校的管理者称其为“诺布尔停滞”。2003 年，诺布尔特许学校网络开始跟踪学生的考试成绩，当时他们在美国大学入学考试（ACT，American College Testing）中所取得的平均分是 17.3 分。到了 2011 年，平均分已上升到 20.3 分，比芝加哥公立学校学生高出 3.1 分。但随后学生的成绩开始停滞不前。到了 2014 年，也就是 3 年后，学生 ACT 的成绩仍未见显著提高。

这个停滞只是学校的一个病征，还有更让人失望的事，那就是尽管将近 90% 的诺布尔特许学校网络的毕业生能进入四年制大学，但只有 40% 的人能顺利毕业。更糟糕的是，诺布尔特许学校网络的调查显示，只有不到 10% 的毕业生最终会从事“位高权重的工作”，比如法律行业或医疗行业。既然哈克尼斯教学法能帮助埃克塞特中学的学生为这些职业做好准备，那么它对诺布尔特许学校网络的学生会同样有用吗？

在诺布尔特许学校网络校园，而不是在一所精英预科学校推行哈克尼斯教学法颇有挑战性。因为诺布尔特许学校网络的所有中学都实行非选择性招生，只要名额足够，每一个申请的学生都会被录取，新生的质量往往能反映出芝加哥公立学校系统普遍存在的困境。许多新生的成绩比其年龄相对应的水平落后好几年。他们缺乏有效的学习习惯，85% 的学生来自低收入家庭，15% 的学生是有特殊需求的学生。按照爱默生的设想，学生们应该在一起讨论莎士比亚和天文学的奥秘，可事实是，大多数刚进入诺布尔特许学校网络的学生在阅读和数学方面都成问题，他们怎么可能互教互学？

班级人数也是个问题。埃克塞特中学的一个班通常只有 12 名学生，这个人数围坐在哈克尼斯桌旁正合适。要想让讨论变得有效，让学生之间有亲密感至关重要。但诺布尔特许学校网络大多数班级的学生人数都接近 30 人。在小规模的群体中让学生发挥“年轻的能量”是一回事，可当学生人数远远超过老师人数的时候，那就是另外一回事了。

尽管障碍重重，诺布尔特许学校网络还是在 2009 年开展了哈克尼斯教学法试验，试验分为两组，每组有 15 名优秀学生。管理人员选择了阅读分数最高的学生，因为即使试验失败了，这些学生的成绩也能保持在年级平均水平。然而大多数人并不看好这个试验。

结果令人震惊。经过一个学期的试验，30 名学生中有 13 人在 ACT 考试的阅读部分取得了优异成绩，从整体来看，他们的阅读分数比在同一校园的其他学生高出了 30%。这个试验非常成功，以至于该校教师克拉克女士决定，下学期她将在两个普通班中尝试推行哈克尼斯教学法。由于这些班级的人数都超过 30 人，她只能安置了 3 张独立的哈克尼斯桌，上课时，房间里会传来青少年们嘈杂的谈话声。她的试验结果呈现出了相同的趋势，这些学生的阅读成绩也有了大幅提高。

初步尝试的结果令人振奋，因此，诺布尔特许学校网络的领导人决定开办诺布尔中学，目的是在哈克尼斯教学法实验早期成果的基础上再接再厉。该中学临时选址在芝加哥市中心，于 2014 年开学，有 200 名新生入学，其中大部分是等着上诺布尔特许学校网络的其他学校的学生。劳伦·鲍罗斯（Lauren Boros）是诺布尔中学的创始人。“第一年非常坎坷，”劳伦说，“我们让孩子们坐到哈克尼斯桌边，但那不管用。孩子们的讨论没什么作用，因为讨论的文化还没有形成。孩子们不知道如何合作，如何提问，如何倾听。”她停顿了片刻，似乎正在回忆学校创办之初的种种艰辛，“倾听真的不是件容易的事儿。”

没有现成的答案，自己去探索解决方案

劳伦·鲍罗斯长大的地方距离卡布里尼-格林只有几个街区，在芝加哥北方大道繁华的那一侧。“那条街就是一道分界线，”她说，“住在街北面挺好，有风景优美的林肯公园，但街南面就是卡布里尼-格林。在北面长大的人都明白，自己永远不会去南面。”劳伦在芝加哥的精英私立中学上学，后被哥伦比亚大学录取。后来在纽约读医学院预科时，她乘坐的出租车撞上了一辆左转的汽车，她整个人被弹出车外。医生给她头上的伤口缝了18针，总共用了12个缝合钉。当时跟劳伦一起乘出租车的是她最好的朋友，一个非裔美国人。事故发生后，现场来了两辆救护车，劳伦被送往位于纽约上东区的长老会医院，这家医院附属于哥伦比亚大学和康奈尔大学，而她的朋友则被送往位于布朗克斯区的一家经营惨淡的医院。[①]“那时我才意识到，这些不公正的现象绝非偶然，”劳伦说，“尽管我只是个医学院预科生，但我下定决心要改变这些不公正的现象，因为我知道它们是阻止孩子发挥潜力的障碍物。”

毕业后，劳伦报名参加了非营利组织“为美国而教”。她被分配到印第安纳州加里的一所中学，她每天得从芝加哥通勤去加里，早晨6点钟离开公寓，15小时后才能回到家。“我很快就变得不计较了，”她回忆说，“第一天我走进教室，学生们叫我‘芭

① 纽约上东区是美国的金融和贸易中心、富人的聚居地，而布朗克斯区则是5个区中最北面的一个，居民主要以非洲和拉丁美洲后裔居民为主，亚洲人较少，犯罪率在全国居高不下。——译者注

比娃娃’。我说‘你们不能这样叫我’。于是他们说，‘好吧。芭比小姐’。”

这份工作虽然让人筋疲力尽，但劳伦找到了她的使命。结束了“为美国而教”的工作后，她去了诺布尔特许学校网络的一所学校任教，教九年级学生代数。没过多久，她就成了校长助理。两年后，她创建了诺布尔中学。

我与劳伦的初次会面是在 9 月下旬，也就是开学一个月后，那天是星期一，天气格外晴朗。早晨，穿着诺布尔中学校服的学生在走廊上忙碌地穿梭着：黑色正装鞋、卡其色裤子、塞进裤子里的 Polo 衫。劳伦先是跟无数个学生击了掌，然后又与校长助理就一名学分不够的新生进行了紧急会谈，接着她把我领到了她的办公室。我们坐在一张椭圆形的桌子旁，这是学校唯一的一张官方哈克尼斯桌，因为每张桌子的售价都超过 1 万美元。然后劳伦拿出了她的早餐蔬果汁。

最优秀的教育者天生就有一种魅力，不知道是什么原因，你会很乐意听他们说话，劳伦就具备这种魅力。她有一头长长的波浪卷发，脸上挂着友善的微笑，整个人欢快爽朗、富有活力。学校有 450 个孩子，劳伦不仅知道他们的名字，还知道哪些孩子上哪门课比较吃力，他们都想去哪里上大学，以及谁最近被“拉萨尔”（Lasalle）了，在诺布尔中学，这个俗语的意思是指学生课后被老师留下来。即使发现哪个学生因为没做作业被留下来了，她也不会训斥学生，而是告诉他，她期待着跟他一起共度午后时光，孩子听后就如释重负地笑了。

诺布尔特许学校网络中的学校之所以表现如此出色，是因为其“无可推诿”的文化，这种文化向学生注入了自律意识和责任意识。虽然这种做法的理论根据尚有争议，如果一个学生在一学年中被扣分超过 13 次，该学生必须参加费用为 140 美元的“性格发展”课程，但诺布尔中学的成功却是毋庸置疑的。2015 年，诺布尔特许学校网络被布罗德基金会评为美国最佳特许学校体系。“一切都始于文化，”劳伦说，“首先要给学生一种责任感。这意味着你得学会每天晚上按时完成作业，尊重同学，认真听讲。这些都是基础技能，它们是诺布尔文化获得成功的基础。”

但是，诺布尔中学学生 ACT 成绩的停滞与较低的大学毕业率表明，对纪律的关注虽然十分必要，但这么做还不够。起码如果你想让学生发挥出潜力，只是这么做还不行。“我们的确很擅长让学生利用技能来处理熟悉的材料，”劳伦说，“但我认为，ACT 成绩的停滞告诉我们，这还不够。如果你不能让他们学会处理陌生材料的技能，不能教会他们如何保持好奇心，那就是在帮倒忙。”

诺布尔中学试图将“无可推诿”的文化与哈克尼斯教学法结合起来，后者是通过给学生抛出问题来调动其积极性。**“在现实生活中，你不会得到现成的答案，”劳伦说，“你必须面对问题，你必须与你的同伴一起解决这些问题。”**劳伦说着把手放在哈克尼斯桌上。“这张桌子能让学生看到员工会议是什么样，董事会、大学课堂是什么样。他们以后会去这些地方，我们是在为他们的未来做准备。”

劳伦坐在椅子上，身子往前倾。她的声音压得更低了，仿佛是要告诉我一个秘密。“教育界的每个人都喜欢用‘严苛’这个词。可这个词是什么意思呢？通常人们用这个词是想说明做某件事‘很困难’，如果一所学校给很多学生打低分，那它就是一所严苛的学校。”她沮丧地摇摇头，接着用手指在空中划出两道看不见的直线，“想象一下，这个坐标系里有两条轴，一条轴代表的是风险，另一条是模糊性。你看这个角落，”她指着左下角的象限，“这里是低风险和低模糊性。这就好比数学课上老师让孩子做算术题，他们不需要费太多脑子，很容易就能算出答案。这种情况下就不存在风险和模糊性，因为老师很清楚答案是什么。她脑子里已经有了一个柏拉图理想般的答案，而且会督促孩子得出这个答案。”

然后，劳伦指了指她想象中的图形的右上角：“在这儿，我们的目标是这样的：高风险和高模糊性。对我们来说，这才是严苛的含义。也就是说，我们要给学生提供困难、复杂的学习材料，并相信他们能摸索出自己的方式，去承担风险，去面对错误，并从中学到东西。”学校的课程能帮助学生培养出一套软性技能，如自我价值感、公众演说能力。这样做似乎很合情合理，不过，劳伦知道，人们会用评判公立学校的标准来评判他们的学校，即标准化考试分数。“我们的孩子别无选择，必须参加标准化考试，”她说，“你可以抱怨，你可以大喊这不公平，没人辅导他们如何考试，也没人给他们任何应试方面的帮助。可他们又需要那个分数，否则大学不会向他们敞开大门。有了分数，他们的人生才有更多丰富的选择。”

大多数公立学校都是通过应试教育来应对标准化考试的压力，有的放矢地让学生做大量练习。学生会做很多选择题，并按照刻板的课程设置学习。既然标准化考试的答案是一板一眼的，那为什么还要为模棱两可的问题伤脑筋呢？对于应试教育而言，好奇心可是奢侈品。

诺布尔中学证明，他们有更好的方法。尽管他们的课程不是根据考试设置的，而且几乎彻底相反，但该校学生的分数却是整个芝加哥公立学校系统中增幅最大的。以 PSAT ① 与 SAT ② 分数为例，诺布尔中学九年级和十一年级的学生在“学生成长”方面排在第 97 和第 98 百分位。[4] 而且，诺布尔中学一直是芝加哥所有非选择性招生学校中 ACT 分数最高的学校之一，大学入学率超过 91%。[5]

劳伦认为，学生的显著进步要归功于神秘带来的好处，她是这么解释的：**“教会孩子在面对棘手的问题时感到兴奋，在不知**

---

① Preliminary Scholastic Assessment Test，学术评估测试预考，也称为国家优秀奖学金资格测试，对准备申请大学、认真备考迎接挑战的十一年级学生来说，PSAT 是 SAT 考试前的热身赛，更是对美国优秀学生奖学金的角逐。——译者注

② Scholastic Aptitnde Test，也称“美国高考”，是由美国大学理事会主办的一项标准化的、以笔试形式进行的高中毕业生学术能力水平考试。其成绩是世界各国高中毕业生申请美国高等教育院校入学资格及奖学金的重要学术能力参考指标。——译者注

道答案时乐于探索，那么你就等于教会了他们一个关键的应试技能。学生在考试中看到不熟悉的题目，一般反应都是感到恐慌，人像呆住了一样。他们不知道该如何应对。我认为，因为我们的孩子已经习惯了模糊的材料，他们反而会觉得有点兴奋，所以他们更愿意先解决这些问题。”

这是孩子们需要的训练。正如劳伦所指出的，模糊性和不确定性是生活中不可避免的事实，不仅仅是在 SAT 考试中。“如果你做的是位高权重的工作，那你一定会面临以前从未见过的情况，”她说，“没有任何规律可循。你必须弄明白，如何处理那些让人有些手足无措的新问题。”

诺布尔中学教学生如何去思考未知的问题。课程的核心特征就是模糊的学习材料，让学生明白，**模糊性不仅仅会让人感到恐慌，也能把课堂变成有趣的地方，激发出令人意想不到的思维的碰撞。**正是这种神秘性让学生上课时能聚精会神。“我们希望学生总是处于他们所知的边缘，”劳伦说，“如果我们能教他们推动自己去感受挑战和神秘，那么他们学会的就不仅仅是为了应对考试而死记硬背住的东西。我们在教他们如何不断进步，无论他们在哪里、做什么。”

劳伦接着给我讲了高中生丹尼的故事。“丹尼有次参加 SAT 数学模拟考，结果考砸了。他平时成绩非常好，所以我就问他说：‘丹尼，怎么回事？’原来他考试时遇到了一道很难的数学题，因为他从未见过这种题，就决心一定要把它解出来。最后他确实做到了，可也来不及去做那些简单的题目了，”劳伦微笑着说，“这是我们创造的怪物，你明白吗？但我接受这样的怪物。我们只要再教他一些应试的小技巧就行了。真正难教会的是自信，整日处理难题和模糊的材料所形成的自信。”

与劳伦聊完后，我在学校里转了转，顺便观察一下哈克尼斯教学法是如何操作的。我看到在大学预修环境科学课上[①]，学生们一起工作，确定各种动物的营养级；要是遇到问题，他们不会去找汉森女士，而是相互讨论或者上网搜索。在托贝尔老师教授的大学预修政府学课上，学生们正在各自的哈克尼斯小组里逐行“翻译”美国宪法。一个小组正在试图理解宪法第一条第九款，该款阻止政府取缔奴隶贸易，却没用“奴隶”这个词。“能看出来，奴隶制让他们很难堪，瞧，他们提都不愿意提这个词。”有个学生讲道。另一组则想不明白，为什么带领殖民地人民反抗英国政府的建国之父们要终止任何“参与颠覆或反叛”的美利坚合众国公民的权利。“这些人只是反抗了政府而已，可建国之父们却说，‘要是敢跟我们一样，你就会被剥夺公民权’，”一位名叫米纳瓦的学生说道，“我看有了权力就会这样。”

在大学预科微积分课上，学生们要解一道帕斯卡三角形的题目。有些学生难住了，向罗斯格先生求助，但罗斯格先生没告诉

① 大学预修课程是由美国大学理事会在高中阶段开设的具有大学水平的课程，主要适合希望在美国就读本科的学生学习，在全世界范围内（包括美国本土）均可授课。其课程难度相当于美国大学入门课程水平，比普通高中的课程难度稍微大一些。——译者注

他们答案，也没给任何有用的提示，他假装自己也不知道答案。劳伦把这称为“故意示弱”，并说这是一个重要的教学方式，能让学生领略到神秘性和实验的乐趣。“我上数学课时喜欢给孩子们提出难题，然后告诉他们我也不会，所以我们不如一起开动脑筋，”劳伦说，“这样你才有机会对孩子们解决问题的过程大加赞赏，而不会只表扬最终的结果。当我们打响指时——”一起打响指是诺布尔中学的学生互相喝彩的方式，“从来不是因为谁做对了某道题，而是因为有人愿意告诉大家他哪里做错了，因为他愿意在朋友面前站起来试试看。”

实证研究证明，这种做法很有效。[6] 在心理学文献中，它被称为“自我解释效应”。**给学生自由，让他们自己摸索答案和做出解释，即使这需要更久的时间或者在此过程中会出现错误，这样才会产生“自我解释效应”。**与之相对的方法是“脚本式教学”，即教师不仅给学生提出问题，还告诉他们如何解决这些问题。例如，有一项研究考察了三、四、五年级学生的自我解释效应，在这项研究中，教师鼓励那些做错题目的学生“想一个新的方法来解决这个问题”。[7] 如果这些学生仍然没做对，教师就会让他们看其他孩子的错误答案，并请他们解释为什么答案是错的。总之，大人不会直接告诉他们怎么做，因为冥思苦想的过程也是课程的一部分。科学家们最近对 69 项研究结果进行了元分析，结果发现，自我解释是“非常有效的干预”，对很多学科的学习都有帮助，从代数到阅读理解都是。[8]

自我解释之所以有效，部分原因是它迫使人们认可神秘性。

哈佛大学的物理学家最近进行了一项研究，考察了这种方法对于大学物理学导论学习效果的影响。[9] 在控制条件下，被试听的是中规中矩的物理课，站在黑板前的老师就是“讲台上的智者”，他会明确告知学生该如何解决示例问题。在自我解释条件下，被试拿到的是完全相同的信息和讲义，但他们必须划分成小组，自行解决这些问题。与预期相同，自我解释条件下的学生在随后的学习内容测试中分数明显更高，他们对于课上的学习材料理解得更好。

但随之而来的还有一个反转，那就是自我解释条件下的学生觉得自己学到的更少。为什么会出现这样的矛盾呢？因为学生们不得不自己解决这些问题，所以他们“痛苦地发现自己对所学的内容知之甚少，而这与流畅的传统课堂形成对比，后者只会进一步加深学生对自己能力的错误认识”。自我解释迫使他们认可神秘性，所有那些他们尚未理解的、艰深的概念，所以他们才能学到那么多东西。

遗憾的是，典型的美国课堂往往会设计得尽可能容易，从而把自我解释的空间降到最低。至少，国际数学与科学趋势研究报告得出的是这样的结论。自 1995 年以来，该研究一直在收集世界各地数学和科学教学方面的数据。20 世纪 90 年代末在拍摄了 7 个国家的数百个课堂后，他们发现，很明显，美国课堂上教师通常会教给学生简单的规则来帮助他们解答数学题，或者是那种按照研究人员的描述，围绕着“解题步骤”展开的课堂，也就是劳伦看不惯的“不费脑子”的方法。数据显示，注重解题步骤是 55% 的美国八年级数学课的特点，而在 36% 的课程中，教师会直接给出答案，不做额外的解释。在所有课程中，只有不到10% 的课程要求学生进行某种形式的自我解释。

想象一下，数学课上老师给你布置了下面一道题：你必须画出一个等腰直角三角形或者有一个 90 度角、两条边长度相等的三角形，并给它下定义。在美国课堂上，老师通常会直接画出图形，并告诉学生等腰直角三角形就是这样，他们也可能直接告诉学生规则以得出正确答案，如“画出两条长度一样的边，用直角将它们连接起来”。这个方法会让课程变得简单，但这样的课堂缺乏模糊性，只是以高效的手段告诉学生答案。

这种偷懒的做法的缺点是，会最大限度地影响长期学习效果。根据最近国际数学与科学趋势研究报告的结果，日本学生一直是世界上在数学和科学测试中表现最好的学生之一，只有新加坡、中国台湾和韩国的学生能与之匹敌。[10] 日本学生成功的一个原因在于老师所采用的策略。国际数学与科学趋势研究报告的研究人员对他们的课堂时间进行分类分析，结果发现只有不到 3% 的日本课程会让学生不动脑筋做题，或是直接给出答案。相反，他们的课程是围绕“建立联系”展开的。当美国老师为学生画出等腰直角三角形时，日本老师会把重点放在更基本的概念上，比如所有这些三角形共有的属性，或者毕达哥拉斯常数的含义。[11] 他们不会直接告诉八年级学生答案，也不会告诉他们解题步骤，而是让他们自己解决问题。“美国学生在国际高中知识测试中表现不佳的部分原因是，他们在课堂上表现得太好了，”认知心理学家内特·科内尔（Nate Kornell）在接受戴维·爱波斯坦

（David Epstein）的采访时说，“你想把它变得更容易，但最后却变得更难。”[12]①

那天晚些时候，我和丹尼，就是那个在SAT考试中因为一定要解出难题而考砸了的学生坐下来聊了聊。丹尼一头乱蓬蓬的卷发，脸庞很秀气，眼睛大大的，他说话声音很小，却有一种青少年特有的、惯于说出自己想法的自信。大学毕业后，他想成为一名乐队教师。我问丹尼，为什么哈克尼斯教学法能大幅提高学生的成绩。“如果你上的是一所为了考试而教的学校，那会特别无聊，因为它就是让你死记硬背，”丹尼说，“但是在这儿，你可以真正地去钻研，你也能听到其他人的想法。这样要学的也许更多，但你并不会介意，因为它不无聊。”

我又跟其他几个学生聊了一会儿，我发现，不无聊是对话共同的主题。对他们而言，哈克尼斯教学法的成功并不有悖常理。简而言之，这种高风险、高模糊性的方法之所以有效，是因为它让教育更加有趣。“如果你对无聊有免疫力，那没什么事情是你实现不了的，”大卫·福斯特·华莱士（David Foster Wallace）②

---

① 这跟社交媒体有相似之处，社交媒体会让我们高估自己的学识，就像典型的美国课堂会让学生高估自己一样。Facebook是超过40%的美国人的首要新闻来源。为什么它如此受欢迎？大部分要归功于个性化新闻推送的算法，它为每个用户推送量身定制的信息。但令人沮丧的是，软件已经知道了，让我们保持关注的方法就是推送我们已经相信的内容。如果能让用户更确信自己的观点，如果能过滤掉纷繁复杂的信息和不同的立场，人们就会在社交媒体上花费更多时间。问题在于，这会让人们盲目地相信错误的信息。

② 美国小说家，2008年自缢于家中，他在文学上极富造诣，代表作有《无尽的玩笑》《系统的笤帚》。——译者注

写道，“它是现代人生活的关键。”[13]

美国佛罗里达大学的心理学家艾琳·韦斯特盖特（Erin Westgate）把她的职业生涯献给了对于无聊原因的研究。她将无聊定义为一种情绪：“它提醒我们，我们无法或不愿意将注意力成功地投入有意义的活动中。”[14] 这个定义中的关键词是“有意义”。大多数时候，学校想当然地认为他们的活动是有意义的。他们认为学生的动力来自成绩、考试分数或理解二次方程的兴奋感。然而，哈克尼斯教学法鼓励学生在课程中找到自己的意义。掌控对话的人是学生，决定讨论话题的人也是学生，而他们最终讨论的通常是具有神秘性的、能最大限度地激发辩论和分歧的学习材料。也许你会觉得惊讶，但赋予我们意义的并不是既定的答案，而是那些问题。无知是无聊的解药。

一位名叫格洛丽亚的高中生，她想主修医学预科或公共政策，她描述了自己在诺布尔中学的转变。“起初，我并不喜欢这儿。我当时的想法是，‘我甚至都没学到什么，因为我们只是讨论自己不理解的东西’。但后来，做着做着，你会意识到，这是最好的学习方式……要是有人告诉你某本书讲的是什么，你很快就会忘记；可如果你读了这本书，你必须自己判断它讲的是什么，而且你会听到朋友的想法，那你的印象一定很深。”格洛丽亚笑了，露出了牙套，“有时你会觉得朋友的想法特别疯狂。我就会想：‘我们读的是一本书吗？她怎么会那么想？’然后他们会解释一番，这会让我重新思考自己的想法。”

直到放学，学生们准备离开时，我才注意到他们卫衣背面印的字。这是诺布尔中学的口号，是每一天、在每一间教室里重复的箴言，即“敢于冒险、无所畏惧、问心无愧”。

知道自己不知道什么，享受神秘感带来的乐趣

艾达·康罗伊（Aida Conroy）读八年级时获得了埃克塞特中学的全额奖学金。她曾在芝加哥最北边的罗杰斯公园（Rogers Park）的公立学校就读，对转学这件事她心理上毫无准备。“我和诺布尔中学的孩子一起长大，”艾达说，“在我看来，埃克塞特中学简直就是一所哈利·波特式的魔法学校，学生学些法术，就能成为一名魔法师，就像那样吧。”但现实远没有那么浪漫。艾达在课上不敢发言，连续好几个星期她都是哭着睡着的。“我甚至花了好长一段时间才弄明白，在哈克尼斯课堂讨论中我应该说些什么，”她回忆说，“但久而久之，它成了改变我人生的经历。”

艾达现在是诺布尔中学的哈克尼斯教学法导师。她的面容朝气蓬勃、笑容灿烂，要是换下教师制服，穿上亮橙色的衬衣，人们多半会把她当成学生。虽然艾达仍然在教书，但她现在的工作重心是为其他教员提供支持，听他们上课并给他们提出建议和反馈。“如果你已经习惯了站在教室前面自说自话 50 分钟，那你也许会觉得改用哈克尼斯教学法是个相当大的转变，”她说，“感觉像是交出了所有的控制权。”艾达笑着说：“实际上，你确实交出了所有的控制权。”

交出控制权往往意味着教师必须花更多的时间来备课，因为他们永远也不知道学生的讨论会如何展开。“老师没有脚本，”艾达说，“因为你给学生的是开放性的提示，所以你必须为各种各样的可能做好准备。它不会按照你的思路走。”

为了应对这种不确定性，艾达教给使用哈克尼斯教学法的老师一套与学生互动的新技巧。举例来说，如果讨论时学生陷入尴尬的沉默应该怎么办？“比方说，正讨论着，大家都不说话。如果是新手，你很可能会立刻做出反应并打破沉默，讨论时怎么能什么都不说呢？你会这么想。但孩子们必须适应沉默，有时思考需要安静的氛围。所以我总是说，那不叫尴尬的沉默，而是意义深长的停顿，在那之后会有惊喜等着你的。”

在贝基·韦塞尔斯（Becky Wessels）的世界历史课上，就有很多这样意味深长的停顿。贝基也是一位哈克尼斯教学法导师，她教室的墙上贴满了给学生的讨论提示，如“我想把这个问题变得更复杂……”，“我建议用不同的方式来看待它……”或者“我并不完全相信……”。学生们正在谈论罗马帝国的得失，老师的提示包括罗马的征服，而学生多以温和的方式提出异议，他们面带微笑提出不同的看法。

快要下课时，韦塞尔斯女士鼓励学生们进行反思。于是他们停止讨论古罗马，转而开始剖析自己在讨论中的表现。劳伦之前曾告诉我，这种自我反省是诺布尔中学学生的一个关键性跃迁。“这是一个非常玄妙的时刻，”她说，“也是非常重要的时刻，因为这意味着他们要对自己的学习负责。他们会意识到，讨论是好还是坏并不取决于老师或内容，而是取决于他们自己。”在她的历史课上，有名学生说他们应该更多地列举书本中的证据，另一名学生则指出，讨论宗教非常有难度，还有一个上课时一直沉默的男孩说他应该提一些延伸问题。

令我印象深刻的是，这些回顾和评议很好地体现了诺布尔中学的文化精髓。这些学生已经知道，学习是一个过程，而不是由大人传授知识。他们批判自己的讨论，因为他们的整个教育就是一场讨论，是为了寻找新的、更好的问题来互相质疑的共同努力。诺布尔中学的学生走进教室，但他们并没期望着在 74 分钟后离开教室时，带走密密麻麻的一本子的答案。他们走进教室，期望的是能学习到一道数学题的其他解答方式，期望能阅读美国宪法并思考世界。

我问艾达，学生的考试成绩那么出色，对此她是否感到惊讶。她回答我时强调了公立学校“无可推诿”方法的局限性。“每天我要花 74 分钟的时间来教那些阅读能力只有六年级水平的高中生。我可以给他们明确的阅读指导，这样一整年下来，他们的阅读能力就能追上八年级的学生。多数的教育者会认为这样就很成功了。但我并不认为这样能给他们注入对学习的热爱和乐趣。而说到对学习的热爱和乐趣，虽然这听着有些夸张，但它是可以转移的。有了哈克尼斯教学法，到了年底，孩子们会把他们想在课堂上阅读的文章发给我。他们会提出我想都没想到的问题和难题。他们会互相学习。所以呢，这 74 分钟像是被拉长了，因为现在他们对自己不了解的东西有了更好的认识。而不了解的东西就是他们最感兴趣的东西。”

艾达所描述的是“明智的谦逊”，它是一种性格力量，能影响我们学习和回应新信息的方式。研究表明，**那些明智的谦逊水平较高的人更有可能承认自己的错误，承认自己没弄懂一些东西。他们也更善于搜寻出与自己的信念相矛盾的新信息。**[15] **他们能享受到神秘性和困难所带来的乐趣，而不是欣然接受确定性。**[16]“学校所强调的‘批判性思维’很大程度上都可以归结为明智的谦逊，即知道自己不知道什么。”宾夕法尼亚大学的心理学家安吉拉·达克沃斯（Angela Duckworth）指出。[17] 这个关于教育的事实说起来颇为讽刺，但也许我们学到的最重要的一课就是教育的局限性。

伊利诺伊州的课程设置中可没有培养明智的谦逊这一项，标准化测试也不会考查这种能力，但它是诺布尔中学教育的一个重要组成部分。在这里，在卡布里尼-格林住宅区的边缘，在空地上，在涂着灰泥的长条状购物中心中，这些学生正在学习如何为神秘而感到兴奋。他们正在接受训练，为的是寻找棘手的问题和模糊的内容。老师在为他们的好奇心喝彩，哪怕它得出了错误的答案。“对我来说，最开心的一刻就是当学生走出教室大门时，他们还在讨论课上讨论的内容，”艾达说，“因为那一刻你知道哈克尼斯教学法是有用的。他们正在使用这种思维方式和学习方式，而且会把它应用到一切场合。他们不仅在学校会这么做，而且它已经成了他们生活的一部分。”

结　语

接受神秘，向怀疑敞开大门，更好地迎接生活的挑战

MYSTERY

A Seduction
A Strategy, A Solution

怀疑是智慧的另一个名字。

豪尔赫 · 路易斯 · 博尔赫斯
（Jorge Luis Borges）

一辆保时捷 911 驶进了汽修店，也真是奇了怪了，这辆车的发动机关不上了。杰夫·豪格兰（Jeff Haugland）是 Euro Spec Motoring 汽修店的共同所有人，这家店是洛杉矶最好的保时捷维修店，他们修理过的保时捷跑车多得数不清，却从未见过这样的故障。“转动钥匙然后拔出来，可发动机还在继续工作，”杰夫说，“同样的步骤重复了几遍，可发动机就是不熄火。”[1] 杰夫只能切断空气，好让发动机停止运转，“我徒手捂住进气口，感觉像要把它捂死。”

这个故障破坏性极大，因为一辆车如果不能熄火的话根本没法操作，车主只能让它跑到没油。杰夫也找不出丝毫迹象，能说明汽车哪里出了问题，警告灯没闪，没出现故障代码，也没发出哔哔声或警报声。“现在的汽车一般都安装了几十台芯片计算机，从燃料喷射装置到排气管，所有的机械装置都有计算机控制。”杰夫说，“一旦数据超出了参数范围，”比如发动机的温度过高，“那么汽车的服务指示灯就会发出警告。”

然而，这辆熄不了火的保时捷的问题是，计算机认为汽车的运行没有任何问题。“要想检测出问题，你得往计算机里写程序，”杰夫说，“但从来也没人想过要编写发动机无法关闭的故障代码。要我说，这真是太疯狂了。”

杰夫看起来就是个机修师傅，他穿着卡其色的工装裤，脖子上有文身，棒球帽反戴在头上，手上脸上油迹斑斑。当我到达 Euro Spec Motoring 时，他正躺在一辆旧保时捷下面，敲打着生锈的接头处。为了打发时间，我开始仔细观察起来，21 世纪的汽修店为我展现了时代的冲突。车间的一边是传统的机修工具，油腻腻的管状润滑油、各种形状和大小的扳手和插口、成堆的机油。而另一边，墙面上也挂着数字平板电脑，脏兮兮的指纹落在屏幕上，电脑能让杰夫和他的团队了解到这些超级复杂的机器里看不见的部分。

“以前的汽车都没有数字装置，”杰夫说，“你踩一下油门，就会打开一个开口，就会有更多的燃料喷入发动机。可现在呢，你踩一下油门，脚只要移动那么一丁点儿，”杰夫用手比画出两三厘米的样子，“电子传感器就会告诉计算机，你想要加 62% 的油门。所以呢，燃料喷射装置的喷油脉宽就会从 1.3 毫秒增加到 1.8 毫秒。重点在于，驾驶员一个微小的动作会被很多计算机转化为极其精确的指令，并传送给发动机，”杰夫叹了口气，似乎很怀念过去的年代，“精准性让汽车的性能更好了，但代价就是有很多部件容易损坏，而且这些部件还不便宜。”

从很多方面来看，计算机的兴起让汽修变得不再神秘。以前的机修工就像是夏洛克·福尔摩斯那样的侦探，或是《车迷天下》（*Car Talk*）节目中的汽车行家汤姆·马格里奥兹（Tom Magliozzi）和雷·马格里奥兹（Ray Magliozzi）。① 顾客把车开进汽修店时并不清楚问题出在哪儿，比如汽车在冷启动时会发出奇怪的噪声，或者汽车慢速左转时转向柱会振动。机修工的工作是从这些神秘的症状中得出诊断，确定问题的起因，确定是哪个金属部件或橡胶部件出了故障。

但现代汽车可以给自己诊断，计算机会共享故障信息和故障代码。它会报告哪里的电路出了问题、哪里的活塞不同步，每隔几秒钟就测量一下温度。“第一步还是得从计算机开始，”杰夫说，“车开进店后，第一件事就是把计算机连上，让它告诉我们哪里出了问题。”但杰夫也指出，计算机的诊断只不过是整个推理过程的开端，而不是结束。以保时捷为例，常见的故障是点火圈出问题。“水平差的机修工看到故障代码就直接换一个新的点火圈。”杰夫说。他们把计算机的诊断当成圣旨，以为汽修过程没有任何神秘性可言，因为计算机已经告诉他们哪里出了问题。

然而，一个好的机修工明白计算机评估的局限性。毕竟，能让计算机显示点火圈故障代码的有无数个可能的问题。比如计算机坏了，或者连接点火圈和传感器的电线断了，都会发出这样的

---

①《车迷天下》是一档广播脱口秀节目，每周在国家公共广播电台播放，主题是汽车和汽车维修，由马格里奥兹两兄弟主持，主持风格幽默。——译者注

警告。“所以呢，你得打开看看，”杰夫说，“从点火圈开始，然后抓住电线，顺着电线往下摸索。电线一直通到车底下，通到一个手伸不进去的小缝隙，就在座位下面，一直通到另一边的计算机。我得把整根电线摸一遍，因为问题可能出在任何地方。”然后，杰夫给我看了一个保时捷最新款车型的布线图。那看着就像个迷宫，电线交叉重叠，组成了一个网络，朝各个方向延伸。“如果把车身里的电线拉开的话，得有几千米长，”他说，“不是米，是千米。”

所以，杰夫得先判断连接点火圈的电线信号如何。接着，他得看一下周围的电路。如果是电路出了毛病，他就要找出根本原因。是有老鼠钻进车里咬断了电路吗？这辆车是否做过车身维修？是什么把电线给弄断了？“做这份工作，你必须有好奇心，”他说，“你得真的想刨根问底，否则你只会照着电脑说的做，因为你懒，你想图快图省事，而这时刚好又有一位顾客走进来。”

汽车维修是现代社会的一个隐喻。就像汽车中的计算机会快速告诉机修工发动机线圈有问题一样，电子设备也为我们即时提供了所有能想到的问题的答案。在信息时代，我们没理由不知道什么，而神秘性则可有可无。

然而，无论是在汽车维修方面，还是在政治、艺术或科学领域，最优秀的头脑的与众不同之处就在于他们具备超越这些初始答案的能力。诺贝尔奖得主、心理学家丹尼尔·卡尼曼（Daniel

Kahneman）① 谈到过一个思维错误，他称之为 WYSIATI（What You See Is All There Is），即你所看到的就是全貌。“人类的天性就是要尽可能地想让别人看到自己最好的一面，”卡尼曼在 2012 年的一次采访中说，“因此，WYSIATI 意味着我们会把自己所知晓的消息当作唯一的信息。我们一般不会说，‘嗯，还有很多我不知道的东西’。我们觉得已知的信息也能凑合用。而这个概念对我们大脑的运转非常重要。”[2]

数字世界让我们更容易犯 WYSIATI 错误。那些闪烁着蓝光的屏幕向我们承诺，它们是全知全能的，但真实的世界比搜索引擎搜出的第一页结果，比精准推送给我们的新闻要复杂得多。同理，汽车计算机所给出的论断只是调查的开始，在多数情况下，它们告诉机修工的信息不是一个全局性的诊断。所以，要想正确地理解这个世界，我们得不断地提问，即便电子设备会即时告知我们结果。

心理学家巴里·施瓦茨（Barry Schwartz）② 用一个构思精巧的实验捕捉到了这个过程。他让 115 名本科生解决一道逻辑谜题，解题过程中他们会用到许多按键和灯泡。为了获得奖励，学生们必须分别按下两个键 4 次。因为按键的数量比较多，所以有

---

① 诺贝尔经济学奖得主，美国总统自由勋章获得者，全球畅销书《思考，快与慢》《噪声》的作者。其著作《噪声》已由湛庐引进、浙江教育出版社出版。——编者注

② 美国斯沃斯莫尔学院社会心理学教授，2009 年 TED 大会压轴演讲人，以博学和风趣征服观众。他在《选择的悖论》一书中提出了一个革命性的观点：幸福意味着拥有自由和选择，但更多的自由和选择并不能带来更大的幸福；相反，选择越多，幸福越少！该书中文简体字版已由湛庐引进、浙江人民出版社出版。——编者注

70 种可能的解决方案，每一种方案都能让学生得到少量的金钱回报。最初的几组学生没有得到任何指导，所以按哪个键是随机的，他们只能通过试错来找出答案。

这时就出现了 WYSIATI 思维错误。如果学生因为找到了一个单一的解决方案而得到了奖励，他们几乎不会再寻找其他方案。决定自己是否能得到奖励的基本规则是什么，对此他们也不会深究。相反，他们只是机械地重复之前的行为，一遍又一遍地按下相同的键。他们的行为就像是服从计算机指令的机修工，对所有其他可能的答案视而不见。

然后，施瓦茨重新做了实验，这一次他有了意外发现，他要求学生们找到奖励的基本规则，从而鼓励他们在最初成功的基础上继续探索。这个小小的差异改变了一切。在第二次实验中，每个学生都发现，按键有很多模式。学生们不再容易受到 WYSIATI 谬误的影响，因为研究人员告诉他们，在第一次获得奖励后，他们还可以获得更多奖励。他们不断地提问，最终找到了真正的答案。觉察到其中的神秘能让他们更好地解决问题。[3]

这就是杰夫的竞争优势：他知道自己不知道什么，所以他没那么容易陷入 WYSIATI 的魔咒。“我这人真的很固执，”他说，“合伙人总是叫我别打破砂锅问到底，能收手就趁早收手，但我想把事情弄清楚。”杰夫自嘲地笑了笑：“你听了也许不以为然，但想想看，湖人队如果在比赛还剩两分钟时落后，科比会怎么做？他会发力投篮。那是百分之百的决心，你知道吗？科比不愿意输，我也一样。”

那辆保时捷 911 让人如此心烦意乱。为了修好这辆车，杰夫已经忙了 3 个月。他花了许多时间，把发动机里每一个可能有关联的机件都检查了一遍，而且这些工时还不能跟客户收钱。他检查了点火装置、变速器和启动器，可它们都没问题，这下杰夫可完全糊涂了。“我简直要疯了，”他说，“每天我都能看到那辆车，它在嘲弄我，提醒我，我拿它没办法。”

杰夫在琢磨一些看似无关的电气问题时有了第一个突破，那就是刹车灯一直在闪，而且有时敞篷顶部会结冰。“按理说，这些问题与发动机应该没有任何关系，”杰夫说，“计算机和维修说明书可不会告诉你要检查哪些部件，不过反正我也不知道怎么办了，不如索性试一把看看。”

专念让我们更好地享受不确定性

埃伦·兰格（Ellen Langer）[①] 是一位心灵科学家，因研究“潜念”（mindlessness）而声名鹊起。兰格认为，人们会做许多看似愚蠢的事情，而人们会犯这些错误大多可以归结于一个原因，即我们不喜欢思考。思考多么劳神费力，还是不思考省事。

---

① 积极心理学奠基人之一、哈佛大学著名心理学家，其著作专念三部曲《专念》《专念学习力》《专念创造力》中文简体字版已由湛庐引进、浙江人民出版社出版。——编者注

“社会心理学充斥着一些理论，认为人类思考是理所当然的‘事实’。”兰格在论文中写道。兰格一向大胆无畏，她坚持认为这些理论多数都是错误的。[4]

兰格用一系列颇具影响力的研究支持自己大胆的断言。[5]在她的一项经典研究中，所有被试都将获得一张彩票，这些彩票的票面价格都为 1 美元。她把被试分成两组，一组可以精心挑选彩票号码，另一组只能随机获得一张彩票，接下来兰格告诉被试他们可以按照自己满意的价格出售彩票。结果，精心挑选号码的被试，他们出售彩票的平均价格为 8.67 美元，而随机获得彩票的被试出售彩票的平均价格则为 1.96 美元，两者的差异非常显著。让被试选择彩票号码会导致他们给彩票赋予更高的价值，尽管游戏是随机的，但他们所选的号码并没有任何意义。他们也知道这一点，只是没仔细想。在另一个实验中，兰格和同事试图接近走到图书馆复印机前的学生。就在被试准备将硬币投入复印机时，兰格问她是否可以先使用复印机。如果人类是深思熟虑的物种，那么我们应该更可能让一个有正当理由（如“我赶时间”）的人插队。但兰格的发现并非如此，她发现，只要给出一个理由，即使是完全没有意义的理由（如“我必须复印”），也能让几乎所有的人服从指令。兰格说，人们并不是没有在听，而是没在思考，大部分时间我们的大脑都处于自动驾驶模式。[6]“我们不仅仅是没有活在当下，”她说，“我们甚至都不知道自己没活在当下。”[7]

忽视神秘性是潜念的主要表现，也是潜念导致思维错误的主要原因，即使神秘性非常明显。20 世纪 60 年代，心理学家约翰·耶洛特（John Yellott）在斯坦福大学对学生进行了一项新的智力测试。[8] 他把每一位被试带进一个隔音的小房间，房间里有一把椅子、一张装有两个按键的桌子和一台西尔凡尼亚公司生产的电致发光显示器，也就是“阿波罗”号飞船指挥舱中所使用的显示器。

然后耶洛特给被试解释研究是如何进行的。每次试验都有两种可能性，显示器上要么显示 X，要么显示 Y。被试要预测接下来显示器上会出现哪个字母，并按下相应的按键。

在这项任务中，被试可以使用两种不同的策略。第一个被称为最大化策略，它是这样的：在观察了几轮显示器上出现的字母后，使用最大化策略者决定总是选择出现频率更高的一个。例如，在斯坦福大学的研究中，字母 Y 出现的概率是 80%。也就是说，使用最大化策略的被试会一次又一次地按下 Y 键，而永远不会去碰 X 键。

给动物做这种测试时，从它们的行为来看，它们更像是在使用最大化策略。猴子、金鱼、鸽子、老鼠，它们都使用这种原始但有效的策略。它们并不打算弄清楚字母出现的规律，而是接受它的神秘性，只要多数时候是对的，它们就很满意。[9] 然而，有一个物种并不会采用这种策略，那就是人类。我们依靠的是所谓匹配的方法。在耶洛特的实验中，学生们会将自己的猜测与字母的平均概率“相匹配”，所以，他们在 80% 的时间里猜测接下来出现的字母为 Y，20% 的时间里是 X。

实验结束后，耶洛特就策略问题与学生进行了交谈。大多数人说，配对是为了破译字母出现的规律，他们想弄清楚规律，而不仅仅是一直按一个字母。遗憾的是，他们自以为聪明的解决方案不过是种幻觉。虽然字母 Y 出现的概率是 80%，但具体会出现哪一个字母却是完全随机的。被试的过度自信影响了他们的表现，因此他们只猜对了 68%。更糟糕的是，他们从未改变思路，也没有从失败中学习，哪怕他们已经观察了数百个字母。诺贝尔奖获得者肯尼斯·阿罗（Kenneth Arrow）曾写道："这项研究的非凡之处在于，它注意到人类个体的渐近行为（asymptotic behavior），个体经过无限多次的学习，仍然不会采取最佳行为。"[10] 也就是说，如果玩的是这一类的猜猜看游戏，金鱼可比人类要聪明。

为什么人类在这方面表现得如此糟糕？因为我们无意识地否认了它的神秘性，把它当作一个简单的谜题来对待。兰格说，人类的脑容量这么大，但我们在使用时，常常没发挥出它的能力。"如果我们承认神秘性，那么也不得不承认，我们并不能想拥有多少控制权就拥有多少，"兰格说，"而这很可怕。因此，我们只是重复自己的错误，而这正是潜念会导致的行为。"

但兰格并不满足于记录人类思考的过失。如何去解决潜念这个问题？在成为哈佛大学第一位终身女心理学家后，兰格对此越来越感兴趣，她把它称为"专念"（mindfulness）。**当一个人处于专念状态，他会"积极地进行区分、分门别类、发掘意义"**，兰格写道。[11] 换言之，专念就是有意识地关注，但它不同于传统课堂上那种毫无生气的关注，它不是静止不动，也不是死记硬背老师教的事实。相反，兰格认为专念能让人意识到现实从不会静止，而我们所知道的只是现实的一小部分。神秘无处不在。“专念实际上是觉察到新的事物，”她告诉我，“当你觉察到事物，你才会处于当下，当它也提醒你，你所知道的远没有你以为的那么多……我们常把态度和心态的稳定性与世界的稳定性混为一谈。但外部世界并不稳定——它处在永久的变化中。”**专念帮助我们看到变化。更妙的是，它把平凡的生活变成了无限游戏，帮助我们享受无所不在的不确定性。**

我们如何才能更专注于当下？兰格认为，答案不是瑜伽或超凡冥想，也不是花费不菲、需要念诵真言的仪式。“我认识的人连静坐 5 分钟都做不到，更别提 40 分钟了。”2010 年她在接受《哈佛大学杂志》的访谈时说。[12] 你也用不着拔掉网线或者专门去找经过认证的心理治疗师。对于那些寻求专念的人，兰格的建议是，首先你得承认自己的无知。如果说人是因为潜念而忽视了神秘性，那对症下药的话，我们应该学会去欣赏神秘性。“我老爱问别人，‘1 加 1 等于多少？’”兰格说，“他们说当然是‘2’。然后我就提醒他们，1 加 1 并不总等于 2。一堆雪放到另一堆雪上还是一堆雪。一块口香糖跟另一块一起嚼也还是一块。这样的例子还有很多。”兰格并不是跟数学较真，她只是希望人们能认识到，真理是有条件的，宇宙中充满了惊喜。“处于专念状态的人信奉的是绝对的东西，”她说，“过去是这样，将来也一直会是这样。但世界并不是如此运作的，它比这要神秘得多。”

在一项与艾莉森·派普（Alison Piper）共同进行的研究中，兰格以两种不同的方式向被试介绍一个新物体。有时她会用绝对的口吻描述一个物体（如“这是一个狗磨牙玩具”），有时她会以有条件的方式描述这个物体（如“这可能是一只狗磨牙玩具”）。然后，她要求被试使用该物体来解决一个问题，例如擦除纸上的印记。问题在于，被试要能想到用狗玩具来完成任务。结果很明显，只有那些听到了有条件描述的被试才会创造性地使用狗玩具，把它用作橡皮擦。[13] 因为有条件的说明引入了一些未知因素（它也可能不是狗磨牙玩具），所以被试能更有效地应对挑战。

专念经常被形容成一种实用的思维工具，一种能大幅提高工作效率的新潮理念。但对兰格而言，专念是关于快乐的体验。“你还记得最开始学玩井字棋游戏时有多高兴吗？”兰格问道，“或者看看电梯里的小孩子。他们激动得想去按按钮，因为他们够不着按钮。可有多少成年人会因为这个而感到兴奋？”兰格的观点是，一旦学会了某样东西，我们就会觉得乏味，能让我们全神贯注的是学习的过程。“我常常告诉别人，想要学会觉察，最简单的方法是把自己投入一个新的、能让自己聚精会神的活动中。你之所以会专注，是因为你不知道该怎么做。它依然神秘。而当你全身心地投入时，你应该提醒自己，这是你自始至终都应该感受到的方式。你不知道，所以你才能感受到生命；你不知道，所以你才会拥有力量。无知才是有意思的那部分。”

兰格不仅这么建议别人，她自己也是这么做的。50 岁时，她决定开始绘画。那年夏天雨水特别多，没法在户外打网球，兰格对朋友说，她一直想尝试绘画，那为何现在不学起来呢？她绘画的主题多种多样，她画她的狗、科德角的夕阳、摆出搞笑姿势的朋友、旧的家具。有时她会在旧木瓦上作画，还有一些作品是画在从当地艺术用品商店买回来的巨大的拉伸画布上。兰格现在是名颇有成就的艺术家，她的作品由高级画廊代理，但她乐意画画主要还是因为她享受那种感觉。“不想画时我就不画。”她说。对兰格来说，创造能让她以一种更专念的方式面对世界，艺术加深了她对科学研究结果的体悟。“直到尝试作画，你才能真正弄清楚你看到了什么，”她说，“我看到一棵树，那棵树是绿色的。没错，确实是绿色。但直到拿起画刷的那一刻，我才会仔细去想它到底是哪种绿色。然后我才意识到，绿色总是在变。随着天空中太阳的移动，颜色也在改变。我正准备画一棵树，那一瞬间我顿悟到，没有什么是确定的，一切都在变。我甚至都不知道那棵树是什么样的。”

对兰格而言，一幅优美的画是美好生活的典范，不是画本身，而是绘画的过程。当兰格把画刷、油画颜料和那张令人生畏的空白画布放置妥当时，她并不期望完美。完美令人乏味。她知道自己会犯错，会把颜料涂错地方，画出来的作品也永远达不到自己的愿景。她的目标很简单，就是尽可能久地保持对艺术的兴趣，看到她以前从未见过的东西。在一项研究中，兰格告诉艺术家们，无论发生了什么，都要坚持自己的艺术。画错线条或者弄错颜色都没关系，他们必须“继续前进”。你知道后来发生了什么吗？这些充满了差错和瑕疵的图画，最终受到每个人的青睐。

“只要方式是对的，那么错误也能成为一扇窗，让人窥探到全新的、真正美丽的东西，”兰格说，“不必按照预定的计划来，错误能迫使你存在于当下，能迫使你真正看清你在做什么。而当你仔细观察、用心观察时，你会发现你所了解的并没有你想的那么多。说到底，你知道的毕竟很有限。而这，就是专念的开端。”

怀疑让我们以不同的方式看待世界

杰夫的第一辆车是 1963 年产的福特 Ranchero，买这辆车花了他 1 500 美元。结果，才买了两个星期，车就坏了。“问题是这辆车花光了我所有的积蓄，”杰夫说，“但我要跟姑娘们谈情说爱，我要做事。那一年我才 15 岁，我需要一辆车！”所以，杰夫恳求一家汽配店老板给他一份工作，这样他才能给自己的车换些配件。他需要一个新的燃油泵和散热器。杰夫要拖地，要打扫厕所，几个月后，他终于能到维修部门当学徒了，在那里，他要给汽车更换机油、修理刹车。杰夫对这份工作很满意，他说，“我知道自己喜欢修东西”，而且报酬也不错，所以他干脆从高中退学了。

在几家汽修店摸爬滚打了 10 年后，杰夫决定自己开一家汽修店，专修保时捷。他在分类广告网站上刊登广告，盼着能有客户上门。“结果等了一个月生意也没开张，我心想：‘瞧我都做了些什么？这该不会是个错误的决定吧？’”后来终于来了几辆保时捷，然后消息就传开了，他们说没有杰夫修不好的东西。很快，他就开始处理那些连经销商都搞不清楚的故障。客户们开始把保时捷从全国各地运往杰夫的汽修店。

我们再回头说说那辆保时捷 911。前几个星期，杰夫把故障可能的原因都排查了一遍。“像这样的故障你多半会判断是点火装置出了问题，比如说燃油泵、启动器之类的部件”，可这些部件一点毛病也没有。“我把发动机拆开又组装起来，可它仍然无法正常工作”，或者说，发动机仍然无法停止工作。

到了这步田地，换作哪个机修工都会放弃的，这辆车根本就修不好。但杰夫不会。既然发动机没毛病，那就看看汽车的其他部件。他首先把那顶摇摇晃晃的敞篷给检查了一遍。他打开敞篷的控制单元——汽车后部的一块绿色电路板，跟过去听的磁带差不多大小，接着开始理电线。杰夫记得，为了安全起见，敞篷控制单元跟发动机之间是有通信连接的。“谁也不想看到那些混账家伙在高速公路上飙到时速 140 千米还开着敞篷吧。速度达到一定数值，敞篷就不能用了。”

当杰夫打开敞篷车控制单元时，他发现电路板上星星点点的白色，这是腐蚀的痕迹。“腐蚀本身很常见，但它把两个计算机终端给连了起来，它是半导电的，也就是说，电流可以从中穿过，”杰夫看着那些腐蚀的痕迹，突然冒出来一个疯狂的想法，敞篷控制单元的电源也许会向发动机输送电压，“电压也许并不大，但足以让发动机控制单元无法关闭。而控制单元不关闭，发动机就会持续工作。”

为了验证他的假设，杰夫拉了拉连接敞篷控制单元的电线："总共好像有 5 根电线，我拉了第一个插口，刹车灯灭了。"这就有意思了，因为刹车灯本来也无法正常工作。杰夫又拔了两根电线，当他拔出最后一根电线时，发动机突然没动静了。"发动机熄火了我还这么高兴，这可前所未有。"他更换了被腐蚀的电路，发动机果然恢复正常了。车也修好了。"前前后后花了我 3 个月的时间。"他笑着说。

对于杰夫来说，那辆熄不了火的保时捷的传奇故事证明了计算机诊断技术的局限性。"写入计算机的程序从来不会考虑电路漏电的问题。它甚至都不知道有这样的问题，所以它永远无法帮助我找到解决方案。"

这辆保时捷可能是一个比较极端的例子，但它提醒杰夫，永远不要止步于汽车芯片所给出的维修方案，它们只能看到部分情况。"计算机只知道自己知道什么，不知道自己不知道什么。"杰夫告诉我。这句话听着很有禅意，也蕴含了一个极其重要的见解，那就是如何在信息时代有效思考。如果我们依赖这些功能强大的设备，那我们就必须对它们的弱点和盲点保持警惕。机器认识不到自己的缺点，谷歌永远不会承认自己的无知，几乎每一次搜索你都能得到结果，而你汽车内的芯片也无法想象超出其参数的问题。我们的任务是要记住它们所忽略的一切未知。

最近有一项关于 GPS 技术如何改变我们与世界互动方式的研究。这项实验是在日本千叶县柏市进行的，柏市是东京周边的郊区，人口较为密集。1/3 的被试由真人带路，走了一条弯弯绕绕的路线，还有 1/3 用的是纸质地图，最后 1/3 使用的是 GPS 装置，他们只需要跟着电子导航走就行了。结果由真人带路和用纸质地图的被试基本上都能找到路，但使用 GPS 的被试却大费周章，好不容易才到达目的地。他们的速度更慢，犯的错也更多，停下来的频率也更高。而且，当实验结束后研究人员请被试画一张路线图时，那些使用 GPS 的被试画的地图的准确度也要差得多。[14]

为什么会这样？技术虽然向我们承诺了答案，却会让我们停止提问。我们脱离了这个世界，我们不再关注路线，而是听从机器的指令。技术加重了我们的潜念，让我们假装知道自己要去哪里，尽管我们并不知晓。

解决方法不是不用 GPS，毕竟，杰夫也需要他店里那些计算机的帮助。只不过在有机器助力的情况下，他依然能保持清醒的头脑，不满足于计算机给出的快速解决方案。它们疏忽了什么？还有哪里可能出了故障？我还能提出哪些问题？

阿尔伯特·赫希曼（Albert Hirschman）是一位发展型经济学家和思想家，他写的大部分文章都把怀疑看作一种美德。赫希曼与其挚友，同时也是他姐夫的尤金尼奥·科洛尼（Eugenio Colorni）一起，提出了一个职业目标，他想证明哈姆雷特是错的。他认为，怀疑这种特质被哈姆雷特扣上了一个坏名声。这位忧郁的王子让人们把怀疑与无所作为、麻木不仁和不知所云的独白联系起来。[15]而赫希曼则认为怀疑是一种解放。**当产生怀疑时，我们才能毫无束缚地以不同的方式看待世界。我们可以考虑新的观点和解决方案，会学着不以确定性为行动的目标。**

在解释怀疑的好处时，赫希曼经常以创造力为例。如果我们真的明白创造性的行为需要什么，一遍又一遍地拟方案、画草图，无数次失败与重复，我们就不会想要去解决需要创造性的问题。因为代价实在是太高了。为什么要跟自己过不去呢？

比如杰夫，要是他知道保时捷 911 得花几个月的时间才能修好，他也许不会接这笔生意。但他接了，因为他不知道这辆车修起来那么麻烦。其他人也不知道，而正是这种不知道释放了杰夫的潜力。赫希曼在给女儿们的信中说："创造力的秘密在于要把自己置身于必须发挥创造力的情境下，但一个人只有事先并不知情才敢置身于这种情境。"[16]

杰夫不知道怎样才能让那辆保时捷的发动机停下来，但他并没有因为怀疑而停止。用赫希曼的话说，他找到了方法，证明哈姆雷特是错误的。

要想达到专念的状态从来都不容易，但我们从未像现在这样需要专念。为了处理生活中的困难问题，我们必须接受神秘，向怀疑敞开大门。"要做好这份工作有两个秘诀，"杰夫说，"你自己得动脑子，得认真对待它。"

神秘让我们对世界永葆热爱

一眼望过去，京都龙安寺的石庭就像是一堆石头。庭园里有15 块大石头，散落在修整过的砾石小径边和草坪上，岁月和苔藓给它们染上了一抹抹绿色。这些石头其实并不是随意摆放的，每一块巨石的位置都恰到好处，无论游客站在哪个角度，都只能看到其中的 14 块石头。不信你可以去那里转一圈，踮起脚，伸长脖子看看。无论是从哪个角度，你都无法把 15 块巨石尽收眼底。这个石庭巧妙地用神秘性吸引了游客，它提醒我们，即使是最简单的空间也可以包含未知的东西。

这是艺术的基本功能之一，它教我们如何与神秘性和睦相处。艺术给我们呈现出具有悬念的反转、多层次的世界、不透明的人物和模糊的线条，从而让我们学着从自己的预测误差中获得享受。艺术不会让我们去寻求确认的证据，而是提醒我们怀疑更有帮助，专念更有乐趣。我们意识到，乐趣来自一个动词，这个动词不是“理解”，而是“尝试”。

这是一种十分必要的心态，因为我们无法逃避神秘，未知的东西永远是人类知识的重要组成部分。我们想要无懈可击的真理，但现实中并不存在这样的真理。最好的理论也会被推翻，确凿的事实也会被证明是错的，把目光放长远来看，人类对所有事情的认识都可能是错误的。唯一不变的是秘密。

美国哲学家奎因（Willard Van Orman Quine）在其开创性的论

文《经验论的两个教条》(*Two Dogmas of Empiricism*)中总结了这一思想。奎因指出，许多人类的最基本的科学原理，解释许多东西所依赖的理念，实际上是最神秘的。以引力为例，它是一个如此基本的物理学概念，以至于儿童节目《芝麻街》都讲过它。然而，看似简单的万有引力，它能让物体下坠，掩盖了其深刻的未知性。从牛顿提出引力的概念到现在，已经过去了300多年，从爱因斯坦用时空重新定义引力到现在，已经过去了一个多世纪，但我们仍然不知道引力是怎么产生的，或者说它来自哪里，怎样用量子力学解释引力。① 我们可以测量宇宙的引力，但这个力本身是完全神秘的。我们对于这个世界的了解取决于我们永远无法做到的事情。

学会如何应对这些局限性是做人的真谛。在《到灯塔去》中，弗吉尼亚·伍尔夫描述了抽象画家莉莉·布里斯科多年来在坚持创作一幅风景画。她不断地重新画水流，移动树的位置，改变阴影的颜色。这个过程令人发狂，莉莉越是对画布上“叫人为难的空白”感到愤怒，她似乎就越不明白。但后来，在凝视远处的灯塔时，莉莉像是顿悟了。她突然意识到，生活“就像一件艺术作品”，它也充满了未知和不完美。生活和艺术的意义不在于解决这些问题，而在于从这些问题中努力获得美感和敬畏。所以，她不再执着于自己对海岸描绘得不够完美，而是回到了这个世界，只是现在她的视角更关注当下。“那些关于人生意义的伟

① 费曼说：“什么是引力？对此牛顿没提出任何假设；牛顿只满足于发现引力的作用，而不去研究它的机制。从那之后，也没有人给出任何解释。物理定律的特点是它们具有这种抽象的特性。”[17]

大启示，从未到来，”莉莉想，“也许它永远不会出现。在日常生活中，有一些小小的奇迹和光辉，就像黑暗中无意间擦亮的火柴；而眼前就是一个例子。”[18]

莉莉的挣扎是创作的挣扎。开始创作时，我们只有一张空白的纸，什么都不知道，结局也尚未写就。我们很想抹去那些不确定因素，用知识和智慧来填补空白，假装自己一直都知道。

但最优秀的艺术永远不会忘记它的起点。它一直会记得，正是神秘激发了艺术家的创作热情。因为神秘不仅能让艺术家在创作的过程中永葆热爱，它还能一直抓住注意力涣散的观众的视线。人类被未知所吸引。人类的敬畏源于神秘。

这是人类文化的一个惊人的事实，那就是神秘的东西才能持久。时间像是能腐蚀答案的酸液，它摧毁了确定性。**免于灭顶之灾的是那些故事、画作和人物，它们用其独特的方法隐藏一些叫人无法理解的东西，用未泄露的秘密吸引我们，它们与宇宙的神秘同在，而这正是它们得以永恒的原因。**

致　谢

首先我要感谢我了不起的编辑本·勒南（Ben Loehnen），感谢你帮助我从深思中找到框架，帮助我发现自己想写什么样的书。我会永远感激你，因为你给了我宝贵的机会。

感谢安德鲁·怀利（Andrew Wylie）和丽贝卡·纳格尔（Rebecca Nagel），感谢你们从一开始就为这本书提供指导，那时这本书连个雏形都没有，只有我关于惊叹和敬畏之心的一些漫无边际的思考。你们把每一份草稿都阅读了一遍，并给出了有价值的建议。

凯尔·保莱塔（Kyle Paoletta）不辞辛劳地校对了本书中的事实信息，非常感谢他愿意接手这个项目，他一丝不苟、勤奋工作。书中如果有任何不实信息，那也都是我的问题。

感谢所有与我分享他们见解的杰出人士、教师和科学家。这还不算什么，他们还抽出时间来阅读和纠正文中的错误。特别感谢已故的詹姆斯·卡斯（James Carse），他是如此耐心和周到，与他的第一次谈话给了我一整章内容的灵感。

史蒂夫·波尔德（Steve Boldt）是这本书的文字编辑，他的工作完成得非常出色。感谢他和卡罗琳·凯利（Carolyn Kelly），这本书才得以大功告成。

什洛莫（Shlomo）和史蒂夫（Steve）是那种梦寐以求的同事。

我要特别感谢两位亲爱的朋友。罗伯特·克鲁利希（Robert Krulwich）多年来一直鼓励我对这一主题保持兴趣。以前我担心写一本关于问题之美的书读者会没兴趣——难道人们想要的不是答案吗？但有一次我们在纽约散步了很久，他说服我，神秘以及跟神秘相关的东西值得研究。

布鲁斯·尼尔森（Bruce Nelson）多年来一直会一边陪我享用熏肉三明治，一边耐心地听我谈论对神秘的见解。这本书中许多好的线索都是他的功劳。当我灵感枯竭时，他会用他美丽的艺术作品启发我。

然后是我的家人，没有他们就没有我。我的父母、我的兄弟姐妹、我的表兄弟（姐妹），是你们让我坚持下去。

这本书，如同我生活中的一切，受到了我的孩子的深刻影响。如何去诠释“哈利·波特”系列作品，玩具测评的技巧、福尔摩斯的吸引力，以及好奇心带来的持久乐趣——这些都是罗斯、艾萨克和路易莎教给我的，很高兴我还会继续从你们那里学到更多。

而莎拉，我对你的感激永远无法用言语形容。你让每一天变得更美好。我永远不会让你离开。

注　释

前　言

1. Jared Cade, *Agatha Christie and the Eleven Missing Days* (London: Peter Owen, 2011), 79.

2. Tina Jordan, "When the World's Most Famous Mystery Writer Vanished," *New York Times*, June 11, 2019.

3. Laura Thompson, *Agatha Christie: A Mysterious Life* (New York: Pegasus, 2013), 166.

4. Cade, *Agatha Christie and the Eleven*, 97.

5. Ibid., 81.

6. Ibid., 81–83.

7. Ibid., 99.

8. Ibid., 98.

9. Ibid., 103.

10. Thompson, *Agatha Christie*, 222.

11. "Mrs. Christie Found in a Yorkshire Spa," *New York Times*, December 15, 1926.

12. Cade, *Agatha Christie and the Eleven*, 130.

13. Thompson, *Agatha Christie*, 209.

14. Agatha Christie, *An Autobiography* (New York: William Morrow, 2012), 437.

15. Cade, *Agatha Christie and the Eleven*, 106.

16. Thompson, *Agatha Christie*, 202.

17. Christie, *Autobiography*, 358.

18. Edgar Allan Poe, "A Few Words on Secret Writing," *Graham's Magazine*, July 1841; and Jeffrey Meyers, *Edgar Allan Poe: His Life and Legacy* (Lanham, MD: Rowman & Littlefield, 1992), 122.

19. Kenneth Silverman, *Edgar A. Poe: Mournful and Never-Ending Remembrance* (New York: Harper Perennial, 1992), 172.

20. Ibid., 173.

21. Interview, September 26, 2019.

22. Wystan Hugh Auden, "The Guilty Vicarage," *Harper's Magazine*, May 1948.

23. Wolfram Schultz, "Dopamine Reward Prediction-Error Signalling: A Two-Component Response," *Nature Reviews Neuroscience* 17, no. 3 (2016): 183.

24. Scott Waddell, "Dopamine Reveals Neural Circuit Mechanisms of Fly Memory," *Trends in Neurosciences* 33, no. 10 (2010): 457–64; Wolfram Schultz and Anthony Dickinson, "Neuronal Coding of Prediction Errors," *Annual Review of Neuroscience* 23, no. 1 (2000): 473–500; and Wolfram Schultz, Leon Tremblay, and Jeffrey R.Hollerman, "Reward Prediction in Primate Basal Ganglia and Frontal Cortex," *Neuropharmacology* 37, no. 4–5 (1998): 421–29.

25. Clifford Geertz, *The Interpretation of Cultures* (New York: Basic Books, 1973), 5.

26. John Berman, Deborah Apton, and Victoria Thompson, "Stephen Sondheim: My 'West Side Story' Lyrics Are 'Embarrassing,'" ABCNews, December 8, 2010.

27. John Keats, *The Complete Poetical Works and Letters of John Keats* (New York: Houghton Mifflin, 1899), 277.

第 1 章

1. Stefan Zweig, *Burning Secret* (London: Pushkin Collection, 2008), 52.

2. Madeline Berg, "How This 7-Year-Old Made $22 Million Playing with Toys," *Forbes*, December 3, 2018.

3. J. J. Abrams, "The Mystery Box," filmed March 2007 at TED200, Monterey, CA, video, 17:50.

4. Steve Jobs, keynote address, Macworld San Francisco, January 9, 2009, Moscone Center, San Francisco, CA.

5. Leonard Mlodinow, *The Upright Thinkers* (New York: Vintage, 2016), 21–23; Ian Leslie, *Curious: The Desire to Know and Why Your Future Depends on It* (New York: Basic Books, 2014), 28; and Paul L. Harris, *Trusting What You're Told: How Children Learn from Others* (Cambridge, MA: Harvard University Press, 2012).

6. Michelle M. Chouinard, Paul L. Harris, and Michael P. Maratsos, "Children's Questions: A Mechanism for Cognitive Development," *Monographs of the Society for Research in Child Development* 72, no. 1 (2007): 1–129.

7. P. E. Shah et al., "Early Childhood Curiosity and Kindergarten Reading and Math Academic Achievement," *Pediatric Research*, 2018.

8. Matthias J. Gruber, Bernard D. Gelman, and Charan Ranganath, "States of Curiosity Modulate Hippocampus-Dependent Learning via the Dopaminergic Circuit," *Neuron* 84, no. 2 (2014): 486–96.

9. Lynn Nadel and Morris Moscovitch, "Memory Consolidation, Retrograde Amnesia and the Hippocampal Complex," *Current Opinion in Neurobiology* 7, no. 2 (1997): 217–27.

10. George Loewenstein, "The Psychology of Curiosity: A Review and Reinterpretation," *Psychological Bulletin* 116, no. 1 (1994): 75.

11. "Electronic Gaming Device Utilizing a Random Number Generator for Selecting the Reel Stop Positions," United States Patent, US4448419A, May 15, 1984.

12. Ibid.

13. John Robison, "Casino Random Number Generators," *Casino City Times*, July 28, 2000.

14. Natasha Dow SchuÃàll, *Addiction by Design: Machine Gambling in Las Vegas* (Princeton, NJ: Princeton University Press, 2012), 91.

15. Schüll, *Addiction by Design*.

16. Luke Clark et al., "Gambling Near-Misses Enhance Motivation to Gamble and Recruit Win-Related Brain Circuitry," *Neuron* 61, no. 3 (2009): 481–90.

17. Dave Hickey, *Air Guitar* (New York: Art Issues Press, 1997), 23.

18. D. E. Berlyne, *Aesthetics and Psychobiology* (New York: Appleton-Century-Crofts, 1971).

19. D. E. Berlyne, "Novelty, Complexity, and Hedonic Value," *Perception & Psychophysics* 8, no. 5 (1970): 279–86.

20. Raymond Loewy, *Never Leave Well Enough Alone* (Baltimore, MD: Johns Hopkins University Press, 2002), 280.

21. "The Year in Sports Media Report: 2015," Nielsen, February 3, 2016.

22. Pedro Dionisio, Carmo Leal, and Luiz Moutinho, "Fandom Affiliation and Tribal Behaviour: A Sports Marketing Application," *Qualitative Market Research* 11, no.1 (2008): 17–39; Marieke de Groot and Tom Robinson, "Sport Fan Attachment and the Psychological Continuum Model: A Case Study of an Australian Football League Fan," *Leisure /Loisir* 32, no. 1 (2008): 117–38; and Marco Iacoboni, *Mirroring People: The New Science of How We Connect with Others* (New York: Farrar, Straus and Giroux, 2009).

23. Nicholas Christenfeld, "What Makes a Good Sport?," *Nature* 383 (1996): 662.

24. Stanley Schachter et al., "Speech Disfluency and the Structure of Knowledge," *Journal of Personality and Social Psychology* 60, no. 3 (1991): 362–63.

25. Nicholas Christenfeld, "Choices from Identical Options," *Psychological Science* 6, no.1 (1995): 50–55.

26. Michael M. Roy and Nicholas J. S. Christenfeld, "Do Dogs Resemble Their Owners?," *Psychological Science* 15, no. 5 (2004): 361–63.

27. Christine R. Harris and Nicholas Christenfeld, "Can a Machine Tickle?," *Psychonomic Bulletin & Review* 6, no. 3 (1999): 504–10.

28. Nicholas Christenfeld, David P. Phillips, and Laura M. Glynn, "What's in a Name: Mortality and the Power of Symbols," *Journal of Psychosomatic Research* 47, no. 3 (1999): 241–54.

29. A. Clauset, M. Kogan, and S. Redner, "Safe Leads and Lead Changes in Competitive Team Sports," *Physical Review E* 91, no. 6 (2015): 062815.

30. "1892 NL Team Statistics," Baseball Reference.

31. John Thorn, "Who Were the Fastest Pitchers?" *Our Game*, February 18, 2014.

32. Leonard Koppett, *Koppett's Concise History of Major League Baseball* (New York: Carroll and Graf, 2004), 72–74.

33. Bill Deane, *Baseball Myths* (Lanham, MD: Scarecrow Press, 2012), 10.

34. Rodney J. Paul, Yoav Wachsman, and Andrew P. Weinbach, "The Role of Uncertainty of Outcome and Scoring in the Determination of Fan Satisfaction in the NFL," *Journal of Sports Economics* 12, no. 2 (2011): 213–21.

35. Interview, Studio City, December 28, 2017.

36. Coltan Scrivner et al., "Pandemic Practice: Horror Fans and Morbidly Curious Individuals Are More Psychologically Resilient during the COVID-19 Pandemic," *Personality and Individual Differences* 168, no.110397 (2020).

第 2 章

1. "Do Lotteries Do More Harm than Good?" *Chicago Booth Review*, January 30, 2020.

2. 感谢莫汉·斯里瓦斯塔瓦提供这些彩票图片。

3. Jonah Lehrer, "Cracking the Scratch Lottery Code," *Wired*, January 31, 2011.

4. A. H. Danek et al., "An fMRI Investigation of Expectation Violation in Magic Tricks," *Frontiers in Psychology* 6 (2015): 84–85.

5. Sian Beilock, "Why a Broken Heart Really Hurts," *Guardian*, September 13, 2015.

6. Anne-Marike Schiffer and Ricarda I. Schubotz, "Caudate Nucleus Signals for Breaches of Expectation in a Movement Observation Paradigm," *Frontiers in Human Neuroscience* 5 (2011): 38.

7. Jessica A. Grahn, John A. Parkinson, and Adrian M. Owen, "The Cognitive Functions of the Caudate Nucleus," *Progress in Neurobiology* 86, no. 3 (2008): 141–55.

8. Gustav Kuhn, *Experiencing the Impossible: The Science of Magic* (Cambridge, MA: MIT Press, 2019), 19–20.

9. Karl Duncker, "On Problem-Solving," *Psychological Monographs* 58, no. 5 (1945):1–113.

10. Tim P. German and Margaret Anne Defeyter, "Immunity to Functional Fixedness in Young Children," *Psychonomic Bulletin & Review* 7, no. 4 (2000): 707–12.

11. Jim Steinmeyer, *Hiding the Elephant: How Magicians Invented the Impossible*, (New York: Random House, 2005).

12. Theodor Adorno, *Minima Moralia: Reflections on a Damaged Life* (New York: Verso, 2005), 222.

13. Stephen Kaplan, "Perception and Landscape: Conceptions and Misconceptions," USDA Forest Sevice, General Technical Report PSW-GTR-35 (Berkeley, CA: Pacific Southwest Forest Range Experiment Station, 1979), 241–8.

14. Ross King, *Brunelleschi's Dome: How a Renaissance Genius Reinvented Architecture* (New York: Bloomsbury, 2000), 35–37.

15. John Berger, *Ways of Seeing* (London: Penguin UK, 1972), 16.

16. David Hockney, "Through the Looking Glass: David Hockney Explains How a Question about Some Ingres Drawings Led to a Whole New Theory of Western Art," *History Today*, November 2011.

17. Lawrence Weschler, *True to Life: Twenty-Five Years of Conversations with David Hockney* (Berkeley, CA: University of California Press, 2008), 117.

18. "Robert Hughes Quotes: On Caravaggio, Warhol, and Hirst," *Telegraph*, August 7, 2012.

19. David Hockney, *Secret Knowledge: Rediscovering the Lost Techniques of the Old Masters* (New York: Viking Studio, 2006), 262.

20. Weschler, *True to Life*, 180.

21. Hockney, *Secret Knowledge*, 14.

22. D. H. Younger, "William Thomas Tutte: 14 May 1917–2 May 2002," *Biographical Memoirs of Fellows of the Royal Society* 58 (2012): 283–97.

23. Michael Smith, *The Secrets of Station X: How the Bletchley Park Codebreakers Helped Win the War* (London: Biteback, 2011), location 2067.

24. Roy Jenkins, *A Life at the Center: Memoirs of a Radical Reformer* (New York: Random House, 1991), 53.

25. Smith, *Secrets of Station X*, Chapter 10.

26. W. T. Tutte, "FISH and I," University of Waterloo.

27. Captain Jerry Roberts, *Lorenz: Breaking Hitler's Top Secret Code* (Cheltenham, UK:History Press, 2017), 78–79.

28. J. J. O'Connor and E. F. Robertson, "William Thomas Tutte," MacTutor.

29. Tutte, "FISH and I."

30. Roberts, *Lorenz*, 89.

31. Ibid., 134.

32. Ibid., 74.

33. Central Intelligence Agency, "The Enigma of Alan Turing," April 10, 2015.

34. Richard Fletcher, "How Bill Tutte Won the War (Or at Least Helped to Shorten It by Two Years)," Bill Tutte Memorial Fund, Issue 1, May 2014.

35. Lisa Grimm and Nicholas Spanola, "Influence of Need for Cognition and Cognitive

Closure on Magic Perceptions," *Cognitive Science*, 2016; and Joshua Jay, "What Do Audiences Really Think?," *Magic*, September 2016.

36. Mike Weatherford, "Las Vegas has become 'Caveman' Central," *Las Vegas Review Journal*, May 16, 2003.

37. Kuhn, *Experiencing the Impossible*, 9.

38. Jonah Lehrer, "Magic and the Brain: Teller Reveals the Neuroscience of Illusion," *Wired*, April 20, 2009.

第3章

1. Interview with Dan Myrick, January 10, 2018.

2. Emalie Marthe, "'They Wished I Was Dead': How 'The Blair Witch Project' Still Haunts Its Cast," *Vice*, September 14, 2016.

3. Connor Diemand-Yauman, Daniel M. Oppenheimer, and Erikka B. Vaughan, "Fortune Favors the Bold (and the Italicized): Effects of Disfluency on Educational Outcomes," *Cognition* 118, no. 1 (2011): 111–15.

4. Shane Frederick, "Cognitive Reflection and Decision Making," *Journal of Economic Perspectives* 19, no. 4 (2005): 25–42.

5. Ferris Jabr, "Does Thinking Really Hard Burn More Calories?" *Scientific American*, July 18, 2012.

6. Adam Alter, *Drunk Tank Pink: And Other Unexpected Forces That Shape How We Think, Feel, and Behave* (New York: Penguin, 2014), 195.

7. Stanislas Dehaene, *Reading in the Brain: The New Science of How We Read* (New York: Penguin, 2009).

8. Stanislas Dehaene and Laurent Cohen, "The Unique Role of the Visual Word Form Area in Reading," *Trends in Cognitive Sciences* 15, no. 6 (2011): 254–62.

9. Laurent Cohen et al., "Reading Normal and Degraded Words: Contribution of the Dorsal and Ventral Visual Pathways," *Neuroimage* 40, no. 1 (2008): 353–66.

10. Viktor Shklovsky, "Art as Technique," 1917, in *Literary Theory: An Anthology*, ed. Julie Rivkin and Michael Ryan (New York: John Wiley & Sons, 2017), 8–15.

11. Jane Hirshfield, *Ten Windows* (New York: Knopf, 2015), 207.

12. Homer, *The Odyssey*, trans. Emily Wilson, (New York: W. W. Norton, 2018), 1–2.

13. Helen Vendler, *Dickinson: Selected Poems and Commentaries* (New York: Harvard University Press, 2010), 399.

14. Emily Dickinson, *Envelope Poems* (New York: New Directions Publishing, 2016).

15. 感谢哈佛大学出版社允许引用这首诗。Thomas H. Johnson, ed., *The Poems of Emily Dickinson* (Cambridge, MA: Harvard University Press, 1955)。

16. R. Morris Jr., *Gertrude Stein Has Arrived: The Homecoming of a Literary Legend* (Baltimore, MD: Johns Hopkins University Press, 2019), 5; Joseph Bradshaw, "This Week in BAM History: Gertrude Stein's American Lectures," *BAM Blog*, November 8, 2011.

17. "Miss Stein Speaks to Bewildered 500," *New York Times*, November 2, 1934.

18. Leonard S. Marcus, *Margaret Wise Brown: Awakened by the Moon* (New York:HarperCollins,1992), 41.

19. Anne Fernald, "In the Great Green Room: Margaret Wise Brown and Modernism," *Public Books*, November 17, 2015.

20. Aimee Bender, "What Writers Can Learn from 'Goodnight Moon,'" *New York Times*, July 19, 2014.

21. Dan Kois, "How One Librarian Tried to Squash *Goodnight Moon*," *Slate*, January 13, 2020.

22. Bob Levenson, *Bill Bernbach's Book* (New York: Villard, 1987), xvi.

23. "William Bernbach," *AdAge*, March 29, 1999; and Mark Hamilton, "The Ad That Changed Advertising: The Story Behind Volkswagen's Think Small Campaign," Medium, March 20, 2015.

24. Chip Bayers, "Bill Bernbach: Creative Revolutionary," *Adweek*, August 8, 2011.

25. Levenson, *Bill Bernbach's Book*, 17.

26. Alfredo Marcantonio, David Abbott, and John O'Driscoll, *Remember Those Great Volkswagen Ads?* (London: Merrell, 2014), 11.

27. 这张由史蒂文·韦尔布鲁真（Steven Verbruggen）(@minorissues on Flickr) 拍摄的大众甲壳虫汽车图片是由知识共享协议授权的。

28. Levenson, *Bill Bernbach's Book*, 25.

29. Ivan Hernandez and Jesse Lee Preston, "Disfluency Disrupts the Confirmation Bias," *Journal of Experimental Social Psychology* 49, no. 1 (2013): 178–82.

30. Levenson, *Bill Bernbach's Book*, 27.

31. Noah Callahan-Bever, "Kanye West: Project Runaway," *Complex*, January 2010.

32. Daniel Isenberg, "Emile Tells All: The Stories Behind His Classic Records," *Complex*, October 28, 2011.

33. Cole Cuchna, "Runaway by Kanye West (Part 1 & 2)," *Dissect*, October 2017.

34. Taylor Beck, "When the Beat Goes Off: Errors in Rhythm Flow Pattern, Physicists Find," *The Harvard Gazette*, July 19, 2012.

35. Jon Caramanica, "Into the Wild with Kanye West," *New York Times*, June 25, 2018.

36. Leonard B. Meyer, "Some Remarks on Value and Greatness in Music," *Journal of Aesthetics and Art Criticism* 17, no. 4 (1959): 486–500.

37. Leonard B. Meyer, *Emotion and Meaning in Music* (Chicago, IL: University of Chicago Press, 2008), 28.

38. Norbert Wiener, *The Human Use of Human Beings: Cybernetics and Society* (New York: Da Capo Press, 1988), 21.

39. Valorie N. Salimpoor et al., "Anatomically Distinct Dopamine Release during Anticipation and Experience of Peak Emotion to Music," *Nature Neuroscience* 14, no. 2 (2011): 257.

40. Yi-Fang Hsu et al., "Distinctive Representation of Mispredicted and Unpredicted Prediction Errors in Human Electroencephalography," *Journal of Neuroscience* 35, no.43 (2015): 14653–60.

第4章

1. Stephen Greenblatt, *Will in the World: How Shakespeare Became Shakespeare* (New York: W. W. Norton, 2004), 293.

2. Harold Bloom and Brett Foster, eds., *Hamlet* (Langhorne, PA: Chelsea House, 2008), 41; and Harold Bloom, *Hamlet: Poem Unlimited* (New York: Riverhead, 2003).

3. Greenblatt, *Will in the World*, 294.

4. James Shapiro, *A Year in the Life of Shakespeare* (New York: HarperCollins, 2005), 285–86.

5. Greenblatt, *Will in the World*, 324.

6. Jack Miles, *God: A Biography* (New York: Knopf, 1995), 6.

7. Erich Auerbach, *Mimesis: The Representation of Reality in Western Thought*, trans. Willard R. Trask (Princeton, NJ: Princeton University Press, 1953), 11.

8. Thomas McDermott, *Filled with All the Fullness of God: An Introduction to Catholic Spirituality* (London: Bloomsbury, 2013), 15.

9. Donald Preziosi, ed., *The Art of Art History: A Critical Anthology*, Oxford History of Art (Oxford, UK: Oxford University Press, 2009), 22.

10. Giorgio Vasari, *The Lives of the Most Excellent Painters, Sculptors, and Architects* (New York: Random House, 2006), 227.

11. Ibid., 238

12. Margaret Livingstone, *Vision and Art* (New York: Harry Abrams, 2014), 73.

13. Scott McCloud, *Understanding Comics* (New York: HarperCollins, 1993), 66.

14. Richard Rorty, *Objectivity, Relativism, and Truth: Philosophical Papers*, 1 (Cambridge, UK: Cambridge University Press, 1991), 203.

15. Obrad Savić, ed., *The Politics of Human Rights* (New York: Verso, 1999), 67–83.

16. David Kidd and Emanuele Castano, "Different Stories: How Levels of Familiarity with Literary and Genre Fiction Relate to Mentalizing," *Psychology of Aesthetics, Creativity, and the Arts* 11, no. 4 (2017): 474.

17. David Comer Kidd and Emanuele Castano, "Reading Literary Fiction Improves Theory of Mind," *Science* 342, no. 6156 (2013): 377–80.

18. Edward Morgan Forster, *Aspects of the Novel* (New York: Penguin Classics, 2005).

19. "Penzler's Mystery Books on the Block," Tribeca Citizen, March 4, 2019.

20. Kidd and Castano, "Different Stories," 474.

21. Cecilia Heyes, *Cognitive Gadgets* (Cambridge, MA: Belknap Press, 2018), 168.

22. Walter Mischel et al., *Introduction to Personality: Toward an Integrative Science of the Person* (New York: Wiley, 2007), 37; and Jonah Lehrer, "Don't!: The Secret of Self-Control," *New Yorker*, May 18, 2009.

23. Walter Mischel, *Personality and Assessment* (Abingdon, UK: Psychology Press, 2013).

24. Walter Mischel and Yuichi Shoda, "A Cognitive-Affective System Theory of Personality: Reconceptualizing Situations, Dispositions, Dynamics, and Invariance in Personality Structure," *Psychological Review* 102, no. 2 (1995): 246.

25. Todd Rose, *The End of Average* (New York: HarperCollins, 2015), 106.

26. Richard Rorty, *Contingency, Irony, and Solidarity* (Cambridge, UK: Cambridge University Press, 1989), xvi.

27. Ray Didinger, *The New Eagles Encyclopedia* (Philadelphia: Temple University Press, 2014), 7.

28. John Eisenberg, *The League* (New York: Basic Books, 2018), 118.

29. Ibid. 122.

30. Ira Boudway and Eben Novy-Williams, "The NFL's Very Profitable Existential Crisis," *Bloomberg Businessweek*, September 13, 2018.

31. Cade Massey and Richard H. Thaler, "The Loser's Curse: Decision Making and Market Efficiency in the National Football League Draft," *Management Science* 59, no. 7 (2013): 1479–95.

32. D. Koz et al., "Accuracy of Professional Sports Drafts in Predicting Career Potential," *Scandinavian Journal of Medicine & Science in Sports* 22, no. 4 (2012):

e64–e69; Bobby Hubley, "Signing Bonuses & Subsequent Productivity: Predicting Success in the MLB Draft," Diss. 2012; Barry Staw and Ha Hoang, "Sunk Costs in the NBA: Why Draft Order Affects Playing Time and Survival in Professional Basketball," *Administrative Science Quarterly* (1995): 474–94; and Alexander Greene, "The Success of NBA Draft Picks: Can College Careers Predict NBA Winners?," *Culminating Projects in Applied Statistics* 4 (2015).

33. Sigmund Freud, *Sexuality and the Psychology of Love* (New York: Simon & Schuster, 1997), 48.

34. Uwe Hartmann, "Sigmund Freud and His Impact on Our Understanding of Male Sexual Dysfunction," *Journal of Sexual Medicine* 6, no. 8 (2009): 2332–39.

35. Henry Feldman et al., "Impotence and its Medical and Psychosocial Correlates: Results of the Massachusetts Male Aging Study," *Journal of Urology* 151, no. 1 (1994): 54–61.

36. Anais Mialon et al., "Sexual Dysfunctions Among Young Men: Prevalence and Associated Factors," *Journal of Adolescent Health* 51, no. 1 (2012): 25–31.

37. Emily A. Impett et al., "Maintaining Sexual Desire in Intimate Relationships: The Importance of Approach Goals," *Journal of Personality and Social Psychology* 94, no.5 (2008): 808; and Eli J. Finkel, Jeffry A. Simpson, and Paul W. Eastwick, "The Psychology of Close Relationships: Fourteen Core Principles," *Annual Review of Psychology* 68 (2017): 383–411.

38. Stephen Mitchell, *Can Love Last?* (New York: W. W. Norton, 2002), 78–79.

39. Ibid., 192.

40. Arthur Aron et. al., "The Self-Expansion Model of Motivation and Cognition in Close Relationships," *Oxford Handbook of Close Relationships* (Oxford, UK: Oxford University Press, 2013), 95–96; Charlotte Reissman, Arthur Aron, and Merlynn R. Bergen, "Shared Activities and Marital Satisfaction: Causal Direction and Self-Expansion Versus Boredom," *Journal of Social and Personal Relationships* 10, no. 2 (1993): 243–54.

41. Amy Muise et al., "Broadening Your Horizons: Self-Expanding Activities Promote

Desire and Satisfaction in Established Romantic Relationships," *Journal of Personality and Social Psychology* 116, no. 2 (2019): 237.

第 5 章

1. Raymond Ed Clemens, *The Voynich Manuscript* (New Haven, CT: Yale University Press, 2016).
2. Josephine Livingstone, "The Unsolvable Mysteries of the Voynich Manuscript," *New Yorker*, November 30, 2016.
3. Lawrence Goldstone and Nancy Goldstone, *The Friar and the Cipher: Roger Bacon and the Unsolved Mystery of the Most Unusual Manuscript in the World* (New York: Doubleday, 2005), 8.
4. As cited in A. C. Grayling, *The History of Philosophy* (New York: Penguin Press, 2019), 158.
5. M. D'Imperio, *The Voynich Manuscript: An Elegant Enigma* (National Security Agency, 1978).
6. Knox College Office of Communications, "Knox Professor Reveals Unlikely Hero in War of Secret Coders," May 4, 2016.
7. Goldstone and Goldstone, *Friar and the Cipher*, 259.
8. Gordon Rugg and Gavin Taylor, "Hoaxing Statistical Features of the Voynich Manuscript," *Cryptologia* 41, no. 3 (2016): 1–22; and Andreas Schinner, "The Voynich Manuscript: Evidence of the Hoax Hypothesis," *Cryptologia* 31, no. 2 (2007): 95–107.
9. Daniel Ellsberg, "Risk, Ambiguity, and the Savage Axioms," *Quarterly Journal of Economics* 75, no. 4 (1961): 643–69.
10. Ming Hsu et al., "Neural Systems Responding to Degrees of Uncertainty in Human Decision-Making," *Science* 310, no. 5754 (2005): 1680–83; and Benedetto De Martino, Colin F. Camerer, and Ralph Adolphs, "Amygdala Damage Eliminates

Monetary Loss Aversion," *Proceedings of the National Academy of Sciences* 107, no. 8 (2010): 3788–92.

11. Stephen G. Dimmock et al., "Ambiguity Aversion and Household Portfolio Choice Puzzles: Empirical Evidence," *Journal of Financial Economics* 119, no. 3 (2016): 559–77.

12. Uzi Segal and Alex Stein, "Ambiguity Aversion and the Criminal Process," *Notre Dame Law Review* 81 (2005): 1495.

13. Dominic Smith, "Salinger's *Nine Stories*: Fifty Years Later," *Antioch Review* 61, no. 4 (2003): 639–49.

14. Yaara Yeshurun et al., "Same Story, Different Story: The Neural Representation of Interpretive Frameworks," *Psychological Science* 28, no. 3 (2017): 307–19.

15. Uri Hasson et al., "Intersubject Synchronization of Cortical Activity during Natural Vision," *Science* 303, no. 5664 (2004): 1634–40; Uri Hasson et al., "Brainto-Brain Coupling: A Mechanism for Creating and Sharing a Social World," *Trends in Cognitive Sciences* 16, no. 2 (2012): 114–21; and Uri Hasson et al., "Neurocinematics: The Neuroscience of Film," *Projections* 2, no. 1 (2008): 1–26.

16. Interview with Uri Hasson, December 6, 2018.

17. John J. Ross, *Reading Wittgenstein's* Philosophical Investigations*: A Beginner's Guide* (Washington, DC: Lexington Books, 2009), 146; and L. Wittgenstein, *Philosophical Investigations*, ed. J. Schulte, trans. P. M. S. Hacker (Hoboken, NJ: Wiley-Blackwell, 2009), 206.

18. William Empson, *Seven Types of Ambiguity* (New York: New Directions, 1966).

19. Ibid., 133.

20. Jay-Z, *Decoded* (New York: Random House, 2010), 26.

21. Eugen Wassiliwizky et al., "The Emotional Power of Poetry: Neural Circuitry, Psychophysiology, Compositional Principles," *Social Cognitive and Affective Neuroscience* 12, no. 8 (2017), 1229–40.

22. Benjamin P. Gold et al., "Musical Reward Prediction Errors Engage the Nucleus

Accumbens and Motivate Learning," *Proceedings of the National Academy of Sciences* 116, no. 8 (2019): 3310–15.

23. Emily VanDerWerff, "David Chase Responds to Our Sopranos Piece," *Vox*, August 27, 2014.

24. Matt Zoller Seitz and Alan Sepinwall, "Does Tony Live or Die at the End of *The Sopranos*?" *Vulture*, January 9, 2019.

25. Andru J. Reeve, *Turn Me On, Dead Man* (AuthorHouse Press, 2004), 12–13.

26. Donald A. Bird, Stephen C. Holder, and Diane Sears, "Walrus Is Greek for Corpse: Rumor and the Death of Paul McCartney," *Journal of Popular Culture* 10, no. 1 (1976): 110.

27. Reeve, *Turn Me On, Dead Man*, 35.

28. Ibid., 59.

29. Philippe Margotin and Jean-Michel Guesdon, *All the Songs: The Story behind Every Beatles Release* (New York: Black Dog & Leventhal, 2014), 428.

30. Ben Zimmer, "The Delights of Parsing the Beatles' Most Nonsensical Song," *Atlantic*, November 24, 2017.

31. David Sheff, *All We Are Saying: The Last Major Interview with John Lennon and Yoko Ono* (New York: St. Martin's Griffin, 2000), 184.

32. Zimmer, "Delights of Parsing."

33. Hunter Davies, ed., *The Beatles Lyrics* (New York: Little, Brown, 2014), 239.

第6章

1. Interview with James Carse, September 26, 2018.

2. James Carse, *Finite and Infinite Games* (New York: Free Press, 2013), 9.

3. Interview with Jason Hallock, March 6, 2018.

4. Michael Ondaatje and Walter Murch, *The Conversations: Walter Murch and the Art*

of Editing Film (New York: Knopf, 2002), 121.

5. Ibid., 122.

6. "New Interview with J.K. Rowling for Release of Dutch Edition of 'Deathly Hallows,'" TheLeakyCauldron.org, November 19, 2007; and Wilma De Rek, *De Volkskrant*, November 19, 2007.

7. Shira Wolosky, *The Riddles of Harry Potter* (New York: Palgrave Macmillan, 2011), 2.

8. Wolosky, *Riddles of Harry Potter*, 2.

9. Jonathan D. Leavitt and Nicholas J. S. Christenfeld, "Story Spoilers Don't Spoil Stories," *Psychological Science* 22, no. 9 (2011): 1152–54.

10. Donald Goddard, "From 'American Graffiti' to Outer Space," *New York Times*, September 12, 1976.

11. Henry James, *The Figure in the Carpet and Other Stories* (London: Penguin UK, 1986).

12. Gregory Treverton, *Intelligence for an Age of Terror* (New York: Cambridge University Press, 2009), 4–5; and Gregory Treverton, "Risks and Riddles," *Smithsonian*, June 2007.

13. Treverton, "Risks and Riddles."

14. Treverton, *Intelligence for an Age of Terror*, 3.

15. Rebecca Leung, "The Man Who Knew: Ex-Powell Aide Says Saddam-Weapons Threat Was Overstated," CBSNews, October 14, 2003.

16. Philip Tetlock and Dan Gardner, *Superforecasting: The Art and Science of Prediction* (New York: Crown, 2015).

17. Philip Tetlock and Dan Gardner, "Who's Good at Forecasts?," *Economist*, November 18, 2013.

18. Dacher Keltner, "Why Awe Is Such an Important Emotion," filmed June 2016 at Greater Good Science Center, UC Berkeley, video, 29:41.

19. Joerg Fingerhut and Jesse J. Prinz, "Wonder, Appreciation, and the Value of Art,"

Progress in Brain Research 237 (2018): 107–28; and Dacher Keltner and Jonathan Haidt, "Approaching Awe, a Moral, Spiritual, and Aesthetic Emotion," *Cognition and Emotion* 17, no. 2 (2003): 297–314.

20. Ryota Takano and Michio Nomura, "Neural Representations of Awe: Distinguishing Common and Distinct Neural Mechanisms," *Emotion* (2020), PMID: 32496077.
21. Craig Laurence Anderson, "The Relationship between the D4 Dopamine Receptor Gene (DRD4) and the Emotion of Awe" (PhD diss., University of California, Berkeley, 2016).
22. Chuansheng Chen et al., "Population Migration and the Variation of Dopamine D4 Receptor (DRD4) Allele Frequencies around the Globe," *Evolution and Human Behavior* 20, no. 5 (1999): 309–24; and Luke J. Matthews and Paul M. Butler, "Novelty-Seeking DRD4 Polymorphisms Are Associated with Human Migration Distance Out-of-Africa after Controlling for Neutral Population Gene Structure," *American Journal of Physical Anthropology* 145, no. 3 (2011): 382–89.

第 7 章

1. Guy Williams, "Harkness Learning: Principles of a Radical American Pedagogy," *Journal of Pedagogic Development* 4, no. 1 (2014).
2. Ralph Waldo Emerson, *The Portable Emerson* (New York: Penguin, 1977), 256.
3. Lincoln Caplan, "Chicago Hope," *American Scholar*, September 6, 2016.
4. Chicago Public Schools, "Nobel – Academy HS,".
5. Nobel Academy, "School History," .
6. K. Bisra et al., "Inducing Self-Explanation: A Meta-Analysis," *Educational Psychology Review* 30, no. 3 (September 2018): 703–25.
7. Bethany Rittle-Johnson, "Promoting Transfer: Effects of Self-Explanation and Direct Instruction," *Child Development* 77, no. 1 (2006): 1–15.
8. K. Bisra, "Inducing Self-Explanation," 703–25.

9. Louis Deslauriers et al., "Measuring Actual Learning versus Feeling of Learning in Response to Being Actively Engaged in the Classroom," *Proceedings of the National Academy of Sciences* 116, no. 39 (2019): 19251–57.

10. I. V. S. Mullis et al., "TIMSS 2015 International Results in Mathematics," 2016, retrieved from Boston College, TIMSS & PIRLS International Study Center; and M. O. Martin et al., "TIMSS 2015 International Results in Science," 2016, retrieved from Boston College, TIMSS & PIRLS International Study Center.

11. James Hiebert, *Teaching Mathematics in Seven Countries: Results from the TIMSS 1999 Video Study* (Collingdale, PA: Diane Publishing, 2003), 100–105.

12. David Epstein, *Range* (New York: Riverhead Books, 2019), 103.

13. D. F. Wallace, *The Pale King* (New York: Little, Brown, 2011), 390.

14. Erin Westgate, "Why Boredom Is Interesting," *Current Directions in Psychological Science* 29, no. 1 (2019): 33–40.

15. Elizabeth J. Krumrei-Mancuso et al., "Links between Intellectual Humility and Acquiring Knowledge," *Journal of Positive Psychology*, 2019: 1–16; D. Whitcomb, H. Battaly, J. Baerh, and D. Howard-Snyder, "Intellectual Humility: Owning Our Limitations," *Philosophy and Phenomenological Research* 94, no. 3 (2017): 509–39; and T. Porter and K. Schumann, "Intellectual Humility and Openness to the Opposing View," *Self and Identity* 17 (2018): 139–62.

16. Mark R. Leary et al., "Cognitive and Interpersonal Features of Intellectual Humility," *Personality and Social Psychology Bulletin* 43, no. 6 (2017): 793–813.

17. Email from Angela Duckworth, March 10, 2019.

结 语

1. Interview with Jeff Haugland, December 4, 2018.

2. Lea Winerman, "'A Machine for Jumping to Conclusions,'" *Monitor on Psychology*, February 2012.

3. B. Schwartz, "Reinforcement-Induced Behavioral Stereotypy: How Not to Teach People to Discover Rules," *Journal of Experimental Psychology: General* 111, no. 1 (1982): 23–59.

4. Ellen J. Langer, Arthur Blank, and Benzion Chanowitz, "The Mindlessness of Ostensibly Thoughtful Action: The Role of 'Placebic' Information in Interpersonal Interaction," *Journal of Personality and Social Psychology* 36, no. 6 (1978): 635; and Ellen Langer, *On Becoming an Artist* (New York: Ballantine Books, 2005), xvii.

5. Ellen Langer, "The Illusion of Control," *Journal of Personality and Social Psychology* 32, no. 2 (1975): 311–28.

6. Ibid.

7. Interview with Ellen Langer, January 24, 2019.

8. John I. Yellott, "Probability Learning with Noncontingent Success," *Journal of Mathematical Psychology* 6, no. 3 (1969): 541–75.

9. Richard J. Herrnstein and Donald H. Loveland, "Maximizing and Matching on Concurrent Ratio Schedules," *Journal of the Experimental Analysis of Behavior* 24, no. 1 (1975): 107–16; and George Wolford, Michael B. Miller, and Michael Gazzaniga, "The Left Hemisphere's Role in Hypothesis Formation," *Journal of Neuroscience* 20, no. 6 (2000): 1–4.

10. Kenneth J. Arrow, "Utilities, Attitudes, Choices: A Review Note," *Econometrica: Journal of the Econometric Society* 26, no. 1 (1958): 1–23.

11. Ellen J. Langer, Benzion Chanowitz, and Arthur Blank, "Mindlessness-Mindfulness in Perspective: A Reply to Valerie Folkes," *Journal of Personality and Social Psychology* 48, no. 3 (1965): 605–607.

12. Cara Feinberg, "The Mindfulness Chronicles: On 'The Psychology of Possibility,'" *Harvard*, September–October 2010.

13. Ellen J. Langer and Alison I. Piper, "The Prevention of Mindlessness," *Journal of Personality and Social Psychology* 53, no. 2 (1987): 280.

14. Toru Ishikawa et al., "Wayfinding with a GPS-Based Mobile Navigation System:

A Comparison with Maps and Direct Experience," *Journal of Environmental Psychology* 28, no. 1 (2008): 74–82.

15. Jeremy Adelman, *Worldly Philosopher: The Odyssey of Albert O. Hirschman* (Princeton, NJ: Princeton University Press, 2013), 117.

16. Michele Alacevich, "Visualizing Uncertainties, or How Albert Hirschman and the World Bank Disagreed on Project Appraisal and What This Says about the End of 'High Development Theory,'" *Journal of the History of Economic Thought* 36, no. 2 (2014): 137–68.

17. Richard Feynman, *Six Easy Pieces*, (New York: Basic Books, 2004), 107.

18. Virginia Woolf, *To the Lighthouse* (San Diego, CA: Harcourt Brace Jovanovich, 1989), 161.

未来，属于终身学习者

我们正在亲历前所未有的变革——互联网改变了信息传递的方式，指数级技术快速发展并颠覆商业世界，人工智能正在侵占越来越多的人类领地。

面对这些变化，我们需要问自己：未来需要什么样的人才？

答案是，成为终身学习者。终身学习意味着永不停歇地追求全面的知识结构、强大的逻辑思考能力和敏锐的感知力。这是一种能够在不断变化中随时重建、更新认知体系的能力。阅读，无疑是帮助我们提高这种能力的最佳途径。

在充满不确定性的时代，答案并不总是简单地出现在书本之中。“读万卷书”不仅要亲自阅读、广泛阅读，也需要我们深入探索好书的内部世界，让知识不再局限于书本之中。

湛庐阅读 App：与最聪明的人共同进化

我们现在推出全新的湛庐阅读App，它将成为您在书本之外，践行终身学习的场所。

- 不用考虑“读什么”。这里汇集了湛庐所有纸质书、电子书、有声书和各种阅读服务。
- 可以学习“怎么读”。我们提供包括课程、精读班和讲书在内的全方位阅读解决方案。
- 谁来领读？您能最先了解到作者、译者、专家等大咖的前沿洞见，他们是高质量思想的源泉。
- 与谁共读？您将加入优秀的读者和终身学习者的行列，他们对阅读和学习具有持久的热情和源源不断的动力。

在湛庐阅读 App 首页，编辑为您精选了经典书目和优质音视频内容，每天早、中、晚更新，满足您不间断的阅读需求。

【特别专题】【主题书单】【人物特写】等原创专栏，提供专业、深度的解读和选书参考，回应社会议题，是您了解湛庐近千位重要作者思想的独家渠道。

在每本图书的详情页，您将通过深度导读栏目【专家视点】【深度访谈】和【书评】读懂、读透一本好书。

通过这个不设限的学习平台，您在任何时间、任何地点都能获得有价值的思想，并通过阅读实现终身学习。我们邀您共建一个与最聪明的人共同进化的社区，使其成为先进思想交汇的聚集地，这正是我们的使命和价值所在。

浙江省版权局图字：11-2023-336

图书在版编目（CIP）数据

阿加莎·克里斯蒂失踪了 /（美）乔纳·莱勒著；薛玮译 . — 杭州：浙江科学技术出版社，2024.1
ISBN 978-7-5739-0925-1

Ⅰ . ①阿… Ⅱ . ①乔… ②薛… Ⅲ . ①科学知识—普及读物 Ⅳ . ①Z228

中国国家版本馆 CIP 数据核字（2023）第 229177 号

书　　名　**阿加莎·克里斯蒂失踪了**
著　　者　[美] 乔纳·莱勒
译　　者　薛　玮

出版发行　**浙江科学技术出版社**
地址：杭州市体育场路 347 号　邮政编码：310006
办公室电话：0571-85176593
销售部电话：0571-85062597
E-mail:zkpress@zkpress.com
印　　刷　天津中印联印务有限公司

开　　本 880mm × 1230mm　1/32		**印　　张** 10.5	
字　　数 305 千字		**插　　页** 1	
版　　次 2024 年 1 月第 1 版		**印　　次** 2024 年 1 月第 1 次印刷	
书　　号 ISBN 978-7-5739-0925-1		**定　　价** 99.90 元	

责任编辑　陈　岚　　**责任美编**　金　晖
责任校对　张　宁　　**责任印务**　田　文